美国

《权利法案》
公民指南

The Bill of Rights Primer

〔美〕阿希尔·阿玛尔　莱　斯·亚当斯 | 著

崔　博 | 译

CONTENTS
目　录

001 —— 关于本书

007 —— 前言

047 —— 创立与重建：概览

第一部分 —— 创立

055 —— 第一章
　　　 先说重要的

066 —— 第二章
　　　 我们的第一修正案

075 —— 第三章
　　　 军事修正案

091 —— 第四章
　　　 搜查、逮捕和征收修正案

104 —— 第五章
　　　 陪审团修正案

135 —— 第六章
　　　 人民主权修正案

140 —— 第七章
　　　 作为宪法的权利法案

第二部分　重建

153 —— 第八章
　　　　南北战争前的思想观念

167 —— 第九章
　　　　第十四修正案

187 —— 第十章
　　　　合并的过程

192 —— 第十一章
　　　　重建中的权利

219 —— 第十二章
　　　　自由的新生

附录

229 —— 文中提到或具有重要影响的著名人物传略
241 —— 注释
293 —— 词汇表

关于本书

1997年,我写了一本名为《第二修正案初识》的小册子。写这本书我是出于爱好而不求回报的,只是觉得可能有那么几千人会和我一样,对这本讲述我们持有和携带武器权利的历史与发展脉络、既权威又好读的书抱有兴趣。而令我吃惊的是,这本书不但登上了畅销书榜,销量在3年内达到50万本,而且这一数字至今还在稳步增长。

这本小册子出版后,我收到很多读者来信,建议我写一本类似的关于《宪法》最初所有修正案,即整部《权利法案》的书。于是我开始搜集材料,在1998年着手打起了这本书最初的草稿。

几个月之后,耶鲁大学出版社出版了该校法学教授阿希尔·里德·阿玛尔(Akhil Reed Amar)所著的《权利法案:创立与重建》。阿玛尔的书非常棒,1999年获得了美国律师协会颁发的银法槌奖*。下文摘录的是学术界和法律界对该书的一些评论：

当代关于宪法解读最重要的著作之一。

——杰弗雷·罗森(Jeffrey Rosen)，美国律师

阿玛尔……带我们踏上了历史的穿越之旅……他对修正案所蕴含的政治价值的分析既别出心裁又直探本源……阿玛尔从民主角度所作的解读令人振奋，也让各州和人民在宪法故事中重回正位。

——詹姆士·亨里塔(James Henretta)，《纽约时报》书评人

一部方法论的顶尖杰作……现代最有价值的宪法学术著作之一。

——史蒂文·卡拉布雷西(Steven Calabresi)，美国联邦主义者协会(The Federalist Society)联合创始人

如果你关心美国的自由历史，包括从美国公民自由联盟(ACLU)到全美步枪协会(NRA)，再到美国联邦主义者协会的历史，这本书不可不读。阿玛尔向我们揭示了，今天的

---

* "银法槌奖"是美国律师协会最负盛名的一项奖项，主要颁发给帮助美国民众理解法治和司法制度的优秀"普法"作品，包括电影、戏剧、广播和电视节目、报刊文章、书籍和网站等，迄今已有50多年历史。1958年该奖首次颁发，由反映陪审团制度的美国电影《十二怒汉》(Twelve Angry Men)获得。——译者注

《权利法案》固然仰赖于18世纪80年代开国元勋们的丰功伟绩,但19世纪60年代废奴主义先驱们的贡献更为直接——并肩前行的男人与女人、携手共进的黑人与白人——这是我们很多人不曾意识到的。

——纳丁·斯特罗森(Nadine Strossen),纽约法学院教授,美国公民自由联盟全国主席

阿希尔·阿玛尔是法学界最有创意的思想者之一,所以他能写出关于《权利法案》有史以来最精彩的著作不足为奇。

——桑福德·莱文森(Sanford Levinson),德克萨斯大学法学院教授

阿玛尔的论述精妙绝伦:他重塑了我们对《权利法案》的理解,这一重塑影响深远。该书中法律与历史分析的结合天衣无缝,无人企及。

——迈克尔·莱斯·本尼迪克(Michael Les Benedict),俄亥俄州立大学教授

《权利法案》是由历史塑造的一份内涵不断演化的文献,而南北战争和重建使其改头换面,通过提出和强调这样的论点,阿玛尔对美国的自由历史作出了重大贡献。

——易瑞·福纳(Erie Foner),哥伦比亚大学教授

我怎么能写得出这样广受赞誉的书来呢？所以，我听从了谚语的智慧："如果不能打败他们，就加入他们。"于是我跟阿玛尔联系，提议与他合著一本新书，把他著作中大师级的学术内容与我书中的大众风格和结构结合起来。我在想，如果改编阿玛尔的作品（毕竟他的著作是学术专著，结构、风格和词汇都比较复杂，目标读者是博学的法官、律师和历史学家），使其成为一本类似《第二修正案初识》的更容易读懂的书怎么样？也就是说，如果我们共同创作一本讲述《权利法案》故事、但风格对读者更友好的书会怎么样？而且，我们不会丢弃一丝历史准确性和法律专业性，只是编排和表述能让大家看起来轻松些——便于阅读，且便于查阅。这不也值得一试吗？我们是这样构思的，也希望读者认同。

本书的结构和《第二修正案初识》类似。前言简要回顾了影响开国元勋们起草美国《宪法》和《权利法案》的历史背景，包括英格兰和美洲殖民地相关的人物、事件、律例、立法、作品和具有里程碑意义的其他情况（碰巧这部分是我单独写作的，所以任何的疏漏、错误或事实误读都应当由我负责）。其余章节由我和阿玛尔合著，是他的著作的缩略版。

本书借鉴《第二修正案初识》的做法，包含了一系列对读者有所裨益的特点：

- 为使篇章整洁易读，所有参考文献及引文出处都放在本书最后的单独注释部分,未在文中标注。

- 在全书中,我们对大部分律师和学者常用的专业词汇、生僻词以及意义已经与旧时用法不同的词汇,尽量用更好理解的同义词替代。然而,《权利法案》毕竟是法律性和历史性都比较强的文本,要把问题真正说清楚,有些很难找到合适同义词的专业词汇还是不可避免地保留,因此我们在本书后面部分为读者提供了简短的词汇表。(在阅读正文之前,简单参考一下词汇表,有助于读者更好地理解。)

- 本书末尾有几部分参考内容:文本中讨论或引用到的著名人物的生平材料、尾注。

- 本书设计小巧,便于读者携带,以便随时参考。

阿希尔·阿玛尔和我希望,您会觉得这本小书方便易读……也希望您能将本书作为了解美国式自由的权威指南。

谢谢。

莱斯·亚当斯

1 前言

我不敢说,本章要讲述的历史有多么全面广泛。我对于这一主题的简短综述,会像一台时光机器一样,迅速穿越整个英美历史进程,只在具有特殊意义的发展阶段略作逗留。在对英美政治自由理念发展作出贡献的数以百计的著作、演讲以及立法法案中,下文提到的也就是十来个。

那么,开国元勋们所关注的自由究竟是什么呢?自由有许多种:免于心理或精神束缚——比如奴隶制或监禁制度——的自由;当然还有免于贫困或恐惧的自由、迁徙的自由、思考的自由、行动的自由、梦想的自由,等等。而当帕特里克·亨利(Patrick Henry)在弗吉尼亚奴隶制辩论中发表演说时,他甘愿为之献出生命的自由又是什么呢?是政治自由,是公民遵循法治、并在法治的保护下按照自由意志行事的权利。

我们的政治自由理念是数千年来思想与社会演进的产物:从诞生于世界古代文明源头,到13世纪英国《大宪章》签署,随后是4个世纪的相对沉寂,而在整个17、18世纪中,政治自由运动在英国和美洲殖民地风起云涌,呼声高涨。政治自由的概念从此走向成熟,成为所有西方民主社会的统治基础。

遗憾的是,这本小书篇幅有限,无法将美国独立战争之前数千年间对政治自由理念的发展作出过贡献的人物、战争、事件以及文化上的里程碑一一列举,更不用说对其详加探讨了。政治自由理念是一个庞大的知识体系,它至少包括对整个文明进程例如苏美尔、巴比伦、以色列、埃及、希腊、罗马以及拜占庭文明的研究,还包括对奴隶制度、封建制度、文艺复兴以及宗教改革等意义重大的文化运动的分析,以及对一系列伟大哲学领袖思想的研究和探讨,比如琐罗亚斯德、荷马、希罗多德、梭伦、苏格拉底、亚里士多德、柏拉图、亚历山大大帝、西塞罗、凯撒、奥古斯都大帝、李维、塔西佗、耶稣、门徒保罗、圣奥古斯丁及圣托马斯·阿奎那等;最后,这一理念体系还包括对一系列著作——比如《吉尔伽美什史诗》《汉谟拉比法典》《圣经》《伯里克利在殉国将士葬礼上的演说词》以及查士丁尼的《法学总论》等——的解读。

而我们关注的起点是中世纪末的英格兰,从这时起,关于政治自由的理念开始转化为有实践意义、精心制作的文件和权利宣言。

英国的重要宣言和著作

关于法与自由的三个伟大宣言

1215 年《大宪章》、1628 年《权利请愿书》以及 1689 年《权利宣言》这三个文献被普遍认为是英国政治自由运动的基石,值得进一步研究和审视。

《大宪章》

> 每当暴民或暴君伸出
> 他们粗暴的手动一动英国
> 人们就会窃窃私语,人影攒动
> 在兰尼米德的芦苇丛中
> ——拉迪亚德·吉卜林,1891

13 世纪的英国还是一个封建君主制国家。国王和女皇的财富、权力和影响力主要源于天主教会及其在国家的首席代表坎特伯雷大主教(Archbishop of Canterbury),此外还得力于部分男爵和各地拥护国王或女皇的贵族们。在君主所依赖的封建结构中,大臣和男爵们为皇室财政贡献金钱,并为其征战讨伐提供武装力量。

这种封建君主制尽管有缺陷——对广大民众来说更是数不胜数——但在相对正派的君主统治英国时,它还是能够有效运作的。但如果像约翰国王那样邪恶的统治者登上王位,君主的唯利是图和贪婪欲望就会把整个统治推入深渊。

在英雄、政客、流氓、愚者、智者以及白痴所装点的英国皇室历史长廊中,约翰国王,亨利二世最小的儿子、理查德一世(狮心查理)的幼弟脱颖而出,被公认为"一朵奇葩"。

大卫·休谟在其1778年出版的关于英国历史的代表作*中这样描述约翰国王:"这位王子的性格集邪恶、鄙薄和可憎于一身,这酿就了他的覆灭,也给他的子民带来灾难。怯弱、木讷、愚蠢、轻浮、放荡、忘恩负义、背叛、专制以及残忍等等品质,在终其一生的诸多事件中表现得淋漓尽致。"[1]

这些事件确有所指。1202年,约翰统治早期,在镇压他的侄子亚瑟(16岁的布列塔尼公爵)在诺曼底发起的反叛后,约翰将亚瑟监禁于鲁昂城堡。根据大多数历史学家的说法,约翰授意暗杀亚瑟,但由于没有找到自告奋勇的合谋者,只得亲手刺死了亚瑟,将其尸体绑上石头,沉入塞纳河。几年后,约翰又下令饿死威廉·布劳斯的妻儿,只因他是第一个武装反抗自己的男爵。接着他又绑架了威尔士男爵的28个儿子作为人质,当他确信男爵不

---

* 即《大不列颠史》(*The History of Great Britain*)。——译者注

忠后,马上下令绞死了这些孩子。在约翰看来,一次愉快的郊游,就是在外国雇佣兵警卫队的前呼后拥下奸淫妇女、打家劫舍。

有这样一种说法,越了解约翰,就越厌恶他。1216年他死后,人们普遍认为,他为王国作出的最好贡献就是他的死亡。

历史的讽刺在于,这位天怒人怨的奇葩却对英国宪政的确立发挥了重要影响。本书要介绍的《权利法案》中的一系列美国自由理念也由此派生而来。约翰国王在一次事件中阴差阳错扮演了主角,而很多历史学家认为,这次事件是西方历史上最重要的事件之一。

这里所说的正是1215年6月15日在兰尼米德的一次集会。约翰国王和部分男爵在此签署了《大宪章》。兰尼米德曾被称为"奔跑的草地",这一名称源于:一条小溪从这里流淌而过,并最终汇入伦敦西南方(靠近如今的希思罗机场)、位于温莎和斯塔尼斯城镇之间的泰晤士河中。

就在这里,约翰国王治下的男爵们做好了准备,只要国王拒绝签署他们的请愿文件,就将其武装颠覆。这份文件就是广为人知的"男爵条款",随后被定名为《大宪章》(或"约翰国王的伟大宪章")。

与约翰相比,兰尼米德集会上的男爵们被认为是最正派的一群人。但他们并不是无知少年,其所作所为并不是为所有人争取自由,而主要是为了减轻约翰国王加在他们身上的沉重财政税赋

（即免服兵役税），以及一系列他们不堪承受的封建税赋。从男爵们提出的条款中，人们可能会得出这样的结论，认为他们在提倡我们今天所谓的民主改革。但事实上，《大宪章》的主要得益者是男爵和其他享有特权的同伴们。

乍一看，《大宪章》与同时期颁布的许多其他皇室宣言并无二致。它由86行拉丁文组成，书写于15英寸宽、20英寸长的羊皮纸上，并盖上约翰国王的大印（这份著名的文件如今仅存4份签署并盖印的副本：两份保存于伦敦的大英博物馆，另外两份则留存于林肯和索尔兹伯里大教堂）。

如果只是从字面上看《大宪章》，特别是如果只注意到部分在今天看来匪夷所思的章节，可能会产生误解。

以第23章为例：

> 不得强迫任何市镇与个人修造渡河桥梁，唯一直负有修桥之责者不在此限。

用现代语言解释便是："不得强迫人们造桥，除非传统赋予他们这一义务。"显而易见，每次约翰国王骑马在伦敦城外郊游时，为了方便他的行程，便强令当地居民在他打算渡过的河流上建造桥梁。当地居民深受其苦。

除了这一小部分今天看来相当奇怪的令当地居民遭罪的内容外，《大宪章》仍不失为一份意义深远的带有庄严气质的文件，折射出13世纪英国生活的残酷现实,同时也清楚地预示了近500年后英国《权利宣言》中描述的共和改革。《大宪章》可以说是英国宪法最重要、最基础的文件。

对于美国人来说,他们的自由依赖于限制政府和自由裁量权的法律庇佑,而《大宪章》的重要性就在于它宣告了法律之治。显而易见,《大宪章》的许多章节确立了男爵的一系列新权利和国王行为的新准则。但在英美两国《权利法案》的发展过程中,最有意义的章节则是著名的第39章:

> 任何自由人,未经其同级贵族之依法裁判,或未经国法判决,皆不得以任何方式被逮捕、监禁、没收财产、剥夺法律保护权、流放,或加以任何其他损害。

上述内容被当作个人自由的保证广泛引用,其引用频率超过了《大宪章》中的任何其他条款。许多学者认为,《大宪章》以立法的形式明确了类似美国《宪法》第五、第十四修正案的原则理念,即未经正当法律程序,任何人都不能被剥夺生命、自由或财产。

《大宪章》无疑在美国《宪法》和《权利法案》的发展过程中发挥了举足轻重的作用。当17和18世纪各个美洲殖民地扎根时,这些殖民地政府在其立法中体现了《大宪章》的精神,尤其是第39章的内容。1765年,英国议会通过印花税法(一项臭名昭著的带有惩罚性的立法措施,强加给殖民地人民多种赋税,以维持英国军队在其美洲殖民地的军饷开支),约翰·亚当斯(John Adams)等人就引用了《大宪章》的条款支持"无代表不纳税"这一原则。[2]

《权利请愿书》

《大宪章》签署几百年后,英国宪法史上另一份具有承前启后意义的重要文献——《权利请愿书》出现了,这份文件由英国议会起草,并在1628年提交国王查理一世签署颁布。请愿书折射出早期《大宪章》条款中隐含的个人自由理念的逐步发展,并预示着这些理念将被写入法律——这就是61年后通过的英国《权利法案》。

《权利请愿书》是一部革命性的文献,它宣告了法律权威高于国王的个人意志,并反对"唯王权是从"(指君王的统治权直接来源于上帝,而不是来自子民),特别是对君主权力作出了严格限制,防止查理国王滥用权力暴力干涉个人自由。其中这些条款广为人知:未经议会同意,国王不再有权加税;国王下令监禁的囚犯在审判前有权获得保释;军队驻扎在私人领地即属非法;对公民不得适用军事法律审判。

《权利请愿书》对英国人民树立个体自由理念作出了卓越贡献。著名英国史专家威廉·霍尔兹沃思(William Holdsworth)将其形容为"《大宪章》以来最重要的宪法文献。《大宪章》维护了法律至上,捍卫了人民自由"。[3]

查理国王意识到需要议会的合作以筹集资金来维持其王权,极不情愿地接受了请愿书,但并没有打算实际遵守。他于第二年解散了议会,直到1640年才再次召集。在这期间,查理和议会之间发生了一系列冲突和持续的权力斗争,最终导致了1642年的英国内战,1649年查理以叛国罪被处死。

英格兰的行政权力于是落到了内战期间议会军队的指挥者奥利弗·克伦威尔手上。1653年,克伦威尔就任护国公。1658年克伦威尔死后,其子理查德继任护国公,但理查德统治不力,被迫于1659年退位。议会于是扶持查理二世继承王位。查理二世于1660年登基,其统治一直持续到1685年逝世,并由詹姆斯二世继位。1688年,詹姆斯二世被奥兰治的威廉亲王(威廉三世)领导的武装力量赶下台,被迫流亡法国。

于是议会请威廉亲王就任英格兰新国王,前提是他和妻子玛丽接受议会于1689年2月12日通过的一份新文件——英国《权利宣言》。威廉亲王和妻子表示同意,第二天签署了这份宣言。

《权利宣言》

《权利宣言》(后来以法律形式确立为英国《权利法案》)重新确认了1628年《权利请愿书》中的原则,否认王权神圣,并宣布了13项基本权利。议会认为,这些权利是英格兰王国"真实的、古老的、不容置疑的人民权利与自由"。麦考莱勋爵(Lord Macaulay)在其经典的《英国史》一书中,对《权利宣言》的意义作了如下概括:

> 《权利宣言》尽管没有在法律上作出任何新的规定,但仍然为后来的一系列法律播下了种子,包括赋予新教徒宗教信仰自由的法律、维护法官独立的法律、限制议会任期的法律、将新闻出版自由置于陪审团保护之下的法律、禁止奴隶贸易的法律、减轻罗马天主教徒民事责任的法律、改革代议制的法律,还有一个半世纪乃至更久时间里通过的所有良法,以及此后各个时代中必不可少的提升公共福利、回应民意关切的良法。[4]

三部影响深远的个人著作

17、18世纪,不少法官和政治思想家著书立说,倡导共和理念,推动了英国政治自由的发展。我们的讨论主要限于当时最有影响的辉格党人,以及约翰·洛克和威廉·布莱克斯通的著作。

辉格党的作者们

对辉格党的作者们,今天的人们可能了解得相对少一点,下面这些名字可能让人觉得有些陌生：查尔斯·罗森(Charles Lawson)、阿尔杰农·西德尼(Algernon Sidney)、詹姆斯·伯格(James Burgh)、约翰·特伦查德(John Trenchard)、安德鲁·弗莱彻(Andrew Fletcher)、罗伯特·莫尔斯沃思(Robert Molesworth)、托马斯·戈登(Thomas Gordon)、约瑟夫·艾迪森(Johseph Addison)、詹姆斯·哈灵顿(James Harrington)、亨利·内维尔(Henry Neville)，等等。他们都是通常所说的"辉格党"的成员，"辉格党"又被称作"联邦党人"或"古典共和党"，在17世纪晚期到1760年间掌握着英国主要的政治权力。"whig"一词原本是苏格兰语whiggamore(盗马贼、贩马人)的缩写，用来指1648年来自苏格兰西部反对英王查理一世的人。辉格党人的政治理念深受一系列古代哲学家著作的影响，这些古代哲学家包括亚里士多德、西塞罗、李维、塔西佗，以及意大利文艺复兴时期的作家马基雅维利。辉格党人呼吁赋予英国下议院更多政治权力，在很大程度上影响了1688年的光荣革命，这一革命确立了议会权力高于国王的原则。他们对英国《权利法案》的起草和颁布也多有贡献。

约翰·洛克

约翰·洛克的《政府论》是世界历史上最伟大的著作之一，该书分为上下两篇，下篇题为"论公民政府的真正起源、范围和目的"，这也是洛克对宪法、政治理论、民主政府和政治自由在英国的确立所作出的标志性贡献。该书尽管在 1689 年才出版,但仍然对 18 世纪的英国以及美洲殖民地接下来发生的重大事件产生了深远影响。

洛克认为,人们生来就有某些权利和义务。这些权利包括生命、自由、财产所有权。在行使这些权利过程中,人们有权按照自己认为有利于公共利益的方式来管理自己。换句话说,享有至高无上的主权的,是人民,而不是国王,这个主权的基础就是人们自我管理的一个虚拟契约。如果这个契约的条款需要根据情势的变化进行更改,那么也只有人民、而不是政府才有权作出更改。

在洛克看来,一个社会的统治者拥有权力不是无条件的而是有条件的,政府本质上是一份道德信托,如果在权力的运行过程中,政府、也就是受托人的所作所为辜负了这份信任,没有保护好人民的生命、自由和财产,那么人民、也只有人民有权解散这个政府,并选择一个新的政府。

洛克思想中还有一个重要观点,政府可以被解散,但社会仍然可以毫发无损。换言之,人民赋予自己的权力要高于赋予政府的权力。

威廉·布莱克斯通

威廉·布莱克斯通是一名英国法官,也是一名教授,还是不朽之作《英国法释义》(1765—1769 年出版)的作者。这部四卷本的著作为我们展现了作者所处时代的英国法律的全景,也是英国法律史上最有影响的著作。布莱克斯通是辉格党的政治反对派——托利党——的成员,但他对辉格党的许多共和理念深表赞同。布莱克斯通对英国普通法的精妙阐释,以及对英格兰宪法庄严历史的描述,为美国开国元勋们迅速确立美国政治自由的框架奠定了坚实基础。

美国的重要宣言和著作

简　　介

作为英国普通法和宪政历史的继承者,整个17世纪的早期美洲殖民者及其后来者——18世纪的开国元勋们——在殖民地特许令和法律的起草过程中,所做的一切可以简单概括为将英国人的法律和自由装进新的殖民地政府之中。

必须铭记的是,17世纪的早期殖民者们都生于英格兰,长期浸淫于英国式的思维、习俗和价值观中。来到美洲大陆后,他们也将英国的传统传承给了此后名留青史的子孙们。法国的托克维尔这样评说开国元勋的祖先们:

> 他们生于在党派斗争中躁动了数百年的英国,党派在斗争中将他们自己置于法律的保护之下,他们在这所简陋的学

校接受了政治教育。比起同时代的欧洲大部分人,他们对权利以及真正的自由原则和概念更加熟稔。[5]

早期的美洲殖民者和他们的子孙,所接受的是经典的欧洲传统教育,其中世界历史占有很大比重,包括对中东的古代文明和古希腊、古罗马文明中政治自由概念的追本溯源,以及这一概念在此后时代中的发展:依次是中世纪和封建制度的兴起、文艺复兴、宗教改革运动,以及启蒙运动。

他们所接受的英国历史教育尤其深厚,对辉格党的作者们也十分熟悉。正如历史学家大卫·哈迪(David Hardy)所观察到的:

> 辉格党的作者们远远不只是对历史感兴趣。据约翰·亚当斯估计,在美国独立战争时期,百分之九十的美国人对辉格党人抱以同情,其中不少人对英国先驱们的作品烂熟于心。约翰·亚当斯尤其对哈林顿心仪不已,尽管他可能没有签署1779年关于将马萨诸塞更名为奥西安纳(Oceana,哈灵顿最有名的作品的名字)*的提案。亚当斯和麦迪逊都仔细研读过莫尔斯沃思的著作。杰斐逊的图书馆也以藏有西德尼、莫尔斯沃思、哈灵顿的著作善本为荣。本杰明·富

---

* *Oceana*,中译名为《大洋国》,作者以大量篇幅描述了麦加麦特(即虚拟化的克伦威尔)所创制的一种理想化的共和宪政体制。——译者注

兰克林、约翰·汉考克和乔治·梅森也十分喜爱这些人以及弗莱彻的著作,并加以珍藏。詹姆斯·伯格在殖民地出版《政治研究》(*Political Disquisitions*)时,本杰明·富兰克林担任编辑,第一版的认购名单中就有乔治·华盛顿、约翰·亚当斯、约翰·汉考克,以及约翰·迪克森。[6]

约翰·洛克的著作也为他们所熟知,并在美国独立战争中的所有政治辩论和文献中被一再引用。

同样,由于殖民地的政治领袖大多是律师出身,他们对布莱克斯通也并不陌生。正如乔伊斯·马尔科姆(Joyce Malcom)教授指出的:

> 人们都知道激进的辉格党人影响了建国时期的美国人,但往往低估了另一位温和的英国作家布莱克斯通的深层次影响。威廉·布莱克斯通的《英国法释义》第一卷直到1765年,第四卷即最后一卷直到1769年才在英国出现,但在1775年美国独立战争爆发时就卖出了2500套。[7]

当然,他们也知道英国的普通法,首席大法官霍华德·塔夫脱(Howard Taft)注意到:

> 制宪者们是在普通法的氛围中出生和成长起来的,说的、想的都是普通法的话语体系。他们对近代的、古代的其他政府形式也很熟悉。从他们的讨论中看出,他们对此做了

认真的研究和全面的考量;当他们在一份简短的草稿上决定基本法的形式时,所用的术语仍然是普通法的,他们认为这样才能简洁易懂。[8]

制宪时期之前殖民地或各州制定的文献

殖民地特许令

英国对美洲殖民地政治自由发展产生影响的第一个表现形式,是英国王室向各殖民地颁布的特许令。第一个特许令于1606年颁给弗吉尼亚,最后一个于1732年颁给佐治亚。比较典型的是1701年颁给宾夕法尼亚的特许令,由于贵格教徒威廉·潘恩(Thomas Paine)对其起草施加了影响,很多历史学家认为它在所有殖民地特许令中最负盛名。[9]宾夕法尼亚特许令着重强调保护个人基本权利,产生了广泛影响。它对各地权利的保证势必影响到其他殖民地(很快被称为州)特许令的起草。

这些特许令与美国《权利法案》之间的关联在于,它们都宣告美洲殖民地应当享有和英国人一样的权利(其他国家把殖民地居民视作本国宪法和法律体系之外的人)。著名历史学家伯纳德·施华兹(Bernard Schwartz)注意到:

> 弗吉尼亚特许令(其他州紧随其后)由此确立了一个极

其重要的先例,殖民者有权享有所有的"英国人的权利"。如果这个原则没有确立,美国殖民地的发展历史会不会改写就要打上问号了。[10]

特许令的这一保证经常被美洲革命者在反对英国殖民政策时提到。在弗吉尼亚第一特许令公布一个半世纪之后的1765年,帕特里克·亨利又在弗吉尼亚议会发表的反对印花税的著名演讲中引用了这份文献。[11]

托马斯·潘恩的《常识》

在检视革命前和制宪时期发表的最重要的文献和宣言之前,我想先请读者重新认识一部极其重要的著作——托马斯·潘恩的《常识》[12],这部著作对所有殖民地的立法辩论产生了实质性的影响。

对于潘恩,大多数美国人可能只记得他说过的一句话:"这是考验人们灵魂的时刻。"这句话是潘恩1776年12月23日出版的小册子《美国危机》的开篇之语。当时他正在乔治·华盛顿将军领导的大军位于新泽西的莫里斯顿指挥部服役。其实除了这句脍炙人口的开篇语,这部小册子到今天仍然值得我们关注。下面就是该书令人心潮澎湃的第一段:

> 这是考验人们灵魂的时刻。值此危急存亡之秋,可以同

甘却难共苦的战士,和那些只能享受阳光却无法忍受阴霾的爱国者们,将怯于报效祖国;但那些至今依然挺立的人,理应受到人们的爱戴和感激。专制就像地狱,绝不会被轻易征服;但我们仍然坚信,斗争越是艰苦卓绝,凯旋就越是辉煌壮丽。轻而易举得来的,我们会弃如敝屣;只有付出高昂代价,我们才会视若珍宝。上天深知该如何为他的所赐合理定价,如果像**自由**这样神圣的宝物没有标出高价,那才真正是匪夷所思。(斜体依原文标出)[13]

尽管有如此这般关于爱国主义的完美论述,《美国危机》的影响力在潘恩的另一部著作《常识》面前,仍然显得黯然失色。《常识》的写作,正值美国独立战争爆发之时。《常识》于1776年首次付印,很快成为历史上最成功、最富影响力的政治著作。据潘恩估计,《常识》卖出了15万本(他将这本书的利润所得拿来为军队购买给养)。

《常识》对美国独立作了有力的论证,也对英国宪法和世袭统治原则进行了猛烈的抨击。潘恩后来写道,他的目标是"提出并确立政府代议制"。

《常识》的语言铿锵有力。潘恩写道:"在上帝看来,一个诚实的人对社会的价值,比有史以来所有戴着皇冠的恶棍加在一起还要大。"乔治三世被潘恩形容为"英国的皇家禽兽"。关于独立问题,他写道:"要一个大洲被一个岛永远统治下去,这个想法有些荒谬。"到这本小册子的结尾,潘恩对美国独立战争作了精彩的展望:"我们有力量让世界重新开始。"在一个"压迫泛滥"的世界,美国将独自成为自由的家园、"人类的庇护所"。

23 《常识》对殖民地的读者来说意义非凡,它被作为美国历史上最重要的文献之一流传下来,但这并不是因为潘恩所提出的观点——这些观点在很多美国的爱国者中广为流行——而是他表达观点的方式。这部政治著作要面对的读者并不只限于受过教育的精英阶层。这部著作中,除了所有人熟知的《圣经》之外,并不涉及其他的知识,也没有同时代政治读物中流行的华丽辞藻。他的风格和他的观点一样:任何人都能抓住政治和政府的本质;必要的只有常识。

正如约翰·亚当斯1806年所注意到的:"在近30年来的所有时间里,我所知道的世界上所有人,没有一个能像托马斯·潘恩这样对人民和相关事件产生如此巨大的影响。"[14]

各州的宪法和权利法案

接下来我们要介绍的是美洲殖民地政府宣示公民权利和特权的权利宣言和宪法,还有指引他们实行自我治理的法律,这些文献奠定了美国《权利法案》的根基。其中,最值得一提的是1776年的《弗吉尼亚权利宣言》。这份文件的起草成员中,包括了像爱德蒙·兰道夫、帕特里克·亨利、乔治·梅森，以及詹姆斯·麦迪逊这些如雷贯耳的名字。《弗吉尼亚权利宣言》直接影响了其他很多州的权利法案的起草和通过。伯纳德·施华兹指出：

> 1776年的《弗吉尼亚权利宣言》是现代美国意义上第一个真正的权利宣言，它第一次将对个人基本权利的保护纳入宪法，并经由民选的议会通过实施。[15]

美国《宪法》通过之前出版的联邦文献

与《弗吉尼亚权利宣言》相呼应，同时期的其他各州也起草和通过了5份标志性的联邦文献：1765年的《印花税法案大会的权利和冤情声明》，1774年第一次大陆会议的《殖民者权利宣言》和《大陆协定》（合称《第一次大陆会议宣言和协定》），1776年的《独立宣言》，1777年的《邦联条例》，以及1787年的《西北条例》。

《印花税法案大会的权利和冤情声明》

印花税法案大会于1765年10月在纽约召开。由马萨诸塞政府召集，当时的13个殖民地中有9个参加。会议的目的是就英国议会1765年3月22日通过、当年10月生效的印花税法案向英王和英国议会起草一份抗议。英国印花税法案要求,殖民地的法律文书、报纸、历书、执照等商业印刷品都要贴上印花税票。代表们辩论的法律问题是,鉴于英国宪法早已将人民在征税问题上的参与权作为基本原则确立下来,不代表殖民地英国人的英国议会到底能不能对殖民地的英国人征税。

大会起草的抗议文件——《印花税法案大会的权利和冤情声明》取得了成功,英国议会于1766年3月18日废除了印花税法案。殖民地人民无疑对胜利感到欢欣鼓舞,这也为随后发生的一系列事件埋下了伏笔。英国的詹姆斯·斯科特(James Scott)作了如下预测:

> 美洲大陆的人们就像吸吮牛奶一样汲取着独立和自由的理念,有朝一日,他们会随时抛弃对英国的屈从。如果我们在废除印花税法案问题上对他们服软,那么一切都将结束;从此以后,他们将开始主张自己的自由。[16]

《第一次大陆会议宣言和协定》

1774年9月,为了反抗英国对各殖民地与日俱增的压迫(最近的一次抗议是针对这一年早些时候英国议会通过的《不可容忍法令》[17]),各州的代表聚集费城,召开了第一次大陆会议。10月14日,代表们同意并通过《第一次大陆会议宣言和协定》。这份文件对殖民地人民权利的确认,不仅是基于英国宪法和殖民地特许令确立的原则,而且也基于自然法。文件引用了英国议会近十年来通过的一系列法案,指出它们违背了这些原则。文件还对英国驻军提出谴责,并重申美洲殖民地人民享有与英国人民同等权利的原则,包括"无代表不纳税"、接受陪审团审判,以及为申诉冤情向国王和议会请愿的权利。正如我们此前所指出的,《第一次大陆会议宣言和协定》是1776年至1787年期间各州通过的《美国独立宣言》和一系列革命宣言(或权利法案)最为重要的先驱之一。

1775年5月10日,代表们再度聚集一堂,召开第二次大陆会议,通过了两份标志性文件:《独立宣言》和《邦联条例》。

《独立宣言》

《独立宣言》的主要目的,是宣告美洲各殖民地脱离英国。但正如其作者托马斯·杰斐逊所描绘的那样,宣言的意义远远不止于此。杰斐逊复述此前一些文献的内容[18],并融入自己的语言风格,创作出美国传统中最值得纪念的文献。这份文献确立了此后全世界民主发展中至关重要的两项普适原则。第一项原则,政府的存在是为了人民的利益,而不是为了统治者的利益,如果政府变成暴政专制,人民就有权反抗和推翻政府。第二项原则,"所有人生而平等"已经有力地告诉人们,社会中的任何一员都有权获得法律的全面保护,有权参与公共事务。这份宣言是大会在1776年7月4日通过的,这一天也成为美利坚合众国的诞生之日。

《邦联条例》

美国《邦联条例》是一份协议,最初的13个州由此创立了名为美利坚合众国的邦联,成立了邦联议会并组建政府。经过一年多的辩论,随后又经历了近五年的时间获得所有13个州批准,美国《邦联条例》最终在1781年3月1日通过。直到1788年美国宪法通过之前,这份条例一直扮演着美国基本法的角色。

人们后来认为,美国《邦联条例》是一份有着严重瑕疵的法律文件。它规定各州负有保护公民的基本责任,但只赋予中央政府一点点权力。这份文件的种种瑕疵具体包括:没有赋予政府征税、募集军队、管理商业的权力,政府甚至无权实施自己颁布的法律、条约。这份文件还设置了一套繁琐、难以操作的修订程序:要提出任何修改,必须取得所有13个州的一致同意。即便在这份文件生效后,许多政治分析人士仍然认为,它没有赋予议会足够的权力以维持有效的运转。乔治·华盛顿指出,"邦联看起来就像是一个没有任何实质内容的幻影,议会毫无用处,他们通过的法令也是自说自话。"[19]

《西北条例》

　　《西北条例》尽管不像美国的其他自由宣言那样广为人知,但仍然值得我们关注。这份文件包含了美国联邦政府制定的第一部权利法案。更有深远影响的是,它确立了美利坚合众国殖民地政策中的一项重要原则,即无人居住区的定居者应当享有和祖国其他公民同样的个人自由。在《西北条例》制定机构的运作下,议会于1787年7月通过了这条法令。仅仅两个月后,美国《宪法》获得承认。《西北条例》的条款,特别是其中关于无人居住区的定居者应当享有和祖国其他公民同样的个人自由的规定,为后来将阿巴拉契亚山脉以西的广袤土地纳入美国版图奠定了基础。这份文件中最负盛名的条款,可能是第6条关于在美国境内禁止蓄奴的规定。众所周知,美国《宪法》或《权利法案》中都没有相应的条款。而且,我们在这本书的后面也会提到,在全美废除奴隶制是通过《宪法》第十三修正案做到的。第十三修正案的表述和《西北条例》第6条大同小异。

美国《宪法》的起草、通过和批准

　　议会在1787年5月将各州代表召集到费城,目的是召开制宪会议。议会提出,这次大会的召开"专门而且明确的目的就是修改《邦联条例》，并经议会同意、各州确认，向议会和几个州的立法机构报告规定和修订的内容，确保联邦《宪法》在经过国会同意、各州确认之后足以让政府应对紧急形势，维持联盟的存续"[20]。

在那个意义非凡的夏天，55位各州的代表齐聚费城。虽然约翰·亚当斯和托马斯·杰斐逊这两位政治明星在召开这次制宪会议时出国了，"但1787年的费城仍然聚集了在20世纪晚期任何会议中也不会聚齐的标志性人物"[21]。其中包括我们所熟知的乔治·华盛顿、詹姆斯·麦迪逊、本杰明·富兰克林和亚历山大·汉密尔顿。与会代表——如今被称作开国元勋——共同检讨了《邦联条例》的不足，并提出修改计划。在詹姆斯·麦迪逊的引领下，大会同意审议一揽子15项决议，这就是我们所知的《弗吉尼亚方案》。这一方案基本上囊括了新的联邦宪法的主体内容。经过漫长的辩论和妥协，代表们同意承认美国《宪法》，并于1787年9月17日在文本上签字，随后又要求至少要获得9个州批准才能生效。经过长达9个月的各州立法机构讨价还价和媒体舆论摇旗呐喊（其中最有影响的是下面要介绍的《联邦党人文集》），随着1788年6月21日新罕布什尔投下赞成票，《宪法》最终获得各州批准。

当时影响广泛的著作:《联邦党人文集》

在美国联邦《宪法》提交各州批准的这段时间,人们见证了漫天蔽海的评论和争辩,这些言论不仅出现在各州的立法机构和会议上,也出现在当时一些重要政治家的个人通信和媒体上的公开评论中。迄今最有影响的出版物是《联邦党人文集》。著名的宪法学者爱德华·艾尔·米德(Edward Earle Mead)指出:

> 实际上,美国历史上很少有文献能像《联邦党人文集》那样,让读者体会到如此丰富的人文情怀和博大精深的思想。联邦制宪会议的精髓在这里演绎得淋漓尽致,那就是建立一个活力十足,能够确保政治统一、经济繁荣而又不侵犯各州和个人基本权利的政府。这绝不是出于纯粹的学术兴趣,而是出于每一个睿智的美国人对当下的关切。[22]

《联邦党人文集》是对《宪法》的第一份权威解读,也是为《宪法》赋予生命、意义和价值的漫长过程的第一步。它有着司法裁决般的重要性和权威,并在处理宪法问题时被屡屡提及。托马斯·杰斐逊在1825年形容《联邦党人文集》是"所有人不由自主地想要求助的权威,作为美国《宪法》构建者和遵从者公意的佐证,它对美国《宪法》含义的解读从未遭到否认或拒绝"。[23] 首席大法官约翰·马歇尔写道:"它固有的价值可以当之无愧地称作对宪法最完整的评论,其中两位作者在起草宪法中扮演了重要角色,这使得本书有足够的力量来解释其各方面观点。"[24]

《联邦党人文集》包括85篇斗志昂扬的政治性文章,起初出现在1787年秋至1788年春之间纽约的几份报纸上,目的是说服纽约州的人们批准刚刚在费城起草的美国《宪法》。尽管这些文章都是发表在报纸上的急就章,但都是长期研究、深思熟虑和丰富经验的结晶。三位作者当时都很年轻,亚历山大·汉密尔顿30岁,詹姆斯·麦迪逊36岁,约翰·杰伊42岁,但无论是作为政治家、政治思想家,还是作为务实的政客,他们都已跻身同时代声望最为卓著的人物之列。

这部著作首先要归功于亚历山大·汉密尔顿提出了这个创意,并得到詹姆斯·麦迪逊和约翰·杰伊的支持。汉密尔顿来头很大,他当时是约克城的一名团级指挥官,也是华盛顿将军的军事秘书,还是一位成功的纽约律师,而与当时纽约最有钱有势的家族之一——菲利普·斯凯乐(Philip Schuyler)将军家族联姻,使得他的身份更加显赫。

而麦迪逊在其中所起到的重要作用,很大程度上是由于他在制宪会议中所扮演的领袖角色。在这个大会中,麦迪逊参与了每一个重要问题的辩论,并以其才学赢得了卓越声望。他的政治敏锐性不仅在大会上充分展现出来,也在委员会孜孜不倦和驾轻就熟的工作中得到淋漓尽致的发挥。他的治国才能和理论洞见,就连他最亲密的朋友当时也无法预见,而历史学家几乎众口一词地将他尊为"宪法之父"。

杰伊的贡献虽然比起汉密尔顿和麦迪逊要小一些,但同样不可忽视。杰伊在年龄上长于两位合作者,当时的声望也要远远高于他们。作为一名成功的律师,杰伊同时还担任美国外交国务秘书。在讨论新宪法对国家外交事务管理的影响方面,拥有丰富外交经验的杰伊自然是当仁不让了。

无论麦迪逊,还是汉密尔顿,都对新宪法提出了保留意见。麦迪逊对他的《弗吉尼亚方案》的一些条款没有写进宪法表达了失望之意,这些条款包括,对几个州在参议院的席位采取人口比例代表制的设想,以及联邦立法有权否决州的法律等。汉密尔顿走得更远,他甚至认为,诸如强化联邦当局而弱化各州的权力、参议院成员和总统终身任职、美国宪法应当与英国宪法更多保持一致等,都应当写进宪法。

尽管如此,在《联邦党人文集》中,麦迪逊和汉密尔顿还是坚定捍卫了来到费城的各州代表们达成的宪法,没有流露出一丝不满。大概在他们看来,尽管新宪法还有瑕疵,但比起饱受质疑的1781年美国《邦联条例》无疑要好很多,而且在当时的政治氛围下,新宪法已经做到了极致。

汉密尔顿评论道:

> 我从不指望不完美的人们能作出完美的杰作。各方面深思熟虑、反复考量的结果必然是其中个体的睿智、明断与谬误、偏见的混合体。这份契约要将13个各不相同的州维系到团结和友谊的共同纽带上,就必然要在各方面利益和倾向中达成妥协。这样的文件怎么可能完美呢?[25]

尽管《联邦党人文集》的文章写作已经过去很久,讨论的也是当时的问题,但仍然不失为一座充满政治智慧的永恒宝库,值得人们在面对新问题时重温和回味。《联邦党人文集》提醒我们,在一个民选的政府中,一切迟早都要向人民的意志屈服。为保卫我们的政治架构和个人基本权利而进行的战斗不应该在法庭上收场,而要通过民意的公开讨论来解决。尽管《联邦党人文集》起初只是面向"纽约人民",但它在今天的主要作用仍和两百多年来一样——不是法庭指南,而是凝聚了民意。

联邦党人和反联邦党人的立场

要理解宪法批准的过程(以及稍后《权利法案》的辩论、通过、批准过程),核心在于深切把握与会代表结成的两个对立集团:支持宪法的代表自称的联邦党人,以及因为宪法中没有包含权利宣言而反对其通过的反联邦党人。

联邦党人的早期领袖包括亚历山大·汉密尔顿、约翰·杰伊、詹姆斯·麦迪逊,以及乔治·华盛顿,他们认为,能带来强大中央政府的宪法应当通过,无需作任何更改。事实上,一些联邦党人甚至认为宪法无懈可击、神圣而令人鼓舞。联邦党人反对将《权利法案》纳入宪法,理由是《权利法案》并非必不可少,甚至十分危险。这个观点是亚历山大·汉密尔顿提出的。关于"《权利法案》并非必不可少",汉密尔顿指出:

> 有人已经一再强调,《权利法案》从根源上是国王和臣民之间的条款……比如《大宪章》……比如《权利请愿书》……还有英国《权利法案》。因此显而易见,从基本源意义来看,《权利法案》并不适用于我们的宪法,因为我们的宪法建立在人民权力的基础之上,并且由人民的直接代表和公仆来施行。严格地说,人民没有放弃什么,如果要留住什么,也无须作出任何特别的保留声明。"我们合众国人民,为确保自身永享自由的和繁荣,特制定美利坚合众国宪法。"比起有些州的《权利法案》中卷帙浩繁的格言警句,这是对全民权益更好的确认。(斜体为原文所有)[26]

关于"《权利法案》十分危险",汉密尔顿指出:

> 就争取人民权利的本意而言,在宪法草案中加入一部《权利法案》……可以说是危险的。因为这样的《权利法案》会对政府权力设置很多限制,而这些权力实际上并没有授予

政府机构；这样一来，反而会让政府以种种堂而皇之的借口要求扩张权力。明明政府本来就无权做的事情，为什么还要专门宣布它不能做呢？[27]

当然，也有一些联邦党人支持在宪法中加入《权利法案》，但宪法草案签署时确定的规则阻止了在各州批准之前作出任何修改。

反联邦党人包括理查德·亨利·李(Richard Henry Lee)、埃尔布里奇·格里(Elbridge Gerry)、乔治·梅森(George Mason)、帕特里克·亨利(Patrick Henry)，他们坚持在新宪法中加入《权利法案》。他们担心，一部缺少对特定权利和自由提供清晰、明确保护的权利法案的宪法，将会授予联邦政府过大的权力。而且，伯纳德·施华兹提出：

> 联邦党人对[反联邦党人的反对意见]的回应，越来越无法自圆其说。即便在法律专业的意义上说，联邦党人是对的，但公众也难以理解。即便制定一部《权利法案》在立法上不一定必要，但也一定不是有害的。至少也应该作出附加保证，确保政府不会吞没人民的自由。因此关于宪法的辩论形成了一股越来越大的公众压力，迫使这部法律增加一部《权利法案》。联邦党人迫于压力，不得不承认需要作出某些修改，以保护人民的基本权利。[28]

《权利法案》的起草、通过和批准

为新宪法而召开的第一届国会中,起初也考虑出台一部联邦的《权利法案》。《权利法案》最初的草案构想是在詹姆斯·麦迪逊的领导下提出的,他起初对在宪法中附加权利宣言的想法并不热心(后来,迫于反联邦党人詹姆斯·门罗竞选国会议员的政治压力,麦迪逊改变了这一立场)。1789 年 6 月 8 日,在对宪法修正案进行解释并说明其必要性的著名演讲中,麦迪逊指出:

> 反对[宪法]的大多数人都不喜欢这部宪法,因为它没有包含反对侵犯特定权利的有效条款,也没有他们习以为常、深入内心的保卫他们不受地方法官侵犯的措施。[29]

麦迪逊已经着手起草一份包含近百处修正内容(还不算重申的内容)的文件。这些修正建议是 8 个州提出来的,麦迪逊考虑将它们纳入一部《权利法案》中。正如施华兹写道的那样:

> (以正式或其他方式)提出修正建议的 8 个州都提议增加规定,没有授予联邦政府的权力由各州各自保留。这一内容最终被纳入第十修正案。7 个州建议希望保留民事案件由陪审团审案的权力;6 个州要求保护宗教信仰自由;5 个州希望保障出版自由(其中还有 3 个州提出同时也要保护言论自由)、拥有武器和由邻近的陪审团审理案件的自由,并禁

止军队驻扎以及禁止无理抓捕和没收财产;4个州要求享有受"王法"即正当法律程序、迅速的公开审理保护的权利,集会和请愿的权利,禁止过多的保释金、罚款、酷刑和非正常惩罚的权利,等等。其中,有22条修正建议得到4个以上州的支持,麦迪逊在提交给议会的(最终)建议中,采纳了14条。[30]

辩论和重新起草的工作在1789年6月8日启动。议会将建议缩减为12条,并于1789年9月25日通过了这一揽子修正建议。其中2条没有获得批准,剩下了10条,最终,《权利法案》于1791年12月15日获得批准,并被写入法律。

从现代视角分析美国《权利法案》中各项权利的渊源

在上文中,我们努力向读者呈现影响《权利法案》起草的政治自由概念的产生和发展简史。我们回顾了3份英国的文献(《大宪章》《权利请愿书》《权利宣言》),以及一系列美国的文献(殖民地特许令、各州宪法和权利宣言,《印花税法案大会的权利和冤情声明》《第一次大陆会议宣言和协定》《邦联条例》《西北条例》,以及美国《宪法》),各种来自英国的个人著作(包括辉格党的作者,以及约翰·洛克和威廉·布莱克斯通),还有两部来自美国的著作(托马斯·潘恩的《常识》和汉密尔顿、麦迪逊、杰伊的《联邦党人文集》)。

当然,詹姆斯·麦迪逊和他的议会同事们对这些文献都烂熟于心。那么问题来了:麦迪逊和同事们灵感的最初源头在哪里?最顶尖的宪法学家之一,唐纳德·S·卢兹(Donald S. Lutz)[31]在《权利法案》溯源研究方面思想深刻、富有创见。[32]这里我很乐意和大家分享他的观点。

"当美国人今天思考和论述美国《权利法案》时,"卢兹教授写道,"关于它的起源的说法,经常是下面三种基本假设之一:(1)《权利法案》是1789年几种思想的最初的、也是同步产生的结果;(2)《权利法案》是英国《大宪章》的美国升级版;(3)詹姆斯·麦迪逊只是对各州议会(也是他们最终批准了美国《宪法》)提出的修订建议进行了编纂便形成了《权利法案》。"最终证明,上述假设没有一个是正确的。相反,《权利法案》更多是美国发生的漫长政治进程的产物,在这个进程中,各州以及早期殖民者们扮演了关键角色。

"关于第二种假设,首先,它可能通过对《大宪章》中一些与《权利法案》重叠的条款做了简单的考量,以此证明《大宪章》也有一定影响。《权利法案》在其10条修正中,列举了26种不同的权利:

宗教机构设置

言论自由

43

集会

拥有武器

免于无理追捕

接受大陪审团审判

不得强迫自证其罪

取得恰当补偿

宗教信仰自由

出版自由

请愿

禁止在私人领地驻扎军队

免于无理没收财产

一事不再审

接受正当法律程序保护

接受迅速的公开审判

接受陪审团审判

作证

民事案件接受陪审团审判

禁止过高罚金

由人民保留的权利

得知被控告的理由和性质

获得律师帮助

获得保释,禁止过高的保释金

罪责刑相适应

各州和人民保留的权力

"这26项权利中,只有4项明显可以在《大宪章》中找到源头。换个角度看,《大宪章》的63条规定中,也只有4条体现在美国《权利法案》中。《大宪章》和美国《权利法案》所起到的作用大相径庭,这两份文件重合部分不多也就不足为奇了。前者规定了国王和男爵之间的关系,而后者则划定了政府机构与全体公民的界限。"

"《大宪章》尽管在内容、形式和含义上都具有重大历史意义,但它仍然只是美国《权利法案》一个遥远的先驱。美国《权利法案》与其他英国普通法的重合尽管重要,但也没有那么多。除了有4项权利可以追溯到《大宪章》外,美国《权利法案》中还有1项权利可以追溯到1628年英国的《权利请愿书》,2项可以追溯到1689年的英国《权利法案》。[33]这样一来,美国《权利法案》的26项权利中,可以在英国普通法文献中找到渊源的就是7项,尽管备受尊敬的学者伯纳德·施华兹只愿意承认这7项中的5项。"

"而且,正如英国普通法的作者常常指出的那样,人们不得不一再重申《大宪章》,有人计算至少已有47次重申。因为这份文件曾长期被忽视,人们虽然对它奉若圭臬,但却并不遵循它的规定。"[34]实际上,尽管英国普通法的主要文献都白纸黑字写明要保障特定权利,但在美国独立战争时期这些权利在英国并没有得到充分保护,甚至比起美国的情况还有所不及。"[35]

在这些情况下,在英国,权利保障接近于美国的地方,在限制谁的行动上也有着根本的差异。正因为如此,詹姆斯·麦迪逊说,如果对普通法和和美国《权利法案》进行实证比对就会发现,两者的不同之处太多了:

> 事实是,[英国人]只是在王权面前设置了一道障碍之后就止步不前了,立法机关的权利仍然太不确定。尽管我知道,每当接受陪审团审判、出版自由、信仰自由这些重大权利[在议会]遭到侵犯,就会有能干的支持者出来制止,但他们的《大宪章》并没有任何条款对如何保障这些权利予以明确,这些权利正是美国人民最为警觉的……美国人民对这些必不可少的人民基本权利极为警觉,但这在英国宪法中并没有得到切实保障。尽管……有人可能认为在这个国家没有必要为立法权设置限制,但在美国,人们普遍持相反观点。[36]

"那么最起码,讨论美国《权利法案》与英国普通法及其主要文件如《大宪章》的渊源关系时,就要附带上在美国这边起草的文献,特别是州和殖民地的文献。"

同样基于这一分析,卢兹驳斥了上述第一个假设,即《权利法案》是1789年几种思想的最初的、也是同步产生的结果。卢兹解释说,"早期的州宪法除了美国《权利法案》中的最后两项权利(即人民保留的权利和权力)之外,其他权利都包含了。而且26项权利中的16项也是在殖民地政府起草的文件中第一次写进立法并受到保护的(还有4项是在第一次大陆会议起草的文件中写进立法并受到保护的)……如果要说《权利法案》是1789年凭空制定出来的,那么我们如何解释已有的州和殖民地文献中出现的这些权利呢?"

关于第三个假设,即詹姆斯·麦迪逊只是在各州审议宪法的会议提出的100条修订意见的基础上起草了《权利法案》,卢兹也有不同看法。他分析说,"虽然在麦迪逊列出的权利和各州的提议之间有着一定的关联,但麦迪逊对各州会议最想落实的修改意见几乎都避而不谈。"

麦迪逊需要与各州形成某种利益关联,以缓和反联邦党人的批评,但他对各州提出的大部分建议都不喜欢。他的策略就是,抓住反联邦党人在修正问题上的具体分歧,并加以利用。

反对宪法草案最为起劲的反联邦党人提出了三种相互

纠缠、令人困惑的修正方案。第一种方案就是着眼于限制中央政府的权力,对一些特别权力加以保留。比如禁止直接征税、垄断以及信用借款。

第二种方案通过类似"装上牙齿"的方式,改变有关机构,比如通过同时生效的条款使参议员丧失当选资格、赋予州和联邦法院同样的管辖权、州和联邦议会对有关航行和商业的提案都要求至少2/3的赞成票才能通过。

第三种方案就我们现在的理解而言,是适用于权利法案文件的。包括保护言论、写作、出版、集会、请愿自由——保障人民有能力在政治上组织起来的权利,还有禁止自证其罪、一事不再罚、禁止过多的保释金,以及禁止无理抓捕——确立一套公正的法律制度的权利。在麦迪逊对各方面意见的处理中,可以明显看出,比起前两种方案,他更倾向于第三种。

[实际上,麦迪逊在和反联邦党人打太极拳,这激怒了]他们中的一些人,他们声称麦迪逊"转移了人们的视线"(也就是说,他制造烟幕弹,将公众的注意力从真正的问题上转移开来),但因为一个关键的原因,他做得很成功——麦迪逊把各州议会中附加的权利法案作为模板。

读者会想起早前我们曾经指出的,麦迪逊和汉密尔顿认为,各州宪法中包含的权利宣言在保护权利方面没有起到什么实际效果,因为州的权利法案并不阻止地方当局做自己想做的事情。所以实际上,他们对反联邦党人说,"这是一个没用的想法,但如果你们想要,就给你们写上,就像你们州宪法中那些中看不中用的条款一样。"这样,反联邦党人就很难反对麦迪逊去借鉴这些州宪法的模板,因为这个模板是他们自己做出来的,在一定意义上也是他们要求的。

根据卢兹教授的分析,接下来就会出现:"通过检视1776年至1787年间起草的各州权利法案,人们发现麦迪逊有效地从中提炼出最基本的共性因素,作为他提出的修正案清单的基础,而那些可能削减中央政府权力的权利都没有列进来。美国《权利法案》中的26项权利中,几乎每一项权利都能够在两三个州的文件中找到渊源,很多权利能在5个以上州的文件中找到渊源。"[37](斜体为原文所有)

卢兹教授于是得出结论:"美国《权利法案》的直接源头是……各州宪法和各自的权利法案,而不是各州审议宪法的会议提出的修正案。美国政治学者有时把各州称作政策创新的实验室,在经过州这一层面的最初尝试,最终为许多国家层面的立法奠定了基础。另一方面,美国在权利方面的创新常常被描绘为发端于联邦最高法院,各州只是被动接受。但值得我们铭记的是,在《宪法》中附加一份《权利法案》的主意,以及美国《权利法案》的内容,最初都发端于州这一层面。"

创立与重建：
概览

《权利法案》习惯上指美国《宪法》的最初 10 项修正案。但我们今天要理解它的内涵,应当把《权利法案》看作由 11 项修正案组成:前 10 项于 1791 年批准,第 11 项是 1868 年南北战争后重建时期通过的《宪法》第十四修正案——"重建法案"。实际上,今天的美国人可能没有意识到,他们解读开国元勋们的《权利法案》时,所借助的是后来的"重建法案"所提供的视角。

我们先来看看最初的《宪法》和《权利法案》。《权利法案》是我们宪法体系的圣殿,但我们对它的认识仍然不够清晰。传统观点、也是多年来法律界的主流观点认为,费城会议提出的最初的《宪法》主要关注的是政府的架构问题——即联邦政府和州政府之间的关系(联邦制)、联邦立法机构的两院分立(两院制)、三权分立、宪法的修订程序,等等。相比之下,人们一般认为第一届国会提出的《权利法案》在政府架构问题上乏善可陈,但在权利问题上着墨甚多——赋予个人和少数群体在多数群体面前的实质性权利。[1]

本书提供给大家的是一个新的视角。个人和少数群体的权利确实是《权利法案》的一个重要特点,但绝不是独一无二的特点,甚至也不是最主要的特点。仔细审视《权利法案》就会发现,其思想脉络与权利话语(州的权利、多数群体的权利以及与之并行的个人和少数群体的权利)紧密交织,同时还贯穿着保护各类重要组织机构(教会、民兵组织、陪审团)的精神。最初的《权利法案》实质上并没有对组织架构问题轻描淡写,而是作出了全面安排;不是要限制多数群体,而是要赋予他们权利。

这方面,可以参考詹姆斯·麦迪逊在《联邦党人文集》第51篇文章中的著名论断:"对一个共和国来说至关重要的是,不仅要保卫社会不受统治者的压迫,也要保卫社会中的一部分人不受另一部分人的不公对待。"[2]对《权利法案》的传统认识似乎主要聚焦在麦迪逊提出的第二个问题(保卫社会中的一部分人不受另一部分人的不公对待)上,而忽视了第一个问题(保卫社会不受统治者的压迫)。我们想告诉读者,《权利法案》的起草者也关心第一个问题。在他们看来,《权利法案》的核心目标就是确保人民对政府的控制。他们意识到,当人民授权一小撮专业官僚处理政府的日常事务后,就会面临这些官僚以权谋私、背离人民利益和意志的危险。为了尽量防止和减少政府官僚假公济私,《权利法案》保障人民有能力监督并制止联邦政府的滥权行为,并确保普通公民能够通过各种陪审团条款参与联邦层面的司法权力运行；它还为人民大众保留主权，使其有权改组或者废黜政府，并在宪政问题上拥有最终的定夺权。《权利法案》的实质内容更多属于权力架构问题，更多体现出对多数群体权利的支持，而不是相反。

倘若如此，对认为《权利法案》关注个人基本权利远远超过政府架构的传统观点，我们应该作何解释呢？

这也是长期困扰我们法学院校的一个问题。法学教授们不是把《权利法案》作为一个完整的文献来进行研究，而是将这个法案分割成支离破碎的片段进行检视，甚至对一些修正案（比如第二和第三修正案）视而不见。[3]法学教授们往往对《宪法》和最初的《权利法案》之间深刻的相互影响不甚了了，他们编写的宪法教科书，往往是涉及"政府架构"问题就拿《宪法》说事，涉及"个人基本权利"问题就翻开《权利法案》查找答案。如果法学家及其信徒们（法学院学生和律师）对《权利法案》的认识已经歪曲至此，普通大众的困惑又有什么值得大惊小怪呢？

在这本书的第一部分——"创立"——我们将按照开国元勋们所构思的本来面貌，对《权利法案》进行全面审视，并对现行的主流观点提出质疑，由此揭示《权利法案》的各个条款之间以及它们与最初的《宪法》之间的关联。在这个过程中，我们打算批判当前的一种主流观点，即认为最初的《权利法案》和《宪法》代表的是两套截然不同的规制政府的方案。

我们也将通过这一审视,澄清许多美国人的错误观念,即《宪法》和《权利法案》一直保护着我们的基本自由不受州政府的侵犯。其实确切地说,最初的《权利法案》只是限制了联邦政府的行为,并不包括州政府,看看各州法院刑事司法运作过程就能理解这一点。我们今天认为州法院刑事审判中的一系列自由权利是理所当然的,比如,"接受陪审团审判的权利""获得律师帮助的权利""免于自证其罪的权利",等等。而在1868年联邦政府批准《宪法》第十四修正案,以及由此而来的"合并"原则诞生和发展之前,这些权利都是不受保护的。

"合并"既是一项原则,也是一个过程。联邦法院照此作出解释,认为《宪法》第十四修正案包含("合并")了《权利法案》的条款,从而将这些条款适用于各州。换言之,"合并"借用了《宪法》第十四修正案的表述,让《权利法案》中的条款得以适用于各州。"合并"过程始于1897年,在两次世界大战之间的时间里突飞猛进,并在20世纪60年代沃伦法院时期达到高峰。最终产生的结果是,法院可以援引《宪法》第十四修正案,要求各州和联邦政府必须遵守《权利法案》中各项权利保障的规定。

在本书第二部分——"重建"——中,我们试图告诉读者,通过"合并"这一进程,《宪法》第十四修正案万有引力般的推动作用已经在很多方面——包括言论自由和出版自由、拥有武器的自由、接受陪审团审判的自由,以及人民保留的难以数计的权利等等——改变了《权利法案》最初的轨道。换言之,我们要告诉大家,《宪法》第十四修正案重塑了(当然,你也可以说重建了)《权利法案》的一般概念——实际上是重返"权利法案"一词本身的含义。

总之,在本书第一部分,我们通过探讨《权利法案》的"创立"(即它与美国《宪法》一道如何被构思出来),对《权利法案》的传统认识提出了质疑。接着在第二部分,我们通过探讨《权利法案》的"重建"(即其内涵通过合并过程融入《宪法》第十四修正案后,又发生了怎样的改变),肯定了今天我们对《权利法案》的传统认识。[4]

The Bill of Rights Primer

美国《权利法案》公民指南

第一部分
创　立

第一章
先说重要的

开国元勋们的《权利法案》当然是时代的产物,但由于其所使用的18世纪的语言在21世纪的法律话语体系中仍然如此活跃,我们有时可能没有意识到法案所诞生的时代距今已有两个多世纪。在深入探讨这份18世纪的文献之前,让我们简略地回顾一下19、20世纪的事件和思潮是如何建构起我们的法律思维,并让我们先入为主地对《权利法案》的某些特征青睐有加,而对另一些视而不见的。在检视当代的《权利法案》中出现的新词语之前,让我们简要地回顾一下最初的《权利法案》中有些什么新说法。

阻碍我们了解最初《权利法案》的当代眼罩

我们的国家主义传统和各州保留权利的传统

在当代美国,主宰宪法这一领域的,是最高法院以个人宪法权利之名而行废弃各州法律之实的一系列标志性判例。当今许多美国人都将州政府作为个人和少数群体权利的主要威胁,而将联邦官员——特别是联邦法院——作为这些权利的守护神。[1]

这一国家主义的传统有着深厚根源。在两个世纪的进程中,联邦最高法院废止州和地方政府的法案要比否决联邦政府法案常见得多。[2]在20世纪早期,大法官霍姆斯宣称:"我想,即使我们失去了否决议会法案的权利,美利坚合众国也不会走到终点。但是,如果我们不能宣告某些州的法案无效,联邦就会岌岌可危。"[3]霍姆斯大法官在美国内战时期已经成熟起来,他从亲身经历出发,体会到战后通过的宪法修正案——特别是第十四修正案——所包含的对州政府的不信任。

然而,国家主义的传统要比"重建"悠久得多;其最深层次的根源来自费城,而不是阿博马托克斯*。费城会议中联邦党的制宪者们要打造的,是一套强有力的、联邦能够用来对抗各州政府滥权的权利。这些限制州政府的规定中,有几项出现在最初的《宪法》第1条第10款中。事实上,联邦党人打造一个强力中央政府的动力,很大程度上来自他们对小圈子政治的不满和他们的

---

* 1865年,北方联盟的尤利西斯·辛普森·格兰特将军在此地接受罗伯特·李代表的南方军队投降。这个地方可以作为美国南北战争结束的一种象征。——译者注

第一章
先说重要的

信念,正如詹姆斯·麦迪逊在《联邦党人文集》第 10 篇文章中指出的,政府管辖地域"范围"的"放大"将会提升公共决策水平。[4]

而与国家主义传统并行的,还有各州保留权利的传统(这也是麦迪逊所支持的),即认为当地政府有能力保护公民不受联邦当局欺压。这个传统的根源甚至比国家主义的传统还要悠久——实际上也比联邦本身的历史还要悠久。在 17 世纪,英属北美洲最初并不是一个统一的整体,而是一系列不同的殖民地,每个殖民地在不同时期建立,也有各自的特色、历史和移民模式。比如,在 1760 年,"弗吉尼亚"从法律上讲已经是一个既成事实——它的下议院从 17 世纪 20 年代就开始运作。但作为法人实体的"美利坚"还得等一等才能诞生。同样,在法印战争*结束后、美国独立战争爆发前这段至关重要的时间里,殖民地政府带头保护公民免受他们认为面临的英国议会的欺压。殖民地的立法机构密切留心着远在英国的中央政府,一旦发现中央政府的压迫行为就公开警告,在政治上、经济上,并最终在军事上组织起来,反对他们眼中的英国邪恶势力。[5]

为了起草好宪法和《权利法案》,麦迪逊既要积极支持各州保

---

* 是 1754 年至 1763 年间英国和法国在北美的一场战争。印第安人在这场战争中与法国结盟,攻打英国。1760 年英国攻陷蒙特利尔,战事结束。1763 年 2 月 10 日英法等参战国缔结巴黎条约,西班牙割让佛罗里达给英国,法国割让密西西比河以东法属路易斯安那给西班牙作为补偿。这场战争是法国在北美势力的转折点,并确认了英国在北美东半部的控制地位。——译者注

留权利，又要小心翼翼地为它们划定界限。州政府能够监督联邦政府，对它们认为带有压迫性的联邦法律，也能够在政治上发起抗争，但任何州都不能废除这些法律或者退出联邦。[6]而且在麦迪逊的方案中，联邦政府在保护公民免遭州政府欺压方面扮演着至关重要的角色。后来支持各州保留权利的代表性人物，如约翰·C·卡尔霍恩（John C. Calhoun）和杰斐逊·戴维斯（Jefferson Davis）都不赞同这些重要的限制。他们支持各州保留废除法律和退出联邦的权利，这些观点不仅是对宪法所确立的联邦架构的误读[7]，也是对奴隶制的维护，以及最终对人类尊严的践踏。南北战争是美洲土地上爆发的第二场战争，和美国独立战争时一样，南北战争的背后也交织着各州的权利和基本人权等问题。但这次，这两种权利之间的关系发生了变化。与18世纪70年代革命者的豪言壮语形成鲜明对照的是，19世纪60年代叛军对联邦制的看法在人们看来并不是对自由的捍卫，而恰恰是对自由的背叛。

今天的美国人依然仰赖于南北战争留下的遗产，依然沿着一个多世纪以前的路子继续着当代的论争。国家主义者认识到，必须有一个强有力的中央政府来保护个人不受州政府的欺压，但他们常常忽略了，没有竞争、不受制约的中央政权有多么可怕，带来的威胁有多么大。而支持各州保留权利的人们则添油加醋地强调运行不受控制的中央政府是多么危险，常用的说辞就是用各州

第一章
先说重要的

的权利来抵御各州的错误。但当代的论争却忽视了麦迪逊深刻洞察的一个问题,即地方主义和自由有时候可以协作共赢而不是相互抵牾。我们希望通过对麦迪逊的《权利法案》进行全新的审视,为大家揭示这个主题。

合并的过程

上文指出,通过《宪法》第十四修正案,《权利法案》的几乎所有条款都被合并,并适用于各州,内涵也发生了显著变化。然而,《权利法案》起初主要只是一套架构性的保障,仅适用于联邦政府,现在却成为既规制联邦政府行为、又规制州政府行为的权利保障。当初起草《权利法案》,是为了保护普通公民不受可能不代表他们利益的政府的欺压,现在又加入了保护少数弱势群体不受社会主流多数群体欺压的内容。此外,正是法官们将《权利法案》"合并"到第十四修正案所采取的方式,产生了一个不幸的后果,让我们难以看清《权利法案》的演变过程。法院和法学家们现在似乎愿意将《权利法案》直接适用于各州。第十四修正案就算真的被提及,也只是一带而过。[8] 就像那些戴着眼镜的人常常意识不到戴了眼镜一样,大多数人在戴着第十四修正案的眼镜来解读《权利法案》时,也往往忽略了这副眼镜使他们所看到的内容产生了很大的折射偏差。

那么，现在是时候取下眼镜、看清《权利法案》在"重建"之前的模样了。只有这样，我们才能充分理解它在构思之时有哪些主要特点。当我们取下眼镜，就会有一个全新的《权利法案》映入眼帘。接下来的这些章节有时可能会大出读者所料之外，但仔细想想，又都在情理之中。毕竟，从《权利法案》创立之初到今天，世界已经发生了沧海桑田的巨变。也只有理解了《权利法案》创立时的历史环境和当时人们的最初构想，我们才能自觉而系统地作出评价，这些构想——如果确有的话——有多少在后来的宪法发展过程中保留了下来，或者应该保留下来。

前两个失败的修正案

第一届国会提出的《权利法案》包括12项修正案。但只有后10项在1791年获得了必要的全体四分之三以上立法机构批准，由此成为"本宪法之一部分而发生全部效力"[9]，但前两项没有获得通过的修正案包含着第一届国会上联邦党人和反联邦党人的思想洞见，值得我们简要回顾一下。

最初提出的第一项修正案：众议院的规模和代表条件

今天美国人所说的"第一修正案"，在提交第一届国会时其实并不是"第一"。看看当时人们所拟的《权利法案》的开头：

> 第一条……在《宪法》第1条要求的列举之外，每3万人口应有一名代表，直到代表数达到100人。此后的比例由国会规定，确保每4万人口至少有一名代表，直到议员人数达到200。在此之后的比例由国会规定，代表在200人以上的，应确保每5万人至少有一名代表。[10]

这条原本要作为第一修正案的条款，显然涉及的是政府架构和组织机构，而不是个人基本权利。这也是对《宪法》第2条第1款所设定的架构规则的直接修改。该条要求，"每3万选民最多有1名代表"。[11]

反联邦党人的驳斥，以及联邦党人的回应

这项修正案回应的是反联邦党人普遍关切的一系列极其重要的问题，即从人口统计学和地理学——公民和国家地域空间的规模角度提出的担心。反联邦党人坚守传统的政治理论，认为只有在幅员狭小、人口较少的社会中，公民处在同样的气候和文化环境中，形成共同的世界观、并彼此了解，能够坐在一起面对面探讨公共事务，这样的环境才能让共和政体兴旺发达，希腊城邦和前罗马帝国就是这类典范。[12]

詹姆斯·麦迪逊等联邦党人则持较为传统的观点。他们认

为,比起小而人种单一的城市或州,大而适当多元化的社会其实能够产生更加稳定的共和政体。人们如今认为,麦迪逊在《联邦党人文集》中的第 10 篇文章对这一革命性观点的阐述最为精到。但实际上,《联邦党人文集》的整个导论部分都在正面回应反联邦党人对规模问题的关切。比如,约翰·杰伊在《联邦党人文集》的第 2 篇文章中也认为,美国(白种)人在很多方面具有基本的共性,这让他们在道德、文化、语言、历史、商业和地理上形成了一个民族。[13]

反联邦党人反对宪法的原因之一就是,国会(规模)太小、(成员)太富有、太"精致"。他们担心,立法机关规模如此之小,只有在全国各地广负盛名的人才会有十足的把握当选。[14]因此反联邦党人认为,尽管宪法将平民主义的口号喊得很响亮("我们人民……"),其批准生效也是由特别选举产生的、广受欢迎的大会以戏剧化的方式进行的,但本质上仍然是一份贵族政治的文件。反联邦党人还担心,那些把控国会的贵族政治家会远离普罗大众,对民间疾苦不闻不问。这些高傲的人们不像各州议会的议员那样贴近选民,他们对草根选民视而不见,反过来选民就会对中央政府失去信心。最后,新政府的统治将不得不依靠腐败、暴力和恐惧(通过垄断行政部门和常备军队)来维系,而不是依靠与人民的相互信任。[15]

第一章
先说重要的

反联邦党人所担心的,不只是国会相对太小了——小得难以真正代表国家的多元性,而且从绝对意义上看国会也太小了——小得难以真正防止密室操纵和钩心斗角。

麦迪逊自己在《联邦党人文集》的文章中也承认,联邦党人对这些担心是心里有数的。[16]事实上,麦迪逊在费城会议上也提出了一项动议,将众议院人数扩大一倍,从65人增加到130人:"法定人数65人的多数,对代表整个美利坚合众国来说也太小了,他们难以获得人民足够的信任,而且相对于选民数量,也显得太稀疏,难以把理应受到平等对待的各地信息带到国会来。"[17]然而,这项动议在7月被否决了。

但宪法获得批准之后,麦迪逊又回过头来关注国会的规模问题,提出了第一项修正案,建议(至少在短期内)扩大国会规模,扩大代表性,淡化贵族政治色彩。尽管联邦党人为了与反联邦党人在国会规模问题上达成妥协作出了很多努力,这项修正案还是因为差一个州而没有获得批准。这个关键的州好像是特拉华州,他们是唯一批准了后10项修正案而否决了第一项的州。[18]不论他们出于什么原因否决了第一届国会提出的第一条修正案(有关的史料如今并不多,但特拉华州人口规模很小且增长空间有限,他们从自身角度出发,完全有理由倾向于尽可能小一点的众议院规模),我们却扎扎实实地记住了第三至十二修正案的成功和最初的第一修正案的失败故事中这个唯一的、也是小得可怜的州。

最初的第二修正案:限制经济上以权谋私

《权利法案》的制宪者们的另一项重要目标,就是要确保受人民委托行使权力的官员们在处理政府日常事务时,不会违背人民利益和意愿搞以权谋私。最初的第二修正案显然是为了最大限度避免这种情况:"第二条……在特选代表介入之前,任何改变参议院和众议院议员薪酬的法律都不得生效。"[19]

这项修正案最终在18世纪90年代被叫停了,只获得6个州的立法机构批准。原因可能在于,尽管最初的第一修正案关注的主要是到底要"贵族政治"式的国会还是选择更"民主"的州立法机关(所以各州的议员们顾不上质疑他们自身的合法性,就迫不及待地对第一修正案给予了热情的支持),而最初的第二修正案在议员们的薪水问题上就更加搔到了他们的痒处——这与他们的荷包密切相关。但考虑到这项修正案可能引发公众要求修改各州的宪法,以规范州议员们的薪水,这些议员们怎么可能投赞成票呢?[20]

然而,这项修正案显然准备有朝一日卷土重来。在将近两个世纪的沉寂(在很多人看来已经彻底废除)后,这部修正案像李

第一章
先说重要的

普·范·温克尔*一样重新复苏,引发广泛关注,并掀起了 20 世纪八九十年代的一系列立法风潮。1992 年,在提交两百多年后,这项修正案正式宣告生效——作为美利坚合众国《宪法》第二十七修正案,而不是原来所拟的第二修正案。

---

* 19 世纪美国小说家华盛顿·欧文所写的短篇小说《李伯大梦》(*Rip van Winkle*)的主人公,这篇故事讲述的是乐天派樵夫李普在一次打猎中进入森林深处,梦中被神秘老人带入一个类似世外桃源的地方,过了一段幸福生活,一觉醒来后世上已经过了二十年,美国也早已独立。——译者注

第二章
我们的第一修正案

> 国会不得制定关于下列事项的法律:确立国教或禁止宗教信仰自由;侵犯言论自由或出版自由;或者侵犯人民和平集会和向政府请愿申冤的权利。*

制宪者们的第三——我们的第一——修正案确立了宗教和表达方面的权利;但在对多数群体权利和地方利益的保护方面,它却有着完全不同的倾向。

首先看看这项修正案的后半部分:"国会不得制定关于下列事项的法律……侵犯言论自由或出版自由;或者侵犯人民和平集会和向政府请愿申冤的权利。"

---

* 本书关于美国宪法及其修正案原文的翻译,参考了朱曾论先生译本(《美国宪法及其修正案》,商务印书馆2014年版),在此予以致谢。——译者注

第二章
我们的第一修正案

言论和出版

我们的第一修正案规定了民主政治运作中的言论和出版自由。[1]然而,修正案对这些自由的确切界定却随着时间的推移经历了巨大的变化。和前两项没有通过的修正案一样,关于言论和出版的修正案在1791年(至少部分地)关注的是联邦政府的架构,以及国会代表和选民之间的联系。今天,很多学者倾向于将第一修正案主要看作少数群体的权利——不占多数的个体或者群体在带有敌意或压迫他们的主流群体面前发声的权利。[2]但要指出的是,这项修正案所针对的并不是带有敌意或者压迫的多数群体,而是国会。其实,前两项没有通过的修正案反映出一种担心,即国会中的大多数人事实上可能带有"贵族政治"式的或自私自利的观念,与大多数人民的意见是对立的。但对保护像耶和华见证会会员这样不占主流的少数群体来说,第一修正案的规定已经绰绰有余了。[3]最开始,这项修正案的核心就是保护主流的大多数免遭可能不代表他们利益和自私自利的国会侵害。

让我们回头看看麦迪逊在《联邦党人文集》第51篇文章中对共和制政府的两个主要问题所作的区分——首先,保护公民总体上不受政府官员以权谋私之害;其次,保护个人和少数群体不受公民中多数派别的暴政。[4]和第一届国会中没有通过的两项修正案一样，接下来提出的修正案对自私自利的国会的担心与关切远远多于对公民中多数群体暴政的防范。

因为麦迪逊很清楚，他也在《联邦党人文集》第10篇中指出，上述第二个问题，即多数群体压迫少数群体的危险，在州的层面要远远大过国家层面。这在一定程度上是因为国会中的多数派，在地理和感情层面上都和选民有相当大的距离，而州议员们和选民切身利益之间的关系则密切得多，利益牵涉也更多，这导致州议会中的多数派远远更有可能反映主流多数派的朴素情感。国会正因为更不容易反映多数派的意愿，所以要通过第一修正案加以特别限制。

最初的第一修正案与陪审团审判的关联在于：法定政府之外的主流团体会保护批评政府的主流言论。回顾这一具有历史意义的关联，我们就会更清楚地看到，最初的第一修正案的核心目的就是保护主流多数派的言论。麦迪逊和修正案的其他起草人都很清楚历史上普通法关于"先行制止"*的规定——法院不得禁止出版商印制攻击性的材料，但可以受理针对出版后导致的诽谤和煽动提起的民事和刑事起诉。[5] 这条规则有利于让陪审团发

---

* 指在言论实际发表前政府官员即对其予以限制的制度。美国《宪法》第一修正案规定不得剥夺公民的言论自由。"先行制止"冒着极大的违宪风险，政府必须负责证明其必要性。先行制止只有在三种情况下才被认可：对国家构成"明显的、现实的危险"，侵犯个人隐私，淫秽出版物。——译者注

挥更加重要的作用:和法官——政府供养的常任官员——发出的先行制止令不同,诽谤和其他针对出版后的起诉必须实行陪审团审理,这样普通公民也能自由地以投票方式支持出版商,而不必担心政府的报复。

在殖民地时期,18世纪30年代有关纽约出版商约翰·彼得·曾格(John Peter Zenger)的一起著名的诽谤案中,陪审团扮演了至关重要的角色,这一角色一直保持到独立战争和宪法通过之后。[6]我们在第五章中可以看到,18世纪90年代后期,依据《关于制止外国人反美及制止煽动叛乱行为的法律》被起诉的出版商们试图请求陪审员援引第一修正案来证明该法律违宪。然而,法官们正是由被告们在媒体上攻击的(越来越不受欢迎的)联邦党人的行政机构任命的。

曾格诽谤案的审理与当代的第一修正案的表述形成了鲜明对照,律师们常常援引这些表述向联邦法院上诉,以求限制陪审团在言论问题上的权力。由于第一修正案在当代的重心已经转向保护不占主流的少数群体的言论(这相应地受到了第十四修正案的影响),它的制度守护者自然就变成了中立的法官,而不是大众陪审团。[7]

集会和请愿

再来看第一修正案的集会和请愿方面的规定("……人民和

平集会和向政府请愿申冤的权利"),就会发现类似的情况。这两方面的规定都旗帜鲜明地保护个人和少数群体,但也没有放松对多数群体的保护,这一点当代许多学者重视不够。公民的集会权不只是保护公民群体自愿聚集在一起的能力,它也明确保留了合众国人民将来召开会议并行使主权以变更或者废黜政府的集体权利。用卢梭1762年在《社会契约论》中的话说,"人民主权也只有在人民集会的时候才能体现"。[8]

仔细品味一下1788年弗吉尼亚召开批准宪法会议时的主席爱德蒙·彭德尔顿(Edmund Pendleton)的话:

> 我们,拥有一切权利的人民,(现在要)组建一个我们认为能够确保我们幸福的政府。在通过这项方案时,我们又担心自己最终可能是错的。这种担心与恐慌的原因何在呢?同样在这个方案中,我们也提出了一套简单的办法,能够在悄无声息中修正(方案)可能出现的偏差。但是,这套办法却掌握在我们的公仆手中,他们会受自身利益的驱使而阻碍这套办法实施。那又会怎样呢?……谁敢对抗人民?没有人敢。我们将会在大会中集合起来,将我们授予出去的权力整个收回,或者对其进行变革,防止权力滥用。

这段文字意义丰富:首先是对政府官员以权谋私的关切,接着又是不愿意把国会等同于人民的多数群体,还有对人民通过召

第二章
我们的第一修正案

开会议使任性的政府俯首从命的集体权利的倾心赞赏。

第一届国会的与会者们赞成彭德尔顿的观点,即制宪会议是行使集会权的典型形式。[9]正如戈登·伍德注意到的,"人民的……会议……在英语思维中和人民的集会权利是密不可分的。"[10]比如,我们在布莱克斯通的描述中可以看到,1688年,英国人民通过议会,在"会议"中"集会"了。[11]而在独立战争时期的美洲,在各州宪法和权利法案中[12]、在早期的州和联邦判例法中[13]、在费城会议中《宪法》第7条最初版本的措辞中[14],以及整个批准宪法的辩论过程中[15],每当涉及讨论大众主权和变更或废黜政府的权利问题时,密集出现的几乎总是"人民""集会""会议"这样的字眼。

关于请愿权问题,修正案明确要保障请愿方面的"人民权利"——这一措辞也把请愿权和大众主权观念联系起来了。实际上在18世纪的美国,请愿、集会和召开会议的观念是紧密交织在一起的。[16]在大陆会议1774年发表的《权利宣言》中,以及独立战争时代所有6个州的宪法对人民集会权利的确认方面,这项权利显然都是和请愿权并辔而行的。[17]

诚然,请愿权的条款和它的姊妹条款——集会权条款一样,都保护个体和少数群体,但如果只把目光放在少数群体行使请愿权上面,就至少忽略了这一条款一半的内涵。和第一修正案的其他条款一样,请愿权条款反映出一种特别的担心,即考虑到国会的规模很小而且都由精英组成,议员们就不会对地方的情况、大众的情感以及选民(大多数人的)的意愿和需要有足够的了解。[18]

宗　教

第一修正案的国教条款("国会不得制定关于下列事项的法律:确立国教或禁止宗教信仰自由……")不只是禁止国会确立国教。规定国会不得制定"确立国教"的法律,同样也意味着禁止国会干涉或试图废止各州和地方政府确立的教派。[19]1789年,至少6个州有政府支持的教派——公理宗*在新罕布什尔、马萨诸塞和康涅狄格州是根据在当地的宗教方案取得支配地位,而在马里兰、南卡罗来纳和佐治亚州,则采取在州宪法中确立国教的形式。[20]即使在剩下的其他各州中,教会和州政权也很难分立。比如其中至少4个州,禁止非基督徒或非新教徒在政府任职。[21]据统计,13个州中的11个对担任公职者有宗教方面的要求。[22]事实上,在其著名的《美国宪法评注》中,约瑟夫·斯托里

---

* 基督教新教教会体制的一种,起源于16世纪的英格兰,主要分布在英语国家。其信ények与英语国家新教福音派相近,但更自由化,强调个人信仰自由,不设处理教务的各级行政机构,由全体教徒以民主方式直接选举牧师管理教会。由于该宗主要从教会的组织体制来划分,故它的一些教堂可能在别的方面又属其他宗派,如采用公理制的浸礼会教堂,亦可在礼仪方面被列为浸礼宗。——译者注

第二章
我们的第一修正案

(Joseph Story)在评论第一修正案时就注意到,"在宗教问题上的全部权力都专属于州政府"。[23]

托马斯·杰斐逊今天常常作为确立国教的强烈反对者被人们提起,看来他对国教条款中各州的权利问题还是清楚的。尽管他赞成专制主义者对第一修正案的解读——即联邦政府应当与州的宗教问题毫无干系——但他更愿意迎合政府对各州层面的宗教的认可,特别是州政府不能以暴力胁迫来限制反对者的信仰自由。

于是,杰斐逊在当选总统后的第二年,即1802年就拒绝宣布带有宗教意义的感恩节为法定假日,但大约20年前作为州长的杰斐逊却同意这么做。[24] 为了维护他1808年对塞缪尔·米勒(Samuel Miller)教士的做法,杰斐逊同时援引了第一和第十修正案,并解释道:"我知道我的前任总统们的做法也许会被人们称道。但我始终相信,州行政部门的做法会导致政府部门不经必要的审核就接管这项权力。人们将会发现,同样一件事情,对这个州政府来说可能是一项权利,而另一个州政府行使时,则会变成对这项权利的侵犯。"[25]

有趣的是,在1789年9月25日,也就是《权利法案》获得上下两院批准的当天,有人在第一届国会上提出了一个完全相同的意见。当新泽西代表伊莱亚斯·布迪诺特(Elias Boudinot)提出一项议案,建议设立"公众感恩和祈祷日"时,南加利福尼亚的托马斯·塔克(Thomas Tucker)随即提出反对:"这是一项宗教事务,我们无权处理这类事务。如果必须设立一个感恩节,就应该让这几个州的当局来做……"[26]

许多宪法的拥护者认为,对言论和出版的限制和宗教政策都超过了《宪法》第1条所列举的国会权力范畴。所以,我们的第一修正案开头就暗示国会完全无权规制各州的宗教或言论政策:"国会不得制定关于下列事项的法律"——这个表述从反面精确地规定了《宪法》第1条中关于宣告"国会有权……制定必要和适当的法律"的表述,以确保联邦的合法性。《权利法案》中也只有第一修正案使用了"国会不得制定关于下列事项的法律"这种表述,1789年的各州宪法也没有把宗教和言论自由联系起来。这两个鲜活的事实都说明,《权利法案》的制宪者们的第三(我们的第一)修正案在一定意义上是带有联邦主义色彩的条款,目的是强化一个观念,即国会只能行使明确列举出来的有限的权力,这些权力也不能延伸到这几个州的宗教规定或审查制度中。

了解各州保留的权利,有助于理解为什么宗教条款和言论、出版等等这些权利都汇集到一项单独的修正案中。的确,把信教自由条款和言论自由条款合并在一起,是为了提醒我们,保护政治性的言论(正如相邻的集会和请愿条款所强调的那样)和保护宗教言论同样重要,这也是植根于传统智慧的一条真理。[27]

我们也会看到,法案中的接下来两项修正案尽管所采取的是不同的方式,但也同样致力于保护民主的根基不受侵蚀。

第三章
军事修正案

第二修正案

纪律严明的民兵是保障自由州的安全所必需的,人民持有和携带武器的权利不得侵犯。

和第一修正案一样,第二修正案对个人和分散的少数群体权利提供了充分的保护,但其主要关注的仍然是大众多数群体的需要和联邦与州政府之间的关系。

生效的大众主权

请愿和在会议中集会的权利与人民变更或废黜政府的权利紧密相连。如果自私自利的政府机构滥用权力或者推卸责任,"人民"就能随时在会议中"集会"并重申自己的主权。"谁敢对抗人民?"爱德蒙·彭德尔顿在弗吉利亚批准宪法的会议上激情澎湃地发出诘问。[1]

对很多反联邦党人来说,彭德尔顿之问的答案看上去既显而易见又暗含隐忧。一个贵族化的中央政府,如果缺乏同情心,又不受普通选民信任,就可能敢于与人民为敌——特别是如果这个政府有了由雇佣兵、流浪汉、罪犯、外国人等组成的常备军撑腰。平民只有武装起来,才能阻止这可怕的一幕发生。所以很有必要阻止国会解除自由平民的武装。因此,第二修正案和第一修正案在行文上前后衔接,在所保障的权利上也密切相关。反映在文本中的一个信号就是这两项修正案都使用了宪法序言中"人民"的权威表述,这不由得让人想起宪法所坚持的大众主权原则以及大众变更或者废黜中央政府的权利。更明显的信号是第二修正案本身的前半部分,及其对在"自由州"中实行民主自治的关切。

持有和携带武器的权利与大众主权观念的联系由来已久。在洛克的《政府论》中,人民有权变更或废黜政府,就必然要求大众有权持有武器。[2]对1789年的美国人来说,这并不只是一条空想的理论,而是他们所处时代的活生生的经验。从响彻世界的枪声开始,当英国士兵在莱克星顿和康科德遭遇武装起来的民兵之时,美国人民就已经看到了独立宣言中的洛克式语言——确认"**人民有权**变更或废黜"压迫他们的政府——在武装**革命**中得到活生生(血淋淋)的演绎。于是当彭德尔顿鼓吹人民有权在会议

第三章
军事修正案

中集会以回击联邦政府的恶劣行为时,帕特里克·亨利却站出来给了一个刻薄的评价:"哦,先生,如果只要把人民召集起来就可以惩罚暴君,我们的日子就真的好过啦!您用来保护自己的武器早就不知去向了……"[3]

19世纪时政治权利和民事权利之间的关键区别,很大程度上体现在携带武器的权利上。政治权利是仅限于社会中特定成员(可称之为一等公民)享有的权利,而民事权利则为社会全体成员所享有。在1800年左右,外国人和单身的白人妇女能以自己的名义发表言论、印刷、做礼拜、签订契约、拥有个人财产、起诉和应诉,并行使其他各种民事权利,但不能投票、担任公职或陪审团成员。这后三项是政治权利,只能由一等公民享有。所以第二修正案中"人民"的核心实际上就是在会议中"颁布并制定"宪法的"我们,美利坚合众国人民",第一修正案的核心也正在于保障这些人在会议中重新集会的权利。

我们强调第二修正案的这些核心关切,也并不否认"人民"一词可以做广义的理解。第二修正案的文本也为其他的解读和界定预留了极大的空间。(毕竟,如果允许公民合法拥有枪械以备到民兵组织中服役,就可以合理地假设他也可以合法地用于游戏或保卫家园。)[4] 但如果认为开国元勋们精心起草的最初的第二修正案主要关注的是个体捕猎或者保护家园的权利,那就无异于把第一修正案的言论和集会权条款的核心看成是人们聚在一起打桥牌或者做爱的权利。[5]在他们看来,第二修正案首先而且最重要的是一项军事修正案。但我们在第二部分会看到,国会通过"重建"彻底地颠覆了这个界定。

联 邦 制

单独行动的公民即使全副武装,但遭遇纪律严明、训练有素的常备军时,也将面临艰苦卓绝的斗争。在《联邦党人文集》第28篇文章中,亚历山大·汉密尔顿是这样描述非联邦政权的:"如果被授予最高权力的人成为篡夺者,州以下的各区、分区或行政区,由于没有各自的政府,不能采取正规的防御措施。公民们只能在混乱中仓促拿起武器,行动不一,不成体系,也没有资源支持……"[6]而在美国联邦制度中,《宪法》第1条第8款第16项却明确授予州政府"军官任命权,和依照国会规定的条例训练民兵的权力"。如果中央政府施行暴政,州政府就能:组织和动员公民形成有效的战斗力量,足以打败一支庞大的常备军,和此前殖民地政府在莱克星顿、康科德、邦克山所做的一模一样的事情。麦迪逊在《联邦党人文集》第46篇文章中写道:"州政府有人民支持,就能抵御危险……一支由近五十万执有武器的民兵组成的队伍,由他们自己当中选出的人作统帅,为自己的共同自由而战斗,由他们所爱戴和信任的政府所组织和指挥,是能够抵抗得住

第三章
军事修正案

这样一支常备军的。"[7]*

然而把"对联邦制的军事制约"[8]写入最初的《宪法》并没有消除反联邦党人的担忧。对《宪法》第1条第8款第16项授权国会"规定民兵的组织、装备和纪律",许多人仍然心存质疑。他们不无担忧地问道,国会会不会利用这项权力来解除民兵的武装呢?[9]第二修正案的提出,就是要向人们澄清,国会的任何类似举动都是触及底线的。

宪法最初关于州政府有权征召武装力量的规定显然极为重要,但这也带来一个问题:在解释第二修正案文本时,联邦政府与州政府之间是什么关系?几位现代学者将这项修正案理解为只保护像特警队和国民警卫队这样有组织的"州的民兵"携带枪支。[10]如果认可这种解读,第二修正案本质上就成了对州政府而不是公民权利的确认。

但这种解读也行不通。之所以将第二修正案理解为州的权利,很大程度上是受到"民兵"这个词的影响,但这个词只出现在修正案的附属条款中,持有和携带武器的终极权利属于"人民",而不是各州。后面我们也会看到,当我们检视第十修正案的字眼时,这两个词自然也是不同的:当宪法的意思是指"各州"时,就

---

* 本书有关《联邦党人文集》的翻译,参考了中国青年出版社2014年出版的版本(《联邦党人文集》,杨颖玥、张尧等译),在此一并致谢。——译者注

会表述为"各州"。[11]所以正如上文指出,居于第二修正案核心地位的"人民",正是《宪法》序言和第一修正案中所指的"人民"。在第一届国会上,埃尔布里奇·格里说得很到位:"在我看来,这项权利宣言的目的就是确保人民能够对付政府滥用权力的行为。"[12]他的话抓住了平民主义者由于早前的修正案而产生的对政府以权谋私的担心。

此外,第二修正案和《宪法》第1条第8款第16项所指的"民兵"的内涵,经过两百多年发生了翻天覆地的变化。今天,我们很自然地将国民警卫队称作"州的民兵武装",但两百多年前,任何一群领取薪水、半职业化、非专职的志愿者,都被称作"精选军团"或"精选民团"——当时人们普遍认为,他们比常备军也好不到哪里去。[13]事实上,在1789年,如果不加任何形容词,"民兵"指的就是所有能够携带武器的一等公民。[14]第二修正案的主要条款和附属条款之间看上去存在某种张力,但如果作进一步的审视,这种张力就会荡然无存——"民兵"和我们上面所讲的"人民"(一等公民)的核心意义是完全一样的,他们都是由有投票权、能够参加陪审团和担任公职的成年男性组成。确实,第二修正案最初在众议院通过的版本却在参议院被压缩了,明确界定民兵"由全体人民组成"。[15]显然,《宪法》第1条第8款第16项以及整个《联邦党人文集》[16]都是在这个意义上来使用"民兵"这个词的,同时代的词典、法律等等也确认了这一标准用法。[17]正

第三章
军事修正案

如坦奇·考克斯(Tench Coxe)1788年在宾夕法尼亚所写的一篇文章中所说:"谁是民兵？难道不是我们自己吗？"[18]

一份联邦草案？

开国元勋们制定的《宪法》经过第二修正案修订后,并没有授权联邦政府直接征募公民进入联邦军队。看一看《宪法》第1条第8款的下面各项内容:

> 国会有权……
>
> 第1项——规定并征收税金、捐税、关税和赋税……;
>
> 第9项——设置最高法院以下的各级法院;
>
> 第12项——招募陆军和供给军需……;
>
> 第13项——建立海军并供应给养;
>
> 第15项——制定召集民兵的条例,以执行联邦法律,镇压叛乱和击退侵略;
>
> 第16项——规定民兵的组织、装备和纪律……但民兵军官的任命权以及按国会规定的条例训练民兵的权力,由各州保留。

不言而喻,第12项中"招募"军队的规定授权国会征召士兵,与第1项中"规定并征收税金、捐税、关税和赋税"的规定授权国会征募税务官和海关官员本质上是一样的,第9项"设置最高法院以下的各级法院"的规定授权国会征募法官和法警也是如此[19];第13项中授权国会"建立和维持一支海军"的权力也并不意味着它就有权做出强制征兵(强迫人们到军队中服役)这样令人讨厌的事来。[20]

随便翻一翻当时的字典就知道,在1789年,军队(army)一词——与民兵(militia)一词对应——所指的是雇佣兵武装。[21]这就是一些人对"军队"心怀恐惧的主要原因。它不是从全体民兵(所有能够携带武器的一等公民)中随机征召的,而是由雇佣枪手组成。这些人是全职的士兵,他们将自己出卖给政府并与之形成事实上的奴役关系,被认为是典型的社会渣滓——下无寸土、上无片瓦、无牵无挂、无法无天。在军队中全职服役进一步弱化了他们与文明的平民社会的联系,严厉的纪律也强化了他们在政府面前的奴性。

于是,很多传统的共和党人反对配备常备军队(至少在和平时期不能配备)就显得不足为奇了。(也许在战争中,在民族存亡攸关之际,军队至少比另外一种邪恶力量要好一些——由雇佣兵组成的美国军队对国内自由的威胁还是要比敌方的雇佣军少一些。)于是,主流的共和党人在18世纪晚期将"纪律严明的民兵"视作"自由州最好的安全保障"。

当然,第15项也明确授权国会在确实面临紧急情况时召集

第三章
军事修正案

民兵而不是募集军队。而且,第16项还煞费苦心地规定了州政府在训练和组织民兵以及任命军官过程中必须扮演的角色。在1789年,人们普遍认为,这些精心设置的限制规定是防止国会滥用对民兵的权力所必不可少的屏障。然而在战争或和平时期,国会如果打着第12项规定的旗号,任意给民兵贴上军队"士兵"的标签,就能不费吹灰之力绕过这道屏障,让它变得毫无用处。[22] 从另一个角度来看,《宪法》第1条第8款第16项中明确使用"民兵"这一表述,以与第12项中的"军队"相对应,清楚地表明这两个词都是使用的其普通语义:"军队"指的是应征入伍的(职业)士兵,而"民兵"指的是召集而来的普通公民。[23]

  18世纪的生活现实也证实了这个推论。那些不幸的悲惨至极的雇佣枪手要忍受军官们的随意处分,而根据征兵制度离开故土、家园和家人而从军的公民们的待遇要好一些。这些人有权和同乡的公民们待在一个部队。事实上,"民兵的花名册几乎就是由一个个的家庭组成的。父与子、叔与侄、兄与弟、堂表兄弟、姻亲经常被放到同一个部队。"[24] "各个市镇的民兵的凝聚力所依靠的更多是家人之间的忠诚而不是命令的约束……1775年4月19日,约翰·帕克(John Parker)上尉所带领的莱克星顿民兵中,超过四分之一的人和他有血缘或姻亲关系。"[25] 在这个制度体系中,各地民兵有权选择受本地领导人的指挥——这些人由州政府选任,与他们关系最紧密、最能代表他们,或者和他们来自同一个社区(事实上,也可能被选任为文官),或者本来就认识他们,他们也通过本地人的圈子直接或间接地与这些人相识。[26]许多社会、经济和政治上的关联服役之前就存在、退役之后也会延续,在一定程度上缓和了军队纪律的严肃性。军官们也知道,战争结束后他们终究还是要回到家乡。人们和家人、朋友、邻居、同学、教友们——简言之,和同一个圈子的人——一道服役,念兹在兹、习以为常的是民间的准则和行为,因而不太可能成为野蛮的掠夺者或者没心没肺的畜生。这样,文官控制军队[27]这一杰出的宪法原则就会植根于每一个民兵的日常思维之中。这个观点是亚当·史密斯(Adam Smith)提出的,20世纪美国联邦最高法院作出的最重要的第二修正案案件(合众国诉米勒案)的判决中也引用了他的话:"在民兵组织中,劳工、手艺人、商人的角色要优先于战士的角色;而在常备军中,则是战士的角色压过了其他任何角色。这种差别也构成了这两种武装力量的本质区别。"[28]

最终,人们精心设计出民兵制度,通过地方性来保护自由不受侵犯。自由和联邦制又联系到一起了。正如第一修正案的国教条款认为由国会确立国教比由州和地方确立宗教地位更容易导致压迫——如果作最坏的打算,逃离一个充满压迫的地区或者州总比逃离整个国家要容易得多——由联邦征兵的制度要比州和地方的民兵制度危险得多。

宪法颁布后的历史也证实了这种分析。在1812年战争中,

第三章
军事修正案

人们提出了各种各样的联邦征兵草案,由此,国会围绕《宪法》第1条的军队和民兵条款及其与第二修正案之间的关系进行了一场重要辩论。在众议院,反对这些草案的核心人物正是丹尼尔·韦伯斯特(Daniel Webster),他认为,根据常备军条款起草的任何联邦征兵草案都不可饶恕地回避了宪法关于联邦政府使用民兵的限制。这个想法是"通过征兵来募集一支民兵之外的常备军"[29]。韦伯斯特对这种规避第16项的邪恶行为做了生动的描述:

> 宪法哪里写了,……你可以把儿子从父母身边、把父母从儿子身边夺走……[?]
>
> ……
>
> 但这个父亲或儿子……去了兵营。你让他跟谁做伴?只是和那些与他一样冷静、正直、可敬的人在一起吗?不,先生。你这是让他找恶棍中的恶棍做伴。这项法案的另一层含义就是为敌军的逃兵慷慨解囊。你们完全是把敌军的糟粕奉为圭臬、亦步亦趋……你们在军队实行彻头彻尾的拿破仑式的专制主义,使这支队伍鱼目混杂,其中既有高贵、正直的,也有卑微、放荡的;既有自己国家的农夫、商人、工匠,也有那些与你们自己的人民毫无共同利益、同情心,没有任何共同之处的人:除了热衷于犯罪一无是处的欧洲社会的渣滓。

然而,到 19 世纪 60 年代晚期,忠诚的联邦主义者对联邦军队更带着同情的眼光,而对各州组织的民兵武装则多有啧言,这一点我们在本书第二部分关于重建时期的第十四修正案的介绍中将会看到。这种观念在第一次世界大战期间又重新抬头,在《法律草案选读》[30]中,最高法院对联邦草案给予了支持。尽管美国建国时期的愿景很难实现,但建国之后形势的发展变化也为法院这么做提供了有力支撑。几个世纪岁月流过,种种情势风云变幻——开国元勋们的民兵在今天已经不复存在,而他们在中央军队与地方民兵之间的军事平衡也被内战和第十四修正案深刻地改变了。

第三修正案

> 和平时期,未经房主同意,士兵不得在民用住宅驻扎;战争时期,除非依照法律规定的方式,也不得如此。

和第二修正案一样,第三修正案关注的核心问题是确保平民的价值观不受势不可挡的军队威胁。和平时期不要常备军的观点,在主流文明社会总能得到公开或私下里的支持。第二修正案中的民兵也许能够挫败任何公开的武装叛乱——比如,挫败一次攻城——但如何对付更为隐蔽、狡猾的军事占领形式呢?比如联邦士兵通过日复一日、挨门逐户的精神袭扰来威胁平

第三章
军事修正案

民。曾经生活在可恶的1774年《驻营条例》管制下的波士顿人知道,这并不是胡思乱想和杞人忧天。所以第三修正案就要对付比第二条修正案所说的"纪律严明的民兵"隐蔽、迂回得多的武装威胁。

第二和第三修正案并列放在一起绝非巧合,这一对姊妹条款有着同样的渊源:本质上它们都是军事修正案。在1689年的英国《权利法案》中,驻营问题和更广义上的常备军问题相辅相成。按法案序言的说法,詹姆斯二世"在和平时期未经国会同意在本王国内征募或维持常备军,并违法驻扎军队"[31]。

美国人对这些情况再熟悉不过了,一个世纪之后,当轮到他们筹划自己的光荣革命时,他们也将这些话重新写入法案。在《独立宣言》中,殖民者谴责英王乔治"在和平时期,未经我们的立法机关同意,就在我们中间维持常备军";在紧挨着的下一条,又谴责他妄图"使军队独立于民权之外,凌驾于民权之上",接着又谴责他批准议会炮制法律"在我们中间驻扎大批武装部队"[32]。

大多数独立战争时期的州宪法在驻营问题上都采取了一个相当类似的模式,即将军事方面各种各样的问题联系在一起并作出一揽子规定。[33]帕特里克·亨利在弗吉尼亚的演讲清楚地说明了这种联系:

>授权国会征募军队的条款……如果不受任何限制,似乎将是一项非常令人担忧的权力。国会不仅能征募军队,也能供养军队,这种供养将会耗尽美利坚合众国的国力和民力。如果国会认为,为了公共福利须这么做,他们就会使军队一直保持下去。对国会征募军队或驻军不加任何控制,他们就会随心所欲地让军队驻扎在人民身边。这种不受限制的权力是极为危险的:它会极尽暴虐、专制之能事。如果没有边界,它就必然导致专制统治,一个人在自由政府中的权力就会凌驾于一切现有权力之上。
>
>……我们可以在和平时期保留军队。军队也可以以任何方式宿营——欺凌、虐待、压榨我们。[34]

《宪法》第1条第8款第15项对国会在应对特定的国家紧急情况时征用地方民兵作出了限制,民兵武装可以接受联邦政府征召以"执行联邦法律,镇压叛乱和击退侵略"。第三修正案也以类似的形式来限制战时国会的驻军权力(这里也可以参考英国《权利法案》、美国《独立宣言》、各州宪法,以及上文中引用的帕特里克·亨利演讲,它们都对和平时期和战争时期作出了明确区分)。[35]

宪法和第三修正案的民兵条款中不约而同作出的严格限制,起源于征用权的可怕本质。征用权就像一项刑事处分,征用一个

第三章
军事修正案

人的身体或者住所,就能控制他的大部分生命。

这指向了我们关于第三修正案的核心观点。第三修正案要求,在征用平民的房屋之前,必须有特别立法机构的裁决。军事用途必须由国家法律来规定,而且只有国会才能通过这样的法律。[36]因此,这项修正案可以看作对三权分立和限制行政权的重要重申。

我们如今关注的是个人基本权利,第三修正案(事实上,还有整部《权利法案》)深处所蕴含的权力分立精神在今天常常受到忽视。换言之,第三修正案深处所蕴含的权力分立精神警示我们,对行政机关单方面提出的必须保留军队的主张要保持强烈的戒备。

当代美国人倾向于将第三修正案看作对个人一般隐私权的肯定,在他们看来,今天的《权利法案》已经包含这项权利——在当代对这项权利最著名的确认,是道格拉斯大法官(Justice Douglas)为格里斯沃尔德诉康涅狄格州案(Griswold v. Connecticut)所写的判决。[37]所以在今天,律师、学者和法官们都倾向于把第三修正案和第四修正案,而不是和第二修正案联系起来,尽管事实上没有哪一个州的宪法或者会议把限制驻营和限制搜查的条款放在一起相提并论。但正如我们已经看到的,隐私权并不是故事的全部——事实上连核心内容都算不上。诚然,第三和第四修正案之间有重要关联,它们都明确要保护公民的"房屋"——超过所有其他建筑物——不受政府官员无理和危险的闯入。但第三和第四修正案之间在隐私问题上的关联也绝不能使我们忽视第三和第二修正案在军事问题上的关联,后者本来是更重要的,只不过通常人们不怎么提及。

第四章
搜查、逮捕和征收修正案

人民的人身、住宅、文件和财产不受无理搜查和扣押的权利,不得侵犯。除非依照合理根据,以宣誓或代誓宣言保证,并具体说明搜查地点和扣押的人或物,不得发出搜查和扣押令状。

上面就是第四修正案。其中的字眼和精神与《权利法案》的其他部分是如何衔接的呢?

人民的权利?

我们已经指出,第一和第二修正案所指的"人民",暗含着一项极为重要的集体权利,与宪法序言中承诺的"我们,美利坚合众国人民"的最高主权遥相呼应。历史学家劳伦斯·克莱斯(Lawrence Cress)认为,"各州"宪法中的"人民"或者"民兵"这两个词所指的其实都是至高无上的享有主权的公民,它们所描述的是一个整体。相比之下,"人(man 或者 person）通常则用来描述诸如信仰自由之类的个人基本权利"。[1]弗吉尼亚批准宪法会议所作出的权利宣言也采用了类似的模式,在提到"人民的"权利时,所指的是集会、受教育、言论和携带武器的权利,但涉及正当法定程序和刑事诉讼程序保护等民事权利时,所用的却是"每个自由人"和"人"。与此类似,《弗吉尼亚权利宣言》作为第四修正案的原型,也用"人"（person）这个词来描述个人基本权利——"每个自由人享有人身不受无理搜查和扣押的权利……"[2]麦迪逊在弗吉尼亚议会中居于领袖地位,他对这一点肯定很清楚,但他最初提出的第四修正案的提案所用的却不是"人"（person）,而是"人民"（the people）[3]——国会后来作出的一系列修订也没有改动这个词。

  麦迪逊用"人民"这个词,仅仅只是起草时的粗心大意呢,还是给我们指出了一条认识方法,告诉我们第四修正案在最初起草时,既要保护个人基本权利,也要保护集体的权利呢?

  整部美国宪法,只有在第四修正案中,带有集体意味的"人民"这个词能用来指代更有个人主义色彩的"人"。从字面上看,这条修正案从公共领域迅速转向了私人领域,从政治领域转向了个人领域,从会议这类公共空间中的"人民"转向了在个人家园这类私人空间中的"个人"。还要指出,这条修正案特地将"住宅"（houses）从其他各种建筑,包括财物（effects）这个包罗万象的字眼中单独提出来。"住宅"这个词第一次出现,是在著名的

第四章
搜查、逮捕和征收修正案

1780年马萨诸塞州《宪法》第14条中,并且是和禁止"无理"搜查与扣押一起搭配出现的,这条规定的意思很清楚,就是"每个主体"都有权"确保他的人身、他的住宅、他的文件和他的所有财产不受任何无理的搜查、扣押"。[4]

麦迪逊在字眼上的精挑细选应该受到了1763年英国著名的威尔克斯诉伍德案(*Wilkes v. Wood*)[5]的影响,这也是1789年当时的法律著作中引用的关于搜查和扣押的最重要的两三个案件之一。伍德案牵涉到一系列著名人物——政府搜查的对象约翰·威尔克斯(John Wilkes),和判决书撰写人、首席大法官查尔斯·普拉特(Charles Pratt)(后来很快成为卡姆登勋爵),他们都成了殖民地民间传说中的英雄。(宾夕法尼亚州的居民以被告的名字命名了威尔克斯巴雷镇;北卡罗来纳州和佐治亚州各命名了一个威尔克斯县;新泽西州、南卡罗来纳州、缅因州各有一座城市以卡姆登命名;巴尔的摩市、马里兰州有两条街道以其命名——后来还有卡姆登园、今天巴尔的摩金莺队的故乡——都以这位伟大的大法官的名字命名。)[6]

这桩案子的经过也广为人知。威尔克斯是英国下议院议员,以为人民执言而著称,他在媒体上和选民交流,并批评乔治三世的政府和国王本人。政府进行反击,根据一份没有明确载明搜查对象姓名的搜查令,闯入他的住宅并仔细搜查他的文件。威尔克斯由此起诉伍德,并成功地否定了这类搜查令的合法性。同时,威尔克斯还通过起诉,对"扣押"他的"人身"提出抗议(政府将他囚禁在伦敦塔内)。

威尔克斯诉伍德案表明,一个由一小撮以权谋私的统治者组成的政府,能够通过挑出特定的个人——比如像约翰·威尔克斯这样的反对派领袖——进行特殊的虐待,从而威胁到大多数人民的权利。为了阻止这类以及类似的威胁,第四修正案(还有我们后面将会看到的第七修正案)将民事陪审团制度"武装"起来,陪审团成员来自"人民",带上特别的"武器",保护作为个体的个人和作为整体的人民不受可能存在的、不代表他们的、自私自利的官僚集团侵害。

第四修正案实际上包含了两条不同的规定,这也折射出开国元勋们的构想。首先,政府进行的任何搜查都必须合理;其次,没有合理的事由,不能发出任何逮捕、搜查的命令。当代的美国最高法院将这两条要求打乱并混同起来,将所有未经法律文书授权的搜查和扣押都视为无理——当然也有例外,比如面临各种特别、紧急情况,需要政府立即采取行动时。[7]但这条修正案本来并不是这么说的,开国元勋们的本意也不是这样。最高法院的推定如果要成立,还必须在这项修正案后面加上第二句话:"除了特定情形,未经搜查令授权,不得进行任何搜查或扣押。"但事实上第四修正案并没有这句话,这也启发我们反思。

在开国元勋的构想中,第四修正案所涉及的权利应当如何行

第四章
搜查、逮捕和征收修正案

使呢？根据普通法原则,既然联邦官员所进行的任何搜查或者扣押都会涉及对人身的侵犯,受侵害的对象都可以运用普通法关于人身侵犯的规定,诉请政府官员进行损害赔偿——就像威尔克斯起诉伍德人身侵犯那样。如果搜查或扣押被法庭认定合法,作为被告方的政府官员就会胜诉；但如果像在伍德案中,搜查被认定为非法,被告就会被重罚。

顾忌到这个风险,大多数政府官员显然都更愿意在实施搜查或者扣押之前,请求法院证明其合法性——即向法官申请搜查令。这样的一份搜查令如果严格执行,就会类似于宣告判决,原告在随后的所有诉讼中都不能要求损害赔偿。这份合法的搜查令生效后,便会强制产生一项特定裁定,保护作为被告的政府官员在随后的损害赔偿案件中免受处罚。[8]但请注意,这就意味着,法官或地方法官——吃皇粮的正式官员——发出的搜查令将使随后的闯入行为免受由普通公民组成的陪审团审判。

因为人们相信,陪审团往往比法官更倾向于保护公民免受政府侵害,所以在建国初期,人们普遍厌恶搜查令,第四修正案的措辞就反映了这种厌恶："除非……不得发出搜查和扣押令状。"而且搜查令还有别的不足：它由单个的人发出（法官旁边并没有站着由12个正直善良的人组成的陪审团）；这位单个的决策者是中央政府的官员（和来自社区的陪审员不同）；这个决定是在单方面（片面）的审讯或听证后作出的,也没有告知搜查对象或者给他申诉机会;而且搜查令的发出是一个秘密的过程,而不像民事诉讼那样公众都可以看到。这样,即使搜查令是由法官发出的,它也没有像传统的司法程序那样,通过控辩式诉讼程序,保障双方享有就相关问题告知、陈述以及公开审判等权利。更有甚者,政府还可以挑选有利于自己的法院进行诉讼。只要某个治安法官懒于作为或者滥用权力,玩世不恭的官员就能轻易地得到一份搜查令。在我们关于《权利法案》起草的故事中,法官和搜查令是重要角色,但不是主人公。

因此,当代美国最高法院对第四修正案的解读并不符合开国元勋们的意图。他们认为,没有搜查令授权的搜查并不能推定为非法,也并不是每一次没有搜查令的搜查或扣押都需要理由。更直接地说,他们认为这样的搜查或扣押发生后,在法官引导下,陪审团随时能对侵权诉讼进行公开审判,听取案件双方辩论,对政府行为的合理性进行事后评估。如果陪审团认定搜查不合理,根据第四修正案的字面规定就能直接判定搜查非法,被告官员就要严格地承担责任。在重大案件中,除了惩罚性赔偿之外,还要支付补偿金。

但在开国元勋们看来,被告的行为是否合理是问题的根本所在。对陪审团来说,这也是他们常见的事实问题。[9]在他们看来,把第四修正案和第七修正案结合起来,任何原告受害人只要提出让陪审团审理的要求,联邦政府就要提供一个陪审团,并确保陪

第四章
搜查、逮捕和征收修正案

审团对事实的认定不被任何法官或其他政府官员推翻。陪审团的监督和陪审团判定的惩罚性赔偿,能有力地阻止政府官员实施不合理的行为(在英国的威尔克斯事件中,以政府支付相当于一位18世纪国王赎金的金额作为赔偿,并支付法庭费用而告终——"涉及的赔偿金额据说达到10万英镑"[10])。

因此,和最高法院在当代所采取的方式不同,第四修正案字斟句酌要表达的是:没有搜查令的搜查并不总是违宪的,只有当发出搜查令时,关于合理原因的规定才适用。[11]换句话说,法院只是误读了第四修正案的两项规定之间的本来联系。没有搜查令的搜查和逮捕并不是像法院所认为的那样,必然是不合理的;相反,缺乏合理事由或者特定逮捕对象的太过宽泛的搜查令——也就是没有载明特定搜查对象姓名的通用搜查令——本身才是不合理的,这在一定程度上是因为它不合理、不正当地取代了本来应当由陪审团扮演的角色。

这个推论,和我们前面在讨论第一修正案时提到的普通法对先行制止的规定之间有着明显的联系。[12]因为正如法官不能对出版之前的出版物作出限制,而民事和刑事陪审团可以在出版之后对出版人实施制裁一样,联邦法院和地方法院的法官在搜查之前的行动所受到的限制,要比陪审团在搜查之后所受到的限制更加严格。第四修正案的制宪者们不大可能忘记这种关联。在16、17世纪的英国,正是通过通用搜查令,各种先行制止和出版人许可制度才得以实施。[13]

如果搜查令在某种意义上类似于先行制止,那么人们可能会问,第四修正案的制宪者们为什么不干脆直接禁止所有的搜查令,而只是对每个搜查令的合理依据设定严格标准呢?今天的临时禁制令与此很类似,有助于我们理解他们的想法。有时候,必须采取紧急行动来冻结现状或者防止进一步的伤害,因此法官们也只是听了一方(片面)的案情介绍,没有经过控辩式诉讼的传统保护程序,就要作出决定。但正是由于它对正当法律程序的破坏,实施单方面的临时禁制令必须同时满足两个条件,即面临"不可挽回的损害"风险而且具有"强有力的实质性胜诉的可能性"。在普通法中,当特定场所极可能——有"合理根据"——藏有赃物时,同样也能发出搜查令。单方面搜查令的全部要点就在于,授权搜查,从而把赃物带给治安法官看。如果在突袭搜查之前警告赃物藏匿处的所有人,他就可能藏匿或者转移赃物——这对真相、对司法制度,以及想要找回受损财物的受害人,都将是不可挽回的损失。在这些问题上采取突袭搜查显然是很必要的,但如果没有搜查令提供的绝对豁免的保证,官员可能会因为担心惹上官司而犹豫不决。

然而,一旦脱离了普通法语境下对赃物搜查令所设的限制,搜查令就可能酿成重大罪行。如果通用搜查令被用于具有合理根据以外的其他情形,就会赋予政府的走狗以绝对权力来"围捕

第四章
搜查、逮捕和征收修正案

普通的嫌疑人",驱逐像威尔克斯这样的政治对手。最终,第四修正案的制宪者们同意,有些搜查令是必要的,但必须对这种危险的措施进行严格的限制——要求具有合理根据并特别注明搜查对象的姓名。而没有搜查令的搜查所带来的威胁是不同的,因为那将在有陪审团参加的民事侵权案件中受到全面、公开的事后审查。

和第一修正案一样,陪审团在第四修正案中所扮演的核心角色提醒我们,"人民"权利的核心是多数群体的权利,这些权利很适合多数人通过陪审团这一实体来行使和维护。仔细看看,在帮助认定官方行动的合理性以及对违法行为实施惩罚性赔偿的过程中,陪审团扮演了怎样的角色,我们就能理解"人民权利"这个词在个人主义和"个人化"的第四修正案中的内涵。

第一、第四和第七修正案的相互关系

第一、第四和第七修正案之间有着一个微妙的三角关系,将它们内在连接起来。我们已经看到了,第七修正案的民事陪审团能够在民事诽谤案件中捍卫第一修正案所确立的价值,也看到了这样的陪审团同样能在民事侵权案件中捍卫第四修正案所确立的价值。现在说说这个连接第一、第四和第七修正案的三角形的"第三条边"。

美国《权利法案》公民指南

第四修正案特地单独提到"文件",并将对它的保护置于其他"财物"之前。在英国,卡姆登勋爵(Lord Camden)在恩蒂克诉卡林顿案(*Entick v. Carrington*,和威尔克斯诉伍德案可以说是姊妹案)的著名判决中已经暗示,"搜查文件"是绝对不可接受的。[14]正如威廉·斯顿茨(William Stuntz)教授和埃里克·施纳贝尔(Eric Schnapper)指出的那样,卡姆登勋爵对搜查文件实施的直接限制,间接地保护了宗教和政治表达自由的价值。[15]正如斯顿茨教授提出,恩蒂克案和威尔克斯案是"在一个没有第一修正案的制度体系、没有直接的手段进行实质性司法审查的环境中发生的经典的第一修正案案件。对搜查文件进行限制带来的后果就是,限制政府对反对派言论和表达行为进行管制的权力"。[16]直截了当地说,尽管第四修正案对载有相关内容的"文件"并没有特别的关照,但却实实在在引起了我们的特别关注,就像将搜查和扣押"人身""住宅"置于其他"财物"之前引起我们的关注一样。根据这条修正案,美国的法官和陪审团也继承了卡姆登勋爵的传统,在认定搜查"文件"的行为合宪之前,必须提供更有力的依据,并经过特别的程序。当代最高法院理论上(但实践中不一定总是如此)采取的做法是,"如果要依据第一修正案来保护将被扣押的材料,就必须以一丝不苟的精确度,适用第四修正案'在一种环境下对一类材料的合理扣押,在另一种环境下发生,或者针对另一类材料时,就可能是不合理的'"。[17]

第四章
搜查、逮捕和征收修正案

前文中我们了解了第四修正案,现在再简要看看接下来的几项修正案——第五、第六、第七以及第八修正案。这一系列修正案中的每个条款都可以理解为对联邦法院架构和程序的规范——但第五修正案的征收条款除外。从很多方面来看,这一条款并不是很适合和第五修正案中的其他条款放在一起,但它确实在一些有趣的方面与第四修正案的原则正相契合。

征收
(来自第五修正案)

> 未经恰当补偿,不得将私有财产充作公用。

乍一看,制定这条禁令的主要目的,似乎是为了保护个人和少数群体。(毕竟,任何对大多数人附加财政负担的政府行为看起来更像合法的征税,而不是不符合宪法精神的征收。)在这方面,这一条款看起来可能与第一届国会的《权利法案》中占主导地位的保护多数群体利益的主题背道而驰。征收条款确实作了一条带有鲜明现代气息的规定,政府机构的行为即使是为了选民而不是为了自身利益,也必须受到约束:即使征收财产真的是为了"公共"用途,也必须对私人进行补偿。

对第五修正案的征收条款背后所关切的问题,詹姆斯·麦迪逊和其他力求保护财产所有者权利的联邦党人深有体会。对通过立法重新分配财产的做法,《宪法》第1条第10款(条约条款)和麦迪逊在《联邦党人文集》第10篇文章中的话都表现出反感的态度。即便如此,很多反联邦党人还是对联邦党人的"贵族政治"倾向心存疑虑。值得注意的是,最初的13个殖民地中,只有马萨诸塞在其1789年州宪法中包含了征收条款[18];杰斐逊在著名的《独立宣言》中提到的是"生命权、自由权和追求幸福的权利",而不是"生命权、自由权和财产"。看来麦迪逊对财产保护比同时代的其他人更为看重。

然而,第五修正案的征收条款与最初的《权利法案》所暗含的联邦与州政府之间适当关系的设想其实是一致的。因为和《权利法案》其他部分一样,麦迪逊的征收条款只针对联邦政府。而最初的宪法中,对第五修正案征收条款影响最直接的条款——即《宪法》第1条第10款的条约条款,是适用于州政府的。事实上,宪法的条约条款与第五修正案的征收条款恰恰不同,它只适用于各州,而不是联邦官员。迈克尔·麦康奈尔(Michael McConnel)教授已经提到这一点,并指出,开国元勋们最初提出修正案的征收条款,可能是出于对高高在上的联邦官员特别是部队军官们以权谋私的担心。[19]麦康奈尔的解释,与圣乔治·塔克(St. George Tucker)1803年提出的观点遥相呼应。塔克写道,征收条款"可能是用来约束在获取军需供应以及其他为公共利益强制征收时的专断和压迫行为"[20]。在对第五修正案征收条款的开

第四章
搜查、逮捕和征收修正案

创性研究中,杰德·鲁本菲尔德(Jed Rubenfeld)教授同样也从军需征用问题上寻找征收条款的根源。鲁本菲尔德和塔克都强调,约翰·杰伊所著的一本小册子就对"军队未经当地治安法官的授权,就强征马匹、马车等"[21]的行为进行了谴责。明眼人一眼便知,这些观点和第二、第三修正案中对毫无节制、不负责任的联邦军队的担心如出一辙。

第四修正案对"扣押""住宅"和"财物"的限制,以及第五修正案对"征收""私有财产"的约束之间,也有显著关联。对这两种情形,州法律都有明确认定,财产权受宪法保护,不受联邦官员侵害。在第四修正案和第五修正案的征收条款中,在为受到政府强占的公民伸张正义时,由普通人组成的民事陪审团的作用日益凸显——他们要帮助确定哪些搜查是"合理"的,应不应当针对政府的粗暴行为实施惩罚性赔偿,以及如何补偿才"恰当"。

仔细审视第五、第六、第七和第八修正案的其他条款就会发现,在这些条款中,陪审团的作用也在日益凸显。

第五章
陪审团修正案

第五修正案

未经大陪审团提出报告或起诉,任何人不受死罪或其他重罪的惩罚,但在战时或国家危急时期发生在陆、海军中或正在服役的民兵中的案件除外。任何人不得因同一犯罪行为而两次遭受生命或身体伤残的危害;不得在任何刑事案件中被迫自证其罪。未经正当法律程序,不得剥夺任何人的生命、自由和财产。未经恰当补偿,不得将私有财产充作公用。

第六修正案

在一切刑事诉讼中,被告享有下列权利:由犯罪行为发生地的州和地区的公正陪审团予以迅速而公开的审判,该地区应事先已由法律确定;得知控告的性质和理由;同原告证人对质;以强制程序取得对其有利的证人;取得律师帮助为其辩护。

第七条修正案

在普通法诉讼中,争执价额超过二十美元者,由陪审团审判的权利应当受到保护;案情事实经陪审团审定后,除非依照普通法的规则,合众国的任何法院不得再行审理。

第八条修正案

不得索取过多的保释金,不得处以过重的罚金,不得施加残酷的、非常的惩罚。

陪审团——大陪审团、刑事审判陪审团,以及民事审判陪审团——在最初的《权利法案》中居于核心地位,但今天却游走在边缘。两百多年前的开国元勋们赋予陪审团至高无上的重要地位,一定程度上反映出当时意识形态与今天的细微差异。每一代人都从过去汲取经验教训,对18世纪很多受过良好教育的美国人来说,他们在自由方面的经验教训来自17世纪的英国历史。没有陪审团制约的法官的行径既粗暴又可恶——对美国人来说,这就是英国历史上的星室法庭留给他们的教训。

美国《权利法案》公民指南

同样在美国人记忆中挥之不去的,还有对听命于英国王室的殖民地法官的不信任,人们经常发现这些法官对英国国王唯命是从(特别是殖民地海事法院撇开陪审团而直接审判案件)。[1]因此,《独立宣言》猛烈抨击英国国王把"法官的任期、薪金数额和支付,完全置于他个人意志的支配之下"[2]。

英国议会的存在也没有给美国人民带来安慰。他们不能对英国议会投票,但英国议会却能否决殖民地立法机构(这也是他们自己能够投票的地方)通过的法案。《独立宣言》的另一个重大主题,就是谴责英国议会的"伪法案"和企图强加给美国人民"无理的管辖权"。[3]既然不能严格控制英国议会和皇家法院,独立战争爆发前的美国人民就本能地求助一个他们自己能够并且可以实实在在控制的机构:有着悠久历史的由近邻(邻居)组成的好陪审团。在当时的殖民地,大多数法官都谈不上精通法律,比起杂乱无章的各种管制规定,普通法还是相对简单一些,而普通的自耕农都有相当的文化水平和权利意识(布莱克斯通的《英国法释义》在殖民地非常畅销),重视陪审团便在情理之中了。而英国人深知,取消殖民地的陪审团只是徒劳之举,便试图尽可能把司法事务引导到没有陪审团的海事法院。[4]美国人进行了抵制,自由的战线也由此清晰地划出。

理论上,美国独立战争的成功和新的联邦宪法的通过,原本可以引发对陪审团作用的重新反思。当美国立法机构从英国议

第五章
陪审团修正案

会夺回控制权,联邦法官也获得了终身任期和其他独立属性时,陪审团就不必继续承担在殖民地时期的所有责任了。

但是,一个小而新潮的国会是不是永远不会走英国议会的老路,变得冷漠和疏远人民呢?攫取权力、谋求晋升的联邦法官能不能永远制止行政机构的贪婪行径呢?身处1789年的美国人能不能放心呢?[5]对自由意识形态的信奉和根深蒂固的思维、行为模式不会一夜之间荡然无存。因此,当联邦党人提议组建一个新的、至高无上的帝国政府,以取代已被扫地出门的英王时,很多持怀疑立场的反联邦党人本能地求助于他们所信任的意识形态武器,这其中当然包括陪审团。

第五到第八条修正案中的大多数规定都与反联邦党人挥之不去的梦魇有关,这一点我们已经多次指出,政府官员可能会为了私利滥用权力,而不顾及选民的感情和自由。比如,在第一修正案关于言论与宗教自由的保证,和第八修正案关于禁止残酷的、非常的惩罚的规定之间,就有着特别的历史纽带。

在英国,最可怕的惩罚往往用来对付那些发表反政府言论的人。美国大法官雨果·布莱克(Hugo Black)提到过一个例子:英国律师威廉·普瑞勒案(*William Prynne*)中,当事人在17世纪30年代受到臭名昭著的星室法庭法官审判,罪名是"写书和小册子","依据一项法庭命令",普瑞勒的"耳朵首先被切掉……接着依据另一项法庭命令,让他戴枷示众,耳朵的残余部分也被挖了出来"。[6]更令人毛骨悚然的是在这类叛国罪审判中滥加在政治异见者身上的判决：

> 你将被架上栅栏,拖到行刑场,在那里被吊着脖子,生切活剐,阴茎将被切掉,肚肠将从腹中取出并点燃,这时你还活着；你的头将被砍掉,身体躯干将卸为四块,头部和四肢将丢在陛下认为合适的地方。[7]

与此类似,按一位领军学者的说法,第五修正案关于不得强迫自证其罪的权利源于英国,"与宗教信仰自由和言论自由的联系最为紧密"。宗教信仰自由和言论自由,正是挑战政治或宗教方面的官方意识形态和等级制度的自由。[8]（在英国这样的国家,并没有正式确立的国教,对宗教正统性的批评并不仅仅是宗教言论,同时也不可避免地被当作政治言论。）[9]

确保中央政府机构跳不出人民手掌心的主要策略,就是利用平民主义者和当地的陪审团机构。

陪审团的主导作用

如果要对最初的《权利法案》的主要思想做一个生动的展示,抓住陪审团这个关键词就不会错得太离谱。在最初的《权利法案》核心部分,至少有三项修正案对陪审团制度作出了保证,这些保证有的是直接写明,有的通过意会可以看出来。第五修正

第五章
陪审团修正案

案保护了大陪审团的作用,第六修正案保护的是刑事审判陪审团,第七修正案保护的是民事陪审团。陪审团制度也对第一、第四和第八修正案中暗含的限制法官的条款产生了影响。另外,联邦所有的刑事案件由陪审团审判已经在此前由《宪法》第3条作了明确的规定:"对一切罪行的审判,除了弹劾案以外,均应由陪审团裁定。"在费城会议上,一位代表不经意间说了一句,"目前还没有制定有关民事市判陪审团的规定",这引起了乔治·梅森的注意,从而展开了是否附加一部《权利法案》的一系列辩论。[10] 在费城会议闭幕、第一届国会召开之间的日子里,6个州召开了批准宪法会议,其中5个要求增加修正案,并提出了两条以上与陪审团制度相关的提案。[11] 各州的宪法进一步确认了陪审团的核心地位。1776年至1787年间起草的各州宪法中,唯一一项得到所有州宪法确认的权利就是刑事案件由陪审团审判的权利。[12] 还应当指出的是,《独立宣言》也以着重语气谴责乔治三世和英国议会"多次剥夺吾民由陪审团庭审之权益"。[13]

陪审团制度贯穿于民事和刑事诉讼程序,在保护普通个体免遭政府滥权侵害方面发挥着主导作用。陪审团的成员来自社区,和民兵一样是普通公民,而不是吃皇粮的政府官员。就像民兵能够制约领取军饷的职业化常备军一样,陪审团也能制止有权有势、野心勃勃的检察官和法官的滥权行为。一位反联邦党人在小册子中这样写道:"事实证明,没有陪审团制约的法官,更像是政府的朋友,而不是人民的朋友。对想成为暴君的人来说,这样的法官肯定比陪审团更受欢迎。在保留大规模的常备军这一原则上,……这样的法官也正合那些想要奴役人民的人的心意。"[14]因此麦迪逊所提出的陪审团修正案所用的语言,让人不由得想起第二修正案对民兵的歌颂:"由陪审团进行的审判,是人民权利的最好保障之一,不得违反。"一位反联邦党的领袖人物将陪审团成员形容为"人民"的"卫士和守护神"。[15]

大陪审团

第五修正案所规定的大陪审团能够阻止任何被认为没有事实依据或者出于恶意的指控,特别是当陪审团怀疑执法者试图滥用职权,通过指控政治异见者来巩固自己的权势时,陪审团的保护作用就更加凸显。政府官员如果要强迫被告承受重罪指控带来的身体和经济上的折磨,就必须首先赢得由 23 名正直、诚实的普通美国公民组成、按少数服从多数原则行事的大陪审团认可。

在殖民地时期,大陪审团已经小试身手,抵制了一些不得人心的指控。在 18 世纪 30 年代,接连两个纽约大陪审团拒绝了以煽动诽谤的罪名指控当时广受欢迎的出版商约翰·彼得·曾

第五章
陪审团修正案

格——当政府反过来通过"检察官起诉书"*(一种强制程序,检察官可以借此绕过大陪审团)想要继续推进时,大陪审团作出了著名的无罪释放裁定。[16]与此类似,在18世纪六七十年代,也有很多大陪审团拒绝起诉抗议印花税法案的领头人物以及其他爱国的出版商和演说家。[17]

此外,大陪审团拥有广泛的、可以主动行使的调查权,对政府官员涉嫌的不法勾当或者掩盖和包庇行为进行调查,还有权通过起诉报告——一份陈述指控的公开文件——的法定程序,将其调查结果公之于众。这样一来,大陪审团的作用就远远不止于对检察官提出的公诉书进行监督了。通过起诉报告和其他的惯例报告,美国的大陪审团实际上享有随时监督的权力,能够找出任何形式的渎职或者假公济私行为,并原原本本地公之于众。

刑事审判陪审团

第六修正案规定的刑事审判陪审团(又称作小陪审团)尽管不能像大陪审团那样主动地介入,但可以像曾格案一样,代表人

---

* 检察官起诉书,即information,在普通法中,是由检察官制作并提交法院的指控刑事犯罪的正式书面文件,区别于由大陪审团批准的起诉书(indictment)。检察官起诉书在美国大多数州适用于起诉轻罪(misdemenanors)案件,也有大约一半的州允许用于起诉重罪案件,有的州规定对重罪案件只有被告人放弃由大陪审团批准起诉时,才可以由检察官起诉书起诉。——译者注

民的权利介入,拒绝按照政府捏造的指控对政治异见者定罪。我们再次看到,保卫自由不仅仅是正式任命的政府官员和独立的联邦法官。

其他陪审团条款

在刑事案件中的发出逮捕令、准予保释、宣判等环节,法官可能不经过陪审团就采取行动。这时,第四修正案的逮捕令条款和第八修正案的一些附加限制就开始发挥作用。马萨诸塞州和新罕布什尔州的宪法规定:"任何地方法官或法院不应索取过多的保释金,亦不应强课过多的罚款,不得施加残酷的、非常的刑罚。"[18]事实上,在18世纪晚期,美国的学生们都知道,1689年英国《权利法案》中关于禁止过多的保释金、过高的罚款以及残酷的、非常的刑罚的规定——这项禁令又原封不动地在第八修正案中重复了一遍——正是对一些臭名昭著的法官不端行为的回应。[19]

另一项与陪审团有关的规定是第五修正案的双重危险条款*,这里并没有直接提到陪审团,但与第六修正案的陪审团权利正相吻合。按布莱克斯通的说法,当被告接受审判并面临定罪

---

* double jeopardy,又名双重追诉,指对实质上同一的罪名给予两次起诉、审判、定罪或课刑。禁止对当事人的同一罪行进行双重追诉是英美法上一条重要的诉讼原则。——译者注

第五章
陪审团修正案

和惩罚的危险,即所谓"危险属性"时,"如果陪审团因此发现刑事被告是无罪的,他就将从此并永远被无罪释放,永不再受这一指控"[20]。双重危险条款的核心在于,合理组成的陪审团作出的无罪裁断,即使在法官看来极其错误,也具有绝对的、不容置疑的终局性。如果合理组成的陪审团对一项定罪进行投票,法官可以驳回投票决定,但如果陪审团投票裁决无罪释放,就禁止法官进行复查。

第五修正案的正当法律程序条款与陪审团的关系更为直接,其核心内涵是,原则上只有通过大陪审团作出的起诉书或起诉报告,刑事被告人才能接受审判。[21]如果详加审视,即使那些最初看起来毫不相干的修正案,也能与陪审团的核心作用背后所隐含的价值取向联系起来,比如,我们已经看到陪审团和第二修正案中"纪律严明的民兵"之间是何其相似。陪审团集合了——实际上体现了——最初的《权利法案》的理想,即联邦主义、平民主义和公民美德。

作为本地人的陪审员

陪审团是当地人组成的。第六修正案明确要求陪审团来自"犯罪行为发生地的州和地区",这比《宪法》第3条的规定更进了一步,后者只规定陪审团审判应当在罪案发生的州内进行。各州的立法者能够通过各种方式保护选民免遭联邦的压迫,同样,地方的大小陪审团也能行使权力,通过起诉报告(大陪审团在未有申请公诉书的情况下根据自己对案件的调查和了解主动提出的书面报告,相当于申请公诉书)、不起诉、一般无罪裁定等制度,制止联邦的欺压。和民兵一样,陪审团也是由同一社区的公民组成,行事准则也打上了社区价值观的烙印。

作为学生的陪审员

陪审团受法官影响——大多数时候明显按照法官的指令行事。正如拉尔夫·勒纳(Ralph Lerner)在其文章中指出的,法官们经常抓住机会对陪审员进行法律和政治价值方面的教育,其内容远远超出了具体的案情范围。[22]就像教会和民兵组织一样,陪审团在某种意义上也是一个介于政府和人民之间的中介机构,这个组织对其成员进行教育,使之具有合乎道德的思维和行为方式。民兵组织促进了平民价值观和战争价值观之间的适当平衡,陪审团则润物无声地灌输共和主义的法律和政治价值观。用修正案批准时期反联邦党人的主要随笔作家"联邦农夫"的话说,"陪审团审判促进了公共、公开、开放地讨论所有问题……这也是人民了解公共事务的方式。"[23]

第五章
陪审团修正案

作为美国宪法的推崇者,以及强调中介机构作用的理论领军人物,亚历西斯·托克维尔(Alexis de Tocqueville)对这方面的问题说得再透彻不过了:

> 陪审团制度,特别是民事陪审团制度,能让法官的一些思维习惯影响到所有的公民。而这种思维习惯,为自由制度的建立作了最全面的准备。这种制度教育各阶层的人们尊重判决的事实,养成权利观念,……公正行事,公道处理。每个人在陪审邻人的时候,总会想到有朝一日也会轮到邻人陪审自己。……
>
> ……应当把陪审团看成是一所常设的免费学校,每个陪审员在这里行使自己的权利,经常同上层阶级最有教养、最有知识的人士接触,学习运用法律的技术,并依靠律师的帮助、法官的指点、甚至各方的激情,使自己深入了解法律。
>
> ……我认为,陪审团制度是社会所能运用的最有效的教育人民的方式之一。[24]

通过陪审团制度,公民们在实践中学习如何自己管理自己。用托克维尔的经典名句来说,"陪审团制度是使人民实施统治最有力的手段,也是使人民学习统治最有效的手段"[25]。

作为政治参与者的陪审员

虽然普通公民很难指望进入开国元勋们设计的精英化的众

议院中,参议院就更不用说了,但他们能够通过参加陪审团,参与国家法律的实施。[26]用"联邦农夫"的话来说,通过"不时地从全体人民中挑选陪审员……我们让全体人民确信,他们能够公正、正当地控制司法部门"。[27]

立法机构和陪审团之间也有很强的相似性。"联邦农夫"写道:

> 对每个自由国家至关重要的是,普通人能够影响司法和立法部门,并共享这种影响力。
>
> ……司法部门中由陪审团进行的审判,以及立法机构中的人民代表……已经在这个国家,切实获得了与他们所占比例相称的影响力,以及最明智、最恰当的保护自己社区的方法。他们凭借陪审员或者国会议员的地位,能够获得社会事务和政府的相关情况;并轮流站出来,守望相助。[28]

与此类似,杰斐逊在1789年宣称,"有必要把人民介绍到政府的各个部门去……如果让我来决定他们去立法部门还是司法部门,我宁愿倾向于后者。"[29]托克维尔稍后也表达了几乎一模一样的观点:"陪审团制度,首先是一个政治(而不仅仅是司法)制度……犹如议会是负责立法的国家机构一样,陪审团是负责司法的国家机构。为了确保社会稳定、管理有序,就必须使陪审员的候选名单随着选民名单的增减而同步调整。"[30]

第五章
陪审团修正案

早期共和国宪法理论的领军人物约翰·泰勒(John Taylor)提出的陪审团制度设想更为煞费苦心。他写道,陪审团是两院制的司法制度中"低一级的法官"。[31]司法体系就像立法机构一样,既有由更加稳定、经验丰富的人组成的"上院",也有更直接代表普罗大众的"下院"。因此,随笔作家"马里兰农夫"(Maryland Farmer)将陪审团制度概括为"司法权的民主部门——比立法机关的代表们更为重要"。[32]

托克维尔将陪审团制度概括为"随机请来几位公民,组成一个陪审团,临时赋予他们参加审判的权利"[33]——这里又在与民兵组织进行类比——"联邦农夫"似乎也强调了参加陪审团是轮流的,一个证据就是,他在提到这些公民时强调他们是"依次"来的。[34]强制公民轮流参加陪审团的理念,也说明了陪审团和立法机关之间的联系,因为很多反联邦党人都想强制要求公民轮流参与立法机关。[35]托马斯·杰斐逊对最初的宪法提出的反对意见最主要有两条,一条是它缺乏一部权利法案,另一条就是它抛弃了强制轮流参与的共和原则。[36]在纽约召开的批准宪法的会议上,吉尔伯特·利文斯顿(Gilvbert Livingston)批评立法机关没有实行强制公民轮流参与,他的评论用在陪审团制度上也无不可:"(轮流参与)会给全州的人才带来参与机会,它可以提供有益的信息,并激发他们提升政治参与能力,同时为传播政府管理措施与理念的常识提供了一条有效途径,这些都将增强人民对政府的信心。"[37]和我们在回顾第一届国会的《权利法案》时所了解很多其他理念一样,强制轮流参与的理念也源自开国元勋们。他们关注的是,人民中的大多数能以什么样的角色和方式,确保新政府能够真正代表自己的利益。而对少数群体的权益,他们考虑得还不是很多。

陪审团审查

如果今天的读者觉得我们对陪审团角色的描述有些奇怪,原因可能是当今的陪审团只是它早期形式的一个影子。第一修正案所确立的原则在演进发展中,已经打破了对先行制止的禁锢,但法官创制并由法官实施的证据排除规则(即对通过侵犯个人的宪法权利而获得的证据在刑事审判中必须排除,不予考虑)在侵权损害赔偿案件中已经取代了陪审团审判,成为落实第四修正案的核心机制。在一定程度上,这是由法官创制的确保政府官员免于侵权损害赔偿的原则所决定的。[38]所以说,在过去的两个世纪里,陪审团制度在刑事审判中的核心地位已经被严重削弱。

想一想"陪审团审查"的这样一个问题:陪审团如果认定一项法律违宪,可以拒绝服从吗?[39]传统上认为,这个概念与两院制精确对应,类似于司法审查。法官不能仅仅因为自己认为一项法律是错的,或者不公正、愚蠢,就对它视而不见;但他们如果认

第五章
陪审团修正案

定一项法律违宪,就能够——实际上是必须——这么做。更确切地说,问题不在于陪审团有没有权力通过作出和规避"有罪"或者"无罪"的概括裁断*而审查法律,而在于陪审团有没有以及在多大程度上拥有法定权利——甚至可能是职责——以拒绝服从它认定违宪的法律。实践中,这个问题经常具体化为应不应该允许律师向陪审团提出一项法律违宪——这是典型的抗辩手段。[40]

正因为如此,这个问题得以在合众国诉卡兰德案(United States v. Callender)[41]中提出来。这个案件也许是所有联邦《惩治叛乱法案》诉讼案件中最著名的,于1800年在一家联邦巡回法庭审理。当时,出版商詹姆斯·卡兰德(James Callender)的律师威廉·沃特(William Wirt)试图向陪审团提出,臭名昭著的1789年《惩治叛乱法案》(是当年《关于制止外国人反美及制止煽动叛乱行为的法律》的一部分)违反宪法,马上被首席巡回法官塞缪尔·蔡斯(Samule Chase)打断了。因为对卡兰德案的处理不当,以及在另一桩刑事案件中不允许辩护律师就法律(违宪)问题向陪审团提出意见,蔡斯后来遭到弹劾。约有一半的参议员投票认为蔡斯有罪,距宪法所规定的三分之二多数仅有几票之差。[42]相

---

* 指陪审团作出的概括地宣布原告胜诉或者被告胜诉,或者刑事被告人有罪或者无罪的裁断。——译者注

反,沃特随后成为了"有史以来最伟大的最高法院辩护律师,并在很多年里保持着作为司法部长的纪录"[43]。下面是一段经过删节的蔡斯和沃特交流的的文字记录:

> 巡回法官蔡斯:先生,您请坐。如果我的理解没错,您对小陪审团提出了一条意见,希望说服他们,……《惩治叛乱法案》与美国宪法相冲突,因此是无效的。现在我要告诉您,这不符合规则,也是不能容许的。陪审团没有能力就这个问题作出决定……
>
> ……我们都知道,陪审团有权决定事实,也有权决定法律——宪法是这片土地上最高的法律,也控制着所有与之对立的法律。
>
> 沃特先生:既然这样,那么,陪审团有权对这项法律进行考虑,而且既然宪法也是法律,从逻辑上讲结论就必然是陪审团有权对宪法进行考虑。
>
> 巡回法官蔡斯:这是不合理推论(即不合逻辑的推论),先生。
>
> 现在沃特先生坐下。[44]

蔡斯试图继续解释他的裁定,但总而言之,他的论证并不合逻辑。他似乎一再强调,如果陪审团能够考虑合宪性问题,那么法官就必然不能这么做。但司法审查的理念并不意味着只有法

第五章
陪审团修正案

官才有权考虑法律的合宪性。[45]比如说,宪法就赋予了杰斐逊总统这样的权利——也许是职责——如果他认定《惩治叛乱法案》违宪,就可以赦免那些因此被定罪的人——哪怕巡回法庭坚持相反意见也无济于事。法官们曾经发誓忠于宪法,总统也这么做过,那么陪审员也能这么做。

正如反联邦党的随笔作家"马里兰农夫"指出,陪审团制度可以看作是司法体系的"下院"(如果与"上院"有什么区别的话,可以说它的合法性更强,因为它更能代表大众)。[46]既然众议院和参议院在《惩治叛乱法案》成为法律前都不得不承认它合乎宪法,为什么不能要求法官和陪审团在卡兰德被投进监狱之前也承认它合乎宪法呢?另一位反联邦党人作家"联邦农夫"借用立法制衡的说法提出,如果法官试图"推翻法律,并改变政府的形式",陪审员就会"通过作出与法官相反的决定,制约他们"。[47]

蔡斯最终在判决中直接宣布,陪审团缺乏认定《惩治叛乱法案》是否违宪的"能力",理由是法官们精通法律,而陪审员则是门外汉。但即使陪审团没有能力判断精密复杂的"法律人的法律",难道他们也没有能力理解宪法吗?毕竟,宪法并不是一部冗长而精密的法典,它是人民的法律,已经根据美利坚人民——即为特定问题而集合(各州批准宪法的会议),并按要求听取意见,经过深思熟虑投出赞成票或反对票的公民们——的意志制定出来,也可以按照美利坚人民的意志撤销。有人可能会问,就这一点而言,陪审团和这些会议区别何在呢?如果普通公民在签署请愿书或者参加会议时有能力就宪法问题作出决定,为什么陪审团不能呢?用"联邦农夫"的话说,"自由人并不总是精通法律,但他们拥有纯粹的常识,人民在运用常识制定和适用法律,或者裁决司法问题时,很少或者说从来就没有犯过错误。"[48]

开国元勋们在陪审团审查问题上的意见尽管并非无懈可击,但总体上还是很能站得住脚的。而随着时间流逝,开国元勋们在第五至第八修正案中赋予陪审团的审查权和很多其他权力已经严重削弱。当然谁也不知道,如果1790年后的美国历史以另一种形式展开,陪审团的权力会大到什么地步。美国内战和随后第十四修正案的通过,已经彻底改变了最初的《权利法案》中所包含的平民主义和地方主义的基本价值观,也改变了开国元勋们可能设想到的陪审团审查的各项权力。

但即使到今天,开国元勋们关于陪审团制度的设想仍然部分保留了下来。比如,禁止法官命令刑事案件陪审团判定被告有罪,禁止初审法官推翻刑事陪审团作出的无罪裁定,也禁止上诉法庭对这一无罪裁定予以审查。从逻辑上说,这些原则都认可了一个事实:刑事陪审团的权利并不止于单纯地就事实问题作出决定。[49]

第五章
陪审团修正案

陪审团审判权的放弃

第六修正案规定由刑事陪审团审判的权利所要维护的是谁的利益？对托克维尔来说，答案很简单——为了公民陪审员、而不是党派的核心利益："我不知道陪审团制度是否对涉讼的人有利，但我确信它对审判他们的人有利。"[50]布莱克门大法官(Harry Blackmun)写道，公众在监督法官、警察、检察官，以及在"了解以什么方式管理刑事法官"[51]方面，拥有独立于刑事被告人的利益。尽管布莱克门大法官是着眼于第六修正案来谈旁听席上的人们在"公开"审判方面的权利，但他的洞见似乎更适用于陪审团的权利问题，因为陪审团参与的每一次审判在这个意义上都是一次公开的、有人民参与、由人民决定的审判，而不仅仅是陪审团的事。

但在20世纪30年代，最高法院在巴顿诉合众国案(*Patton v. United States*)中坚持认为，由刑事陪审团审判的权利只是被告自己的权利，如果被告愿意，也可以放弃。法院将问题概括为陪审团审判是否只是对"被告的保障"，而不是"作为政府体系一部分的法庭"的结构单元。[52]法院提出了正确的问题，却给出了错误的答案：判决中的各条意见都经不起推敲。法院的思路也没有什么新意，就是抠字眼，强调第六修正案保障的是"被告"获得陪审团审判的权利。但这忽略了《宪法》第 3 条明明白白写着的要求:"对一切罪行的审判,……均应由陪审团裁定,"这条规定的强制性丝毫不亚于其他条款,如美利坚合众国的司法权力"应属于"联邦法院,法院的法官"应当"终身任职并不得削减薪俸,法院的管辖权"应当延伸到特定类型的一切案件"等。[53]在各州批准宪法的期间,《宪法》第 3 条关于陪审团条款的话显然是强制性规定[54],第六修正案也丝毫没有要废除这些话的意思。

事实上,第六修正案是用来强化《宪法》第 3 条中的陪审团审判权的,如果把它解读为削弱这一权利就南辕北辙了。在1789 年,人们如果真的要这么理解,或者哪怕听起来是这样的,就会遭到"联邦农夫"这些反联邦党人的咆哮和抗议。相反,我们找不到哪怕片言只语,能够证明有人说过可以用第六修正案来架空《宪法》第 3 条规定的话。第六修正案确实赋予了被告在当地接受审判的权利,但仍然原封不动地保留了《宪法》第 3 条关于由陪审团审判的要求。

无知、愚昧的确是一位伟大的法律改革家,但显然也并非无所不能。巴顿案判决宣称,开国元勋们一致认为陪审团审判只是为了保护被告,但这明显是对"联邦农夫""马里兰农夫"、杰斐逊以及很多其他人的著作视而不见得出的结论。[55]

然而,我们也不能把陪审团作用的弱化完全归咎于巴顿案的法官们。巴顿案中的问题其实是一个比较狭隘的问题:作无罪辩护的被告能不能不适用(12个人组成的)陪审团审判？即使巴顿案认为不能,人们仍然可以通过认罪答辩来规避陪审团审判。从历史上看,小陪审团只是在庭审中发挥作用,而认罪答辩先于庭审作出,也排除了任何审判(尽管这样,即使是认罪答辩也只能在另一个陪审团——大陪审团——授权之后才能作出)。[56]从司法实践看,认罪答辩所开的后门在两百多年前是无足轻重的,正如艾伯特·阿尔舒勒(Albert Alschuler)教授指出的,在当时,人们对辩诉交易不是心怀敌意,就是满腹狐疑,这样的答辩显然不符合规则。[57]相反,当今美国法院定罪的刑事被告中有大约九成是认罪的,而且辩诉交易受到联邦最高法院的保护。[58]

陪审团制度之外

陪审团制度是第五至第八修正案的主要概念,但不是唯一的概念。贯穿这几条修正案的,是其他微妙的主题,这为我们揭示出公开审判、查明真相和公正的价值。

公开审判的价值

拿第六修正案来说,该修正案保证"被告有权接受公开的审判"。乍一看,这似乎是被告的一项权利,被告也可以放弃。但正如我们分析第六修正案关于"被告"接受陪审团审判的权利时所发现的,第一眼看到的,往往不是真相。也许,公开审判同时也是公众的权利,而且不能放弃。

还是从文本切入吧。尽管修正案说"被告"应当享有接受公开审判的权利,但绝对没有说被告还有接受秘密审判的权利。

从历史上看,在英国和美国进行的所有刑事审判实际上都是向公众开放的。[59]在《英格兰法总论》(Institutes of the Laws of England)中,爱德华·柯克爵士(Edward Coke)指出,法院这个词本身就意味着公众可以进来:"对所有的事由都应当在国王法院的法官面前公开地进行倾听、给出指令、作出裁断。法院应当设在所有人常去的地方,而不是在难见天日的密室,或者其他私密的地方,因为法官不是密室的法官,而是法院的法官,所以审判应当在法院公开进行……"[60]柯克把法院和密室进行对比,对18世纪的美国人有着特别的意义:他们所受的教育中,星室法庭最令人鄙夷的关键特点之一,就是这个(没有陪审团的)机构总是私下而不是公开地对嫌疑人进行审讯。[61]约瑟夫·斯托里在其《美国宪法评注》中也和柯克一样,高度赞扬公开审判。他写道,第六修正案"确实贯彻了普通法所确立的刑事案件审判惯例。审判一直是公开进行的"[62]。

美国实行公开审判有几个重要目的。"人民"这个词在我们的《权利法案》所包含的10项修正案中,至少出现了5次[63],所以我们自然会重视第六修正案中与"人民"一词密切相关的、"迅速而公开的审判权利"中的"公开"(public)一词所附带的共和主义与平民主义的弦外之音。制宪者们在各州和联邦层面精心创造了一套民有、民治、民享的共和政府制度体系。[64][请注意"共和"(republican)一词的词根"公开、公众"(public)。]所以说,人民的统治不是体现在一时一刻,而是最终体现在长远意义上。通过制宪会议、修宪会议和普通选举,拥有主权的人民能够及时并合法地更换任何政府决策和决策者。要确保公众握紧变更政策和决策者的最高权力,就必然要求法院向公众开放。[65]如果公民不喜欢政府机关在公开法庭上的所作所为,就可以在下次选举时将这些讨厌鬼扔出去,也可以进行请愿或者呼吁修改法律。

而且,人民要发挥作用也不需要等到选举日。他们参加法庭旁听,就能阻止法官的不端行为。马修·霍尔爵士(Matthew Hale)指出,"如果法官偏心,他的偏心和不公就会在所有旁观者面前暴露无遗。"[66]威廉·布莱克斯通爵士也表达了同样的观点:"(对证据提出的异议)是公开陈述的,法官也是公开并面向全国作出采纳或者驳回的裁定,这必然会将他心中可能出现的任何偏见遏止在萌芽状态。"[67]公众有能力对法官进行判断,这有利于保护无辜的被告免遭司法腐败或者压迫之害,但这种深入的审查对有罪的被告却不是好消息,他们可能宁愿由一位不称职或者"偏心"的法官来审判,这位法官可能是政治上或者经济上有关联的新老朋友。

因此,赋予公众在审判中对证人进行监督的权利,是为了帮助查明真相,而一般来说,真相对无辜的被告比对有罪者更有帮助。在审判中,如果一名旁观者恰好了解相关的重要情况,就能够推动法庭或者其他律师留意此事。相应地,作证的证人就不太可能当着旁听席公众的面作伪证——这也许是普通法实行公开审判的一个理论依据。1685 年,副检察长哈罗斯(John Hawles)提出如下观点:"一切审判之所以必须公开进行,是因为任何人即使没有收到传唤,也能就事实进行告发检举,这样就能在民事和刑事案件中找出真相。对任何能够向法庭提供与庭审有关情况的人来说,法庭的大门都是敞开的,他们的意见也应当倾听。"[68]真相也是布莱克斯通关注的主题之一:"当着所有人的面对证人的证言进行公开审核,比起私下里秘密进行的审查来说,在澄清事实真相方面要有用得多……耻于在公开而庄严的法庭上作证的证人,可能经常在私下里宣誓作证。"[69]

简而言之,设计公开审判,就是为了将公众的认知融入审判本身,反过来也让公众对真相在审判中获得胜利而感到满意。公开审判可以保护无辜,也让有罪者更加寸步难行。当政府官员、法官的朋党行为不端时,只有公开审判才能让人民确信,法官没有收受贿赂或者厚此薄彼。这样,即使被告可能更愿意采用封闭的程序审判,公开审判条款背后的共和主义意识形态仍然会以民主公开、教育、公信力、反腐以及查明真相的名义,让被告的个人偏好让位。

第六修正案对观众旁听的设想与对陪审团的规划结合得天衣无缝。坐在旁听席和陪审席的公众,都会从以他们的名义进行的刑事司法制度运作中,获得权利和责任方面的教育。旁听席上的人们可以通过庭审展示的有关情况,提高认定事实的能力,而陪审席上的12个人,也比单个的法官更加可靠,在认定事实时偏见更少。而且,在旁听席和陪审席上的人们能够防止司法腐败。法官的一举一动都在他们的眼皮底下,有罪的被告或者心怀不轨的公诉人想要暗通款曲,也很难找到机会下手。即使是亚历山大·汉密尔顿这位对陪审团不怎么感冒的人,也在《联邦党人文集》中强调,陪审团让贿赂难上加难。"比起临时召集的陪审团,当事人有更多的时间、更好的机会来贿赂常任的司法官员",独自行使职权的法官将会面对更多"出卖灵魂的诱惑","确保不腐败"的可能性也要小一些。[70]

对被告权利的肯定

接下来看看第六修正案所规定的被告与原告证人对质、强制有利于自己的证人到庭作证,以及获得律师辩护等一系列权利。这条修正案并没有明确赋予被告获得豁免的宪法权利,也没有明确规定被告有权做相反的事——不受交叉质证、传讯,或者不接受律师为其辩护的权利。有权获得律师帮助、辩护的规定确实说了辩护人的工作是"帮助"被告,为其辩护,但如果政府机构违背被告意愿,强加一个辩护人给他,这样的助手完全可能篡改主人的意志,被告还能不能掌控自己的辩护就很难说了。实践中更普遍的情况是,如果一个心智健全的人不情愿,要给他强加一名律师是极其困难的事情,违背被告的意愿强制传讯证人 X,或者与证人 Y 对质也极不可能。因此我们可以说,第六修正案的上述规定确实是对被告权利的真正保障,而且这一保障仅限于被告,哪怕被告已与全世界对立。这背后有着怎样的主导理念呢?

其中一个理念是意思自治。毕竟,被告正在接受审判,用第五修正案的话说,他的"人身"受到"限制",面临"生命或者身体伤残"的危害。因此第六修正案赋予被告一些自由和自治权,以便把握好"他自己的辩护",包括与谁进行对质、强制谁到庭作证、聘请谁(如果有的话)做自己的律师。然而以现代标准来衡量,开国元勋们关于被告意思自治方面的设想却很难说是多么有力的。在努力为自己辩护的过程中,无辜的被告可能也希望宣誓作证,并向陪审团和公众说出自己想说的话,但第六修正案并没有明确这项基本权利。[71]相反,整个殖民地时期一直到南北战争之前,没有一个州或者联邦的法院允许被告站在证人席上作证。[72]我们在本书第二部分将会看到,直到内战时期,随着第十四修正案出台,对个人意思自治和自由日益强调,这一状况才有所改变。

第五章
陪审团修正案

查明真相

第六修正案之所以作出这一系列规定——比如被告与原告证人质证、强制有利于自己的证人到庭作证,以及获得律师帮助为其辩护——的另一个重要原因,是为了查明真相。在公开审理中,质证能够阻止伪证,并澄清真相。布莱克斯通对这些理念进行了集中讨论:

> 证人宣誓作证不仅要求他应当说出真相,而且要求他说出全部真相……
>
> 所有这些证言都应当在公开的法庭上,当着当事人、公诉人、辩护人和所有旁听者,当着法官和陪审团作出……
>
> 在所有人面前,对口头证言进行公开审查,有助于澄清真相……而且,法官、陪审团、辩护人对证人当场随机提问,比起按照事先书面拟定的问题进行审问,更有利于让真相浮出水面。对相反证言的质证也有助于获得清晰的事前披露信息,这是其他任何审判方法都做不到的。[73]

与此类似,强制证人到庭作证的规定,让被告能够提出自己的证人,向陪审团和旁听席指出公诉方的证人证言有什么遗漏之处。另外,即使被告聪明绝顶、学富五车,面对繁琐复杂的法庭程序和证据规则也可能会望而兴叹,因此他就有权向受过专门法律训练的"顾问"寻求"帮助",在法庭上阐明全部真相。

基本公平和权利对等

基本公平和权利对等的理念也在第六修正案中得到体现。如果作为公诉方的政府能够请律师,被告为什么不可以呢?如果政府能够让证人X站到作证席上并向他提问,被告又有什么不能提问呢?如果政府能够通过传唤强制不情愿的证人到庭作证,被告又有什么不可以呢?在对强制证人到庭作证条款进行准确界定的过程中,麦迪逊似乎参考了布莱克斯通的《英国法释义》。该书明确支持权利对等原则:被告必须有权使用"同样的强制程序让有利于自己的证人出庭,通常是强迫他们出现在自己面前"[74]。

权利对等原则也有助于我们理解第五修正案中两个刑事诉讼程序条款的内涵。如果政府在一桩公平并且没有错误的刑事审判中获胜,就不会容许被告驳回裁定并要求推倒重来一次新的审判。那么如果被告赢得诉讼,为什么要让他处于一个更加弱势的地位呢?因此,一事不再理条款禁止任何政府机构去说"开头我们赢了,结尾让我们再来一次,直到你输掉为止"。

而且,如果被告不能站到被告席作出对自己有利的证言,为什么政府可以强迫他作出不利于自己的证言呢?因此不得自证

第五章
陪审团修正案

其罪条款——这一条款也保护了无辜者,但那些不善言辞的被告,如果被业务精通的审讯者精心设计的提问牵着鼻子走,就可能被歪曲成有罪之人。[75]

为了贯彻基本公平和权利对等的理念,开国元勋们认真汲取了历史上臭名昭著的司法冤案中的教训。比如,沃尔特·雷利爵士(Walter Raleigh)在1603年被判叛国罪,政府从一个名叫科巴姆(Cobham)、可信度存疑的证人那里获得一份单方面证词,但拒绝让雷利与他们所谓的指控者当面质证,也不准交叉盘问,或者传唤这名证人。雷利奋起反击:"普通法的证明是由证人和陪审团进行的。让科巴姆到这儿来,让他说出来。把我的原告叫到我面前来……"[76]

雷利案和无数其他案件让18世纪晚期的美国人看清,叛国法是政府假公济私行为特别严重的危险领域。一些官员通过给政治反对派安上罪名、将政敌投入监狱(甚至更坏)来巩固自己的权势,英国历史也因此混乱不堪。[77]美国的开国元勋们因此对叛国罪问题尤其关注,在《宪法》第3条专门作出了一款规定:"只有同合众国作战,或者依附其敌人,给予其敌人以帮助和方便,才构成对合众国的叛国罪。"因此,对只是在政治上与政府或其机构唱反调的人——"建设性的叛逆者"——免于刑事起诉。《宪法》第3条还特别指出,"无论何人,除非根据两个证人证明其同一公然的叛国行为,或者由本人在公开法庭上认罪的,不得被判叛国罪"。关于在"公开"的法庭认罪的要求,随后在第六修正案的公开审判条款中进一步拓展——美国没有荒谬的星室法庭!为了不让雷利案的悲剧重演,防止政府通过捏造证人证言来规避《宪法》第 3 条关于两个证人作证的规定,第六修正案的质证条款禁止单方证言,强迫证人到庭作证程序也让后来的雷利们有权独立地传讯他所指定的控告者。在"证人"一词占据关键地位的 3 个条款中,我们又一次看到了最初的《宪法》和《权利法案》之间的联系。

《权利法案》的最后两项修正案也在文本上与最初的《宪法》有重要关联,我们在下一章就能看到。

第六章
人民主权修正案

第九修正案

本宪法对某些权利的列举,不得被解释为否定或轻视由人民保留的其他权利。

第十修正案

本宪法未授予合众国、也未禁止各州行使的权力,由各州或由人民保留。

充分尊重人民

《权利法案》最后的这两条修正案的核心主题是人民主权——人民的至高无上权力。我们,美利坚合众国人民,集体行动,将部分权力授予联邦政府,允许各州政府行使其他权力,同时对所有政府保留相关权力。美国《宪法》序言以"我们,美利坚合众国人民……"开篇,第十修正案则以"……由人民保留"结句,简直就像一对完美的书挡(bookends),恰如其分地摆放在开国元勋们(修订后)的宪法(想象一下这部宪法就像一册册并列站立的书籍)两头。

第十修正案(以及其他地方)中的"人民"带有明显的集体意味,第九修正案中的"人民"也是如此。实际上,第九修正案背后所隐含的最关键、最不可剥夺的权利,就是"我们,美利坚合众国人民"通过美国独特的宪法会议制度,变更和废黜政府的集体权利。在《联邦党人文集》第84篇文章中,亚历山大·汉密尔顿解释了《宪法》序言中的话如何完美地指引和预示了后来第九以及第十修正案的措辞:"我们的宪法公开宣告其基于人民权力而成立……严格地说,人民什么也没有交出。既然人民保留一切,当然没有必要再特地宣布保留什么。'我们,美利坚合众国人民,为……确保我们自己以及子孙后代永享自由之幸福,特为美利坚合众国制定和确立本宪法。'这是对大众权利的明确承认……"[1]

伟大的联邦党领袖詹姆斯·威尔逊在宾夕法尼亚批准宪法会议上的话,也对汉密尔顿写作《联邦党人文集》第84篇文章具有重要启发意义。威尔逊提醒与会代表,"最高……权力仍然在人民手中"——接着他又作了如下阐述:人民"从未彻底放弃"他们全部的"原始权力",而且"他们保留收回任何放弃部分的权利……美利坚合众国公民永远可以说,**我们保留按自己意愿行事**

第六章
人民主权修正案

的权利"[2]。注意威尔逊强调的"我们"又回到了《宪法》序言上去了,而他其余的话则指引了第九和第十修正案。

今天,很多宪法学者忽视了《宪法》序言以及第九、第十修正案三者之间的相互关系。人们习惯认为,第九修正案涉及的是无数个体的权利,比如个人隐私权(尽管它提到的是集体化的"人民"而非个体化的"人们"),第十修正案只关注联邦制(尽管也提到了"人民"),而《宪法》序言所涉及的则是别的问题。回过头再读这些文字就会发现,它们都明确提到了"人民",所关注的核心都是人民主权。在《宪法》序言中,"我们,美利坚合众国人民……"行使人民主权的权利和权力,而在第九和第十修正案中,"人民"明确"保持"和"保留"了我们继续这么做的"权利"和"权力"。

众所周知,这些概念在1776年美国《独立宣言》中发挥了重要作用,其中最著名的一段,让"人民权利"广受关注:"当任何形式的政府破坏这些目标时,人民有权改变或废黜它,并组建新的政府。"[3]亚历山大·汉密尔顿和托马斯·杰斐逊在一些问题上常常意见相左,但在这一点上却高度一致,他自己在《联邦党人文集》第78篇文章中引用"人民权利"就很能说明问题:"我相信,宪法草案的拥护者绝不会和反对派一样,质疑共和政体所确立的一项基本原则,即当人民认为现行宪法与其幸福发生冲突时,有权修改或者废除它……"[4]第九和第十修正案对"人民"权利的确认当然不仅仅意味着对宪法的修改或者废除权,但这一确认说明人民至少拥有这些权利。

充分尊重各州

第九和第十修正案是如何把大众的主权和自由主义完美结合在一起的呢?[5]联邦政府和州政府的一切权力都来自人民的授予,而且这些授权是有限制的。按第十修正案的表述,联邦政府只能行使获得明确或者暗示"授予"的权力,同时州政府也有一些特定的"禁止"。要确保联邦政府机构用权不越界,一定程度上要依靠它们之间的相互制约和监督。各州的立法机关一旦察觉到联邦政府机构有越权行为,就会向人民发出警示;各州的民兵也能挫败并制止政府常备军的暴虐行为;各州普通法中关于非法入侵的规定和判例也能确保第四修正案以及第五修正案的征收条款所保护的人身权利不受侵犯。开国元勋们认为,平民主义和自由主义——自由和地方主义——应当共同发挥作用。通过将政府权力划分给并立的联邦政府和州政府,人民就能驾驭它们,第十修正案也重申了这一框架性安排。在这个意义上,第十修正案可以说是对前面各项修正案主旨的精彩总结。所以毫不奇怪,在所有成功获得批准的修正案中,只有第十修正案是由各州批准宪法会议的所有人一致提议的。[6]

第九修正案也与联邦制有一定关系。和第一、第十修正案一

第六章
人民主权修正案

样,第九修正案也明确提出,国会的权力不能超越《宪法》第1条第8款和其他地方所设定的范围,目的是确保自由不受侵犯。

第九和第十修正案在行文上前后衔接,内容上也紧密结合,彼此之间互为补充但并不重复。第十修正案说的是国会在行使权力之前,必须明确该权力已经得到明示或暗示的授予。第九修正案提出的则是一个与此密切相关但又有所区别的问题,即这些明示或暗示的权力是否存在。第九修正案警示人们,不能仅仅因为《权利法案》中明确列举了某项权力,就认为联邦政府根据暗示所具有的权力实际上也能在特定地区行使。比如说,我们绝不能因为第一修正案规定了国会不得制定关于确立国教或禁止宗教活动自由、限制言论自由或出版自由等法律,就认为国会根据《宪法》第1条拥有的立法权最初是用来规范各州的宗教问题或者审查言论的。

第七章
作为宪法的权利法案

在前面的章节中,我们想让读者看到,今天很多宪法研究者对《权利法案》的探究往往局限于条款规定本身;他们所钟爱的这一传统方法,让我们错过了多少精彩。这种方法,忽视了法案所确立的各项权利与代表的组成结构、联邦制、权力分立、两院制以及法案的修订过程之间的相互联系。这种方法也没能深入修正案内部,解答一些重要问题,比如:"为什么言论和宗教问题要放在一项修正案里进行规定?""为什么要把各种各样的规定绑在一起写进第六修正案?"这种方法也忽视了不同的修正案在主题上的延续性,比如反复出现的"人民"字眼所折射的"大众主权"主题,陪审团审判问题如何呼应了第一、第四、第八修正案,以及第五修正案的双重危险条款背后所包含的理念。这种方法还忽略了最初的《宪法》和《权利法案》之间的许多关联——包括《宪法》序言和

第七章
作为宪法的权利法案

第1条中反复出现的"人民"有何重要意义,最初的《宪法》中"国会有权……制定所有法律"的确定性规定和第一修正案中"国会不得制定如下法律"的多样性列举在遣词用语上有什么内在一致性,《宪法》第1条与第二、第三修正案的民兵和军队条款之间有什么微妙的相互作用,《宪法》第3条的陪审团审判规定对第六修正案有什么指导作用,等等。

我们当然知道,宪法是一个整体性的文件,而不是由毫不相干的条款拼凑而成的大杂烩——这是我们所要阐释的宪法吗?

今天,人们普遍认为"权利法案"这个词所指的只是对个体和少数群体权利的保护,而不是对多数群体或者各州权利的保护。但我们应当记住,两百年前人们对法案的理解是截然不同的。比如在1788年,反联邦党人路德·马丁(Luther Martin)也别有用心地赞成一项包含"既保障各州的权利,又保障个人的权利"的"权利法案"。[1]乔治·梅森,这位在费城会议上力挺《权利法案》的领军人物也赞成在这部法案中明确写上保留各州的权利。[2]另一位主要的反联邦党人也建议就"各州和公民的权利制定一项宣言"。[3]在纽约的批准宪法会议上,托马斯·特雷德韦尔(Thomas Tredwell)叹道:"我们找不到任何对个人基本权利的保障,找不到任何确保我们州政府存在的保障;这哪里是什么《权利法案》……"[4]在推动将相关规定写入法案的过程中,特雷德韦尔专门强调了带有平民主义色彩的规定:"选举自由,充分体现民意、对人民负责的代表,民事和刑事案件都由陪审团审判。"[5]托马斯·杰斐逊也赞成类似的平民主义观点,他写道,"所谓《权利法案》,就是要明确人民对地球上一切政府享有哪些权利"[6]。

戈登·伍德(Gordon Wood)对这些反联邦党人的观点进行了很好的归纳:

> 反联邦党人并不是对人民自身缺乏信任,而只是对一般的政府组织和那些声称为人民执言的机构缺乏信任……反联邦党人认为,让人民在公共场合变得更加强大,相应地对自己选出来的官员表达不满,这绝不是对民主的背离。反联邦党人都是"地方主义者",对他们遥不可及的政府机构、甚至代议机构心存恐惧,这背后有非常重要的政治和社会原因,深入分析的话,这些原因最终还是出于民主的考虑。[7]

联邦党人清楚,对《权利法案》的呼声很大程度上源自对平民和地方利益的关切。1788年,麦迪逊致信杰斐逊时指出,《权利法案》的支持者正在积极争取"进一步保护公众权利和个人自由"。[8]在《联邦党人文集》第38篇文章中,他指出一些批评者"赞成《权利法案》是绝对必要的,但认为它应当宣告的不是个体的人身权利,而是根据各州的政治资格保留给它们的权利"。[9]在《联邦党人文集》第84篇文章中,汉密尔顿强调指出,"《权利

第七章
作为宪法的权利法案

法案》的目的之一,就是宣布并细化在政府架构和管理活动中公民所享有的政治特权"。[10]

可以这么说,汉密尔顿对这些呼声的回应,就是强调最初的宪法是如何与《权利法案》配套的。在汉密尔顿和很多人看来,在费城签署的宪法"从任何理性的观点来看,并且从任何有意的目的来看,本身就是一部**《权利法案》**"[11]。但这一点也可能在执行中走样变形。我们也一直试图揭示,最初的《权利法案》本身可以被看作一种宪法——它关注的是政府架构和组织,聚焦的是政府官员以权谋私、损害人民利益的问题,植根于"我们,美利坚合众国人民"至高无上的主权。

对政府架构和组织的关注

和最初的《宪法》一样,最初的《权利法案》也在政府架构和组织问题上莫衷一是。人们认为,要保护自由,核心是处理好联邦制、权力分立、两院制、代表构成、共和政府、修正案等问题。我们不是说实质性的权利不重要,但这些权利和政府架构方面的问题是密不可分的。美国的《权利法案》最为直接的样板是18世纪晚期英国的《权利法案》,后者也将个人基本权利和政府架构问题紧密结合在一起——严格控制行政权力,保护立法机构内心的言论和辩论,支持常设的议会,限制常备军,等等。当然,我们不能牵强地说英国的《权利法案》就是宪法性质的文件。同样，我们认为最初的美国《权利法案》也是如此。

对政府官员以权谋私、损害人民利益问题的关注

常任制的政府官员，甚至包括法官有时会从自己的利益出发制定政策，违背普通美国人的意志，不能保护他们的自由。第四修正案的搜查令条款和第八修正案说得很清楚，专业的法官如果没有公民陪审团的制约，有时会成为需要解决的问题，而不是解决问题的办法。

今天，人们普遍认同司法审查是实施《权利法案》的题中应有之义。但让我们重新考虑一下这一观念背后赖以支撑的两个重要引文。首先是麦迪逊在第一届制宪会议上的演讲："如果权利要写入宪法，那么独立的裁判法庭就会以一种奇怪的态度把自己看作这些权利的捍卫者；他们就会顽固地阻止任何人取得立法权或行政权……"[12]

麦迪逊当然清楚《宪法》第3条关于司法审查的规定，但他可能还考虑到了陪审团。他说的不是法官而是"法庭"，后者从某种角度可以看作既包含了类似"上院"的法官，又包含了类似"下院"的陪审团。如果说麦迪逊这段话的关键词是"独立"，那么我们就有必要知道，陪审团在一定意义上比政府行政机构和立

第七章
作为宪法的权利法案

法部门更加独立,因为陪审员和法官不同,他们从未从这些机构和部门获得任命,也不领取任何薪水。麦迪逊在这次演讲中着重强调带有平民和地方色彩的陪审团,比如说,在提到上述"独立的法庭"之后,他紧接着在下一句就强调指出,带有平民和地方色彩的立法机构是宪法忠实的守护人:"除了这方面的保障,在联邦体系中的这种宣示也很可能得到实施;因为州的立法机关将会带着不信任的眼光,密切关注政府机构的运作,并且比世界上一切其他权力都更能有效地阻止任何人攫取权力;联邦政府最主要的对手也会同意州立法机关成为人民自由的可靠卫士。"[13]

  再让我们看看杰斐逊的观点。他认为,《权利法案》将会对"司法部门的所作所为形成……法律上的制约。司法部门如果能够保持独立,并恪守自己的部门价值,保持对其知识和正直感的高度自信,就会成为一个实体。"[14]显而易见,杰斐逊也在考虑由法官进行司法审查。但他在另一处又明确表示,他将陪审团视为"司法部门"的一部分。实际上,在对法官和司法审查作出肯定性评论之后仅三个月,杰斐逊又提出,普通的公民陪审员如果怀疑法官或者其他机构以权谋私或心存偏见,就可以任命自己当法官,有权对法律和事实作出判断:"但我们知道常任的法官都容易受到贿赂的诱惑,被个人情感、人际关系、政党意见,以及对行政和立法机构的忠诚引入歧途……因此,不管怎样,如果陪审团认为常任法官心怀偏见,就应该由他们自己对法律和案件事实作出判断。也只有当他们怀疑法官不公时,才会行使这项权力……"[15]

作为普通公民学习权利与责任的有益措施

麦迪逊和杰斐逊都强调,除了陪审团,公共教育也是对违宪行为的补救措施和遏制手段。杰斐逊写道,"人们在激情过头或者心存幻想时,可能会违背宪法,但那些保持警醒的人仍然可以通过这个文本号召人民、唤醒人民;宪法中的政治信条也灌输给了人民。"[16]《权利法案》中的话本身就在教育美国人,所以会有像"纪律严明的民兵[是]保障自由州的安全所必需的"这些不太像法条风格的表述。[17]这些原则是早期各州宪法的核心和灵魂。[18]著名的1776年《弗吉尼亚权利宣言》甚至特地将原则的必要性也作为一条原则:"必须坚持……优良品德,始终谨守各项基本原则,否则任何人都不能保有自由的政府,也无法享有上苍所赐的自由。"[19]《权利法案》会将这些原则具体化,使普通公民熟记于心、内化于行——这很像那些经典之作。[20]用1788年一位时事评论员的话说,《权利法案》"将会成为年轻公民的第一课"。[21]帕特里克·亨利和约翰·马歇尔在弗吉尼亚批准宪法的会议上谈得拢的问题不多,但当亨利宣布"任何睿智、开明的人行事都要遵循一定的原则,我们弗吉尼亚的《权利法案》就包含

第七章
作为宪法的权利法案

了这些极好的原则"时,马歇尔特地表示赞成,认为这些原则"对任何政府都是必不可少的,但最需要这些原则的,是民主政府"[22]。

无独有偶,麦迪逊也强调大众教育和大众的践行:"如果有人要问,对一个代表大众的政府来说,《权利法案》能发挥什么作用?……(1)作为庄严宣布的政治事实,逐步成为自由政府基本原则的重要组成部分,一旦这些事实融入民族情感,就能阻止利益和激情带来的冲动。(2)一旦政府提出篡夺人民权力的法案,《权利法案》就会成为唤起社群团队意识的良好基础。"[23]1792年,麦迪逊是内部制衡思想的忠实拥护者,但他认为,内部制衡"对宪法所确立的自由来说,既不是唯一的,也不是最重要的保障。作为这项福祉的创造者,人民也必须成为其捍卫者"[24]。

麦迪逊和杰斐逊在创立弗吉尼亚大学的过程中付出的个人努力展示了他们对公共教育事业的奉献与担当,但看到公共教育问题实质的不光只有他们。1775年,摩西·马瑟(Moses Mather)宣称:"任何自由政府的强大和坚韧都是人民的德行所在;德行源自知识,知识源自教育。"[25]在引用了马瑟的话之后,戈登·伍德用自己的话总结了当时的时代精神:"人们相信,教育是共和政府的责任,也是一个重要部门。所有一切都由此而来。"[26]伍德后来也注意到,"在对人民进行道德灌输方面,共和政府最显著的手段就是教育"[27]。所以,美利坚合众国的前六任总统都极力主张组成一所国立大学,就没有什么值得大惊小怪了。同样不必大惊小怪的是1780年马萨诸塞州宪法中的话:"传承于全体人民之中的睿智、知识和美德,对保护其权利和自由必不可少;这取决于在多大程度上发挥教育的机会和优势……立法机关和地方法院应当担起责任,……促使这一目标达成。"[28]

大众教育的理念在《权利法案》中一再浮现。正如我们所见,《权利法案》所捍卫的三项关键制度——宗教制度、民兵制度、陪审团制度——都被用来教育普通公民认识自己的权利与责任。没有受过教育的人不能真正成为行使主权的人。

正是这些行使主权的人们构成了我们《宪法》的基石。《宪法》序言当然也在开篇语中浓墨重彩宣告了这一事实,《权利法案》也是这么写的。因为我们希望人们不要忽视一点,即前十项修正案中,没有任何字眼比"人民"出现得更加频繁。

《权利法案》的宏大理念之后会发生什么?

我们还要看看,当最初的《权利法案》的宏大理念——人民权利——与第十四修正案的宏大理念——合众国公民的特权和豁免权——放在一起时,会发生什么?这两个词类似,但实际上完全不同。前者直接针对的是联邦政府,而后者针对的则是各州。前者主要提出的是政府官员以权谋私、损害民利问题,而后

第七章
作为宪法的权利法案

者同时也提出了少数群体的权利问题。前者更多带有共和与集体主义色彩,关注的主要是政治权利——源自古代的公共自由,而后者看起来更带有自由主义和个人主义色彩,关注的主要是民事权利——现代人所关注的个人自由。这两个宏大理念如何统一起来呢?换句话说,第十四修正案是如何改造最初的《权利法案》的呢?这是本书第二部分的问题。

The Bill of Rights Primer

美国《权利法案》公民指南

第二部分
重 建

第八章
南北战争前的思想观念

从美国建国到南北战争之前的这些年里(人们一般称为美国历史上的南北战争之前时期),《权利法案》对各州的适用性问题开始出现。

也许,分析这个问题最好的切入点是这段时间中期发生的巴伦诉巴尔的摩案(*Barron v. Baltimore*)。[1]

巴 伦 案 *

1833 年,在巴伦案中,美国最高法院第一次遇到这样的问题:州政府违反了《权利法案》中的一条规

---

* 该案中,马里兰州巴尔的摩市政府在整修道路过程中,将砾石和砂土倾入河道,致使约翰·巴伦(John Barron)拥有的码头无法正常营业。巴伦认为巴尔的摩市政府这一行为违反了第五修正案"非有恰当补偿,不得将私有财产充作公用"的规定,遂提起诉讼,并将该案上诉至联邦最高法院。联邦最高法院最终认定,巴伦的财产损失是由马里兰政府造成的,属于州的内部事务,最高法院无权过问此案,并驳回了巴伦的上诉请求。——译者注

定。简单地说,巴伦案提出的这个问题是,第五修正案的征收条款("不给予公平赔偿,私有财产不得充作公用")是仅适用于联邦政府,还是各州和自治地方也适用?但法院看到,约翰·巴伦(John Barron)的诉讼中提出的问题背后所包含的推论有着更为深远的影响:它将明确要求各州同时遵守《权利法案》所包含的大量其他条款,而这些条款在总体表述和逻辑上与第五修正案的征收条款并无二致。如果第五修正案关于征收条款的表述适用于各州,那么我们会看到,第四修正案中"除依照合理根据,……不得发出搜查和扣押令状",以及第八修正案中"不得索取过多的保释金"等等规定也有同样的效力。正如首席大法官马歇尔(Marshall)在给法庭提出的意见开头所承认的那样,巴伦案由此提出了一个"极其重要的"问题。[2]然而,马歇尔紧接着又补充说,这个问题"并不是很难",随后用不到5页的篇幅驳回了约翰·巴伦的起诉。

马歇尔的核心观点是令人信服的。尽管征收条款并没有明确指出它所限制的只是联邦政府而不是各州,但在18世纪80年代各州政府也已经普遍成立。在马歇尔看来,宪法的主要目的在于创立一个新的中央政府,但同时又要限制它。"如果在一般用语中明确提出限制权力,理所当然、而且我们认为也必须适用于这个制度所创立的政府"——即联邦政府。[3]从严格的立法角度来看,这个观点很难反驳。

第八章
南北战争前的思想观念

最重要的是《权利法案》的历史背景,马歇尔认为人们"普遍理解"这一背景。[4]在1787年至1788年间各州召开的一次次会议中,反联邦党人强烈担心会出现一个新的、与各州遥不可及的、独裁的中央政府。[5]很多人最终投票支持宪法,只是因为麦迪逊等联邦党人承诺,在各州批准宪法后将尽快考虑起草一部《权利法案》。麦迪逊没有食言,他也知道如果自己不这么做,高度关切各州权利的人们就会召集第二次制宪会议,否定他苦心孤诣确立的宪法基本架构。[6]简而言之,如果没有大批温和的反联邦党人的善意,新宪法所确立的光明愿景在1787年至1788年间将会黯淡无光;而换取这种善意的直接代价就是一部《权利法案》。但正如我们所见,反联邦党人所寻求的《权利法案》主要是限制联邦政府——不仅要维护个人自由,还要维护各州的权利。如果想要在平淡无奇的语言中神不知鬼不觉地塞进对各州的限制条款,麦迪逊和同道的联邦党人将很难平息各方面的批评,他们也很难战胜那些质疑者。国会和各州的反联邦党人也不会眼睁睁看着这样的一个"特洛伊木马"堂而皇之攻入城门。

由此,巴伦一案的裁决既忠于了最初的《权利法案》的字面要求,也没有背离其内在精神。于是巴伦案的判决获得一致通过,法院在此后33年涉及第一、第四、第五、第七和第八修正案的案件时,也再三并一致重申了巴伦案所确立的规则。[7]

对巴伦案的不同看法

在巴伦案发生之前15年,不少相当有影响的律师直接或者间接地提出,《权利法案》中的各种条款实际上也对各州有限制。1819年,威廉·约翰逊法官(William Johnson)在为美国最高法院撰写的判决中拐弯抹角地提出,第七修正案对民事审判陪审团制度的保障也适用于各州[8];多年后,他又宣称第五修正案的双重危险条款"对州和联邦政府平等适用"[9]。1819年,纽约州最高法院宣布,双重危险条款"适用于州法院"。1823年,密西西比州最高法院好像也同意了[10]。第二年威廉·罗尔(William Rawle)出版了一部广为流传的关于宪法的论著,经过详细的论证,他提出,《权利法案》所有的一般性规定实际上都包括对各州的限制[11]。

这些律师和法官们是怎么想的?一些人,特别是那些基于其他理由处理手头案件的人,可能并没有对巴伦案背后的问题作过深入思考。比如说,随便看看第五修正案的双重危险条款,法官就会认为这一条也应当适用于各州,因为正如纽约州法院大法官安布罗斯·斯宾塞(Ambrose Spencer)所指出的那样,这一条款的措辞"在本质上是普遍性的,在用词上是不加限制的"[12]。

因此,巴伦案的判决绝不会是定论,与其相反的观点在此后33年里一直存在。现在看来,往往是那些从来没有听说过巴伦

第八章
南北战争前的思想观念

案的律师因为斯宾塞和罗尔这么说了，就想当然认为《权利法案》各种规定的一般表述是适用于各州的。到了1845年，伊利诺伊州最高法院附带指出，第五修正案的正当法律程序条款也限制各州的行为[13]，两年后俄亥俄州总检察长亨利·斯坦伯里（Henry Stanbery）在美国最高法院的口头辩论中爽快地承认，双重危险"是第五……修正案所禁止的，适用于中央政府，也适用于各州"[14]。

在分析这些观点时，我们必须记住，当时并没有像今天一样的学术性的法学院。最高法院的判例报告也并不像今天这么容易看到。在日常法律事务中，宪法和普通法律相比居于次要地位。那些有志成为律师的人学习的是布莱克斯通的《英国法释义》，而不是《美国联邦最高法院判例报告》。

一旦了解了布莱克斯通和英国普通法对美国律师的深刻影响，我们就能从一个新的视角来看巴伦案。18世纪中期的美国人从英国和殖民地的法案、宪章、条令等中提炼普通法的基本原则和思维方式——也就是普通法的精髓所在。法官们并不是简单地把普通法拼凑起来，而是进行了提炼加工。因此严格地说，即使联邦的《权利法案》没有提出各州要受自己的立法约束，难道最起码不是宣告了普通法的基本权利原则吗？难道"我们，美利坚合众国人民"所作的宣示不能影响到各州法官的分析判断吗？

19世纪中叶的3个案件能够说明这个道理。在1840年的霍姆斯诉詹尼森案(*Holmes v. Jennison*)中,新罕布什尔州前州长C. P. 范·内斯(C. P. Van Ness)在最高法院的口头辩论中对巴伦案进行了彬彬有礼、但又大胆无畏的攻击:"我满怀敬意地请求你们准予考虑,以鄙人愚见,法院犯了一个错误……"[15]在不厌其烦地提醒法官最初的宪法修正案"一般被称作《权利法案》"之后,他接着对那些仅仅是"限制权力"的相关规定和"应当被理解为权利宣示"的规定进行了区分。[16]范·内斯提出,后一类规定囊括了"人民固有的、没有任何权力能够从法律上剥夺的绝对权利","基于公民自由产生、与人民的切身权益密切相关的原则,以及……有必要谆谆教导我们的子孙、并悬于家家户户门口的重要原则"。[17]

佐治亚州最高法院的观点表述得更加详尽,其中两条观点来自首席大法官约瑟夫·亨利·兰普金(Joseph Henry Lumpkin)。第一条是兰普金在1840年纳恩诉佐治亚州案(*Nunn v. George*)中提出的,他写道,他"意识到"一些裁定自相矛盾(大概包括巴伦案),但尽管如此,还是援引第二修正案来裁定州的法令无效。[18]兰普金首先强调,在各州和联邦宪法产生之前,英国普通法所规定的各项权利就已存在。对他来说,州的宪法"没有授予任何他们以前没有享受过的新权利"。[19]联邦的《权利法案》"就其所宣告的人民持有和携带武器的权利不受侵犯而言,只是重申

第八章
南北战争前的思想观念

了一项在一个多世纪以前、1689 年的英国《权利法案》中就宣告过的权利"[20]。他写道,人民通过这项法案"是作为指路明灯来指引和控制州立法机关以及国会的行为。如果纪律严明的民兵是保障佐治亚州以及美利坚合众国的安全所必需的,佐治亚立法机关能不能通过取缔人民的武装来解除这项安全保障呢?"[21]在提出携带武器是不是"一项由各州和他们自己(即,人民)保留的权利"[22]这个问题时,兰普金指出,第二修正案宣告这项"人民权利"时所用的语言是强制性的。

在 1852 年的坎贝尔诉佐治亚州案(*Campbell v. George*)中,兰普金重申并详细说明了这些问题,他援引了巴伦案,但再次强调《权利法案》的规定总体上适用于各州。[23] 和审理巴伦案的马歇尔大法官不同,兰普金开头所说的并不是联邦《权利法案》的架构,而是普通法在古代的里程碑:《大宪章》《权利请愿书》、1689 年的英国《权利法案》,以及其他的经典的文献。[24] 兰普金强调了联邦《权利法案》的普通法背景,认为《权利法案》是"出于足够的警惕"而附加说明事前已经存在的法律权利。[25] 他指出,这种宣示性的目的,清晰地证明了将法案应用于各州的合理性,就像他自己所强调的:《权利法案》的目的是"向全世界宣告人民固有和不可更改的决心,即这些无价的权利……永远不受任何政府侵犯"。法案是"我们美国人的《大宪章》"。[26]

南北战争前美国的变化
如何挖了巴伦案判决的墙脚

范·内斯和兰普金等认为,巴伦案判决错了。他们也知道,南北战争之前的律师中赞同他们观点的明显只占少数,但时间站在他们这边。随着时间流逝,美国开始发生变化,最初的《权利法案》的主要预设观点——也是首席大法官马歇尔在巴伦案中坚定信仰的预设观点——越来越成问题。不管最初的《权利法案》有没有打算适用于各州,但人们越来越支持对宪法进行修订以否决巴伦案判决,考虑到19世纪上半叶美国正在发生的重大变化,这种修订尤为必要。

技 术 进 步

首先是广泛进行的技术变革。在18世纪80年代,反联邦党人就担心,国家的立法者与选民相隔太远,彼此之间无法获得足够的信任、进行深入的互动。国会议员们对选民的所思所想不甚了了,公民也难以对他们在联邦的代表进行监督。因此,从宪法上对国会进行特殊限制尤为必要。但在接下来的80年里,道路修缮、运河开掘,以及铁路和电报发明带来的交通和通讯方式革命,又让人们觉得国家的立法者在本质上并不比各州的立法者更加遥远。

第八章
南北战争前的思想观念

地理扩张

地理上的扩张也改变了美国人的自我认知。在18世纪80年代,州政府已经将各自的成立日期追溯到殖民地建立时期(比如,弗吉尼亚州成立于1606年),但麦迪逊等联邦党人所提议建立的全国政府则新得惊人。[27]一般来说,对新政府的质疑主要是出于审慎。相比之下,在南北战争之前,联邦政府的架构已经比较完整,但各个新的州政府却是随着国家向西无情推进(当然,这个扩张过程借助了我们上文中提到的技术进步)而焕发生机的。但疆土的扩张也带来了一些困惑。因为新领地的立法机关属于联邦——国会机构——他们自然也受到联邦的《权利法案》规定约束。但是,凭什么周围的各州可以不受《权利法案》约束,而他们要受呢?此外,为了承认一个领地的州的地位,就能让他们忽视法案中所有此前已经适用于他们、具有重要价值的禁止规定,这样做有什么意义呢?国会议员约翰·宾汉姆(John Bingham)显然认为答案是否定的。1859年,在考虑接受俄勒冈州加入联邦问题时,他宣称:

> 先生,以我的判断,这部由俄勒冈人民所确立的宪法与联邦宪法是格格不入的,而且侵犯了美利坚合众国公民的权利。我知道,一些绅士们有一套简便易行的办法来对付这种

189

反对意见,比如,认为在州的地位获得认可后,本州的人民可以通过修改州宪法,把在获得认可前存在明显分歧的问题在新的宪法中明确下来……

但我认为,在事关美利坚合众国公民的个人和政治权利的问题上,各州不能成为美利坚合众国宪法的法外之地……

宪法一旦对公民的某项权利作出保证,不管这项权利是自然具有的还是传统上延续下来的,这种保证本质上都是对各州的限制……[28]

代　　沟

让我们将詹姆斯·麦迪逊、托马斯·杰斐逊、帕特里克·亨利与约翰·宾汉姆的经历做一个对比。前三位推动了《权利法案》的创立,最后一位则在重建时期让《权利法案》在第十四修正案中获得了新生。麦迪逊、杰斐逊、亨利作为富有的弗吉尼亚白人,身处共和国的起步时期,而在宪法颁布之前,这片土地已经实行了150年的自治。因此比起今天我们眼中的第十四修正案,殖民时期的弗吉尼亚下议院相对于他们来说更加陈旧、老套。对18世纪的弗吉尼亚人来说,弗吉尼亚居于首位,不论在时间顺序上还是在感情上,都要优先于联邦。但对宾汉姆,或者随后在俄亥俄这样的地方成长起来的整整一代美国人来说,就没有这种感

第八章
南北战争前的思想观念

受。在俄亥俄成为一个州之前,它是联邦的领地,根据联邦的《西北条例》、联邦《宪法》以及联邦的《权利法案》进行治理。对宾汉姆来说,这些文件居于首位。

在美国建国之前不久的岁月里,美洲革命主要是殖民者反抗英帝国中央政府。在开国元勋们的经验里,一方面是宗主国的傲慢和压迫,一方面是地方政府在反抗压迫中所扮演的英勇角色,于是他们认为,强大的中央政府意味着暴政,而强大的州政府则带来自由。但在19世纪中期的数十年里,没有任何证据显示,完善的联邦政府比地方政府更加压迫人民。那么,像宾汉姆这些人就会问,美国为什么要遵循巴伦案的双重标准,联邦政府必须严格遵守权利规定,而各州可以不予理会呢?

奴隶制和废奴主义

但无疑,仅仅讨论南北战争前美国在技术、地理和意识形态方面的变化,就好像排练《哈姆雷特》,王子却不出场——没有抓住主要矛盾。因为我们仍然会遇到让开国元勋们的联邦毁于一旦的问题:奴隶制。运河、铁路、电话线等固然不能忽视,但没有哪一个比轧花机更为重要,有了它,就不可能说奴隶制无利可图,可以在不造成巨大经济混乱的情况下轻松废除。而且新领地带来的地理扩张问题也绝没有奴隶制和种族问题这样具有爆炸性影响——这也正是宾汉姆反对俄勒冈州宪法的实质问题之所在。

不仅如此,奴隶制还基本上是相关州立法的独特产物。特有的奴隶制度让蓄奴的各州实际上违反了《权利法案》所宣告的每一项权利和自由——不仅包括奴隶们的权利和自由,还包括自由的男男女女的自由。[29]奴隶制还催生了压迫。[30]在南方各州,任何批评奴隶制的言论,哪怕只是进行平和的宗教和政治鼓动,也被当成煽动者遭到镇压,以免奴隶们偷听到,萌发异想。[31]1859年,一位弗吉尼亚的邮政局长甚至根据该州颁布的书报全面审查法令,禁止带有鲜明共和主义色彩的《纽约论坛报》(*New York Tribune*)发行;而此前20年,弗吉尼亚州还试图迫害一些公民,原因是他们轮番向国会请愿,反对奴隶制。[32]在一些州,教奴隶们识字(哪怕是学习《圣经》)也会触犯刑律,将受到严惩[33];在不止一个州,书写、印刷、出版或者散布废奴主义作品都可以处以极刑。[34]特纳起义*之后,全社会的人都认为自己深陷危险[35],不得不小心翼翼地限制使用武器的权利,对获得自由身份的黑人尤其如此。[36]黑奴的逃亡问题给公民自由带来更大的压力,直接推动一些规定出台,使得获得自由的黑人感到生活中仍然处处充满

---

* 1831年8月在弗吉尼亚州爆发,由奈特·特纳(Nat Turner)领导的反奴隶制起义,约有76名黑奴和自由黑人参加,随后遭到军队和民团围攻而以失败告终。这次起义导致南部奴隶主在立法上加强了对黑人的压迫,颁布了一系列禁止黑人接受教育、集会的新法案。——译者注

第八章
南北战争前的思想观念

陷阱。一般来说，所有南方的黑人在法律上都是奴隶，其"人身"可以任意"扣押"，可以不按法定诉讼程序的基本规则，不由陪审团审判，如果判决认定是逃跑的奴隶，就会遭到残酷处罚，以儆效尤。[37]为了防止废奴主义作品传播，蓄奴的各州允许对邮件和可疑的外来人进行全面搜查，甚至公然违背18世纪60年代卡姆登勋爵的判决精神，签发书籍搜查令。[38]

要反抗这种压迫统治，废奴主义者和反对奴隶制的律师们就不能像巴伦案那样围绕法条抠字眼，把全部希望寄托在实在法上，因为奴隶制本身已经深深嵌入法律规定文本当中。所以，从19世纪30年代开始，主张废奴的律师们逐渐发展出越来越完善的理论体系，包括自然权利、个人自由、高级法等，这些理论更好地契合了一些理念，比如《权利法案》首先是对普通法所确立的基本权利的宣告，同时也是限制各州权力的基本原则的源头所在。[39]

于是，与自由、联邦制紧密交织的最初的《权利法案》，又在奴隶制的张力作用下被拆解开来。一旦内战爆发，巴伦案显然就不合时宜。因为如果说，美国独立战争爆发前的那些年充分展示了中央政府的暴政有多么危险，那么内战时期就会告诉人们，各州也能变得残暴可怖，因此必须在宪法上加以约束。第十三修正案宣告废除奴隶制——这也是第一个限制各州法律的联邦宪法修正案——显然就是第一步。但这就够了吗？当1865年12月第三十九届国会召开时,那些心怀不甘的南方政府仍然试图通过臭名昭著的《黑人法典》,让奴隶制暗度陈仓、死灰复燃。就奴隶制本身来说,这些新的法律也必然要求各州系统地删减《权利法案》中的核心权利和自由。这些删减将给黑人带来最沉重的打击,但等级制度的复兴也必然要求对那些质疑《黑人法典》或者同情、庇护黑人的白人进行镇压。[40]因此,第三十九届国会起草了1866年《民权法案》(the Civil Rights Act of 1866)和第十四修正案。

第九章
第十四修正案

第十四修正案第 1 款

……各州不得制定或实施任何剥夺合众国公民的特权或豁免权的法律；不经正当法律程序，各州不得剥夺任何人的生命、自由或者财产；各州在其管辖范围内，不得拒绝给予任何人以平等的法律保护……*

在约翰·宾汉姆、詹姆斯·威尔逊，萨帝厄斯·斯蒂文斯（Thaddeus Stevens）等代表，以及参议员雅各布·霍华德（Jacob Howard）的主导下，第十四修正案在1866年召开的第三十九届国会上得以提出，并于1868年获得各州批准。仔细审视这项修正案的关键

---

* 实际上对南北战争时期的政治家来说，第十四修正案的很多其他规定，都要比上述引用的这款规定更为重要，但那些规定在今天基本上都被忽略了。修正案全文见附录。

条款以及当时所处的历史环境,我们就会发现,制定这条修正案的目的,就是让联邦的《权利法案》所规定的各项基本权利也适用于各州政府,并由此推翻最高法院1833年对巴伦案的判决。通过这条修正案,重建时期的国会为最高法院最终将《权利法案》"合并"到各州的进程奠定了基础。

对第1款第2句话的分析

这是由俄亥俄州的约翰·宾汉姆起草的,第1款的关键词对我们今天理解《权利法案》尤为重要,因此每一个字眼都值得我们仔细推敲。

各州不得……

美国《宪法》第1条第10款出现了这个词,由此规定了对各州的各种限制,包括主要为本州居民设定的重要权利:"各州不得……通过任何剥夺公民权利的法案,或者溯及既往和损害契约义务的法律*;不得授予任何贵族爵位。"1810年,首席大法官马歇尔在弗莱彻诉佩克案(Fletcher v. Peck)的判词中宣称,《宪法》第1条第10款的话"可以看作各州人民的《权利法案》"[1],最高

---

* 即针对特定姓名的个人产生不利条件的法律,对在实施时属于无罪的行为追溯定罪的法律,以及损害债权人既有权利而维护特殊利益的法律。

第九章
第十四修正案

法院在 1853 年和 1866 年,又分别重复了这一观点,而 1866 年正是第十四修正案起草之年。[2] 当然,法院并不是要说,《宪法》第 1 条第 10 款中包含的权利和前十项修正案列举的权利是完全一样的——否则关于巴伦案判决和合并问题的整个辩论就没有意义了。在巴伦案中,最高法院一致认为,如果最初的《权利法案》的制宪者们打算将法案适用于各州,他们就会使用《宪法》第 1 条第 10 款中"各州不得"或者类似的合理表述。法官们想要的显然是"西蒙说"*式的语言——而约翰·宾汉姆的第十四修正案正好满足了这一要求。

……制定或实施任何剥夺……

下一个关键的词语——制定、任何(any)、法律,以及剥夺——让我们想起了第一修正案中以同样的次序出现的几乎一模一样的词语——制定、非(no)、法律,以及剥夺。[3](第十四修正案中的"侵犯"这个词是关键,因为在 1866 年之前,这个词只

---

* Simon says 是一个英国传统的儿童游戏。一般由 3 个或更多的人参加。游戏的关键是区别有效的和无效的命令。其中一个人充当"Simon",其他人必须根据情况对"Simon"宣布的命令作出不同反应。如果"Simon"以"Simon says"开头来宣布命令,则其他人必须按照命令作出相应动作。如:"Simon"说:"Simon says jump(跳)",其他人就必须马上跳起;而如果"Simon"没有说"Simon says"而直接宣布命令,如直接说"jump",则其他人不能作出动作,否则将被淘汰出局。当然,"Simon"也不能发布不可能做到的命令。——译者注

在第一修正案中出现过。)然而,这两条修正案的用词仍然有三处重要区别。

首先,与合并的基本理念一致,第十四修正案对各州作出了明显的禁止规定,而第一修正案只对国会作出了明确限制。

其次,第十四修正案使用的是"任何"(any),而第一修正案用的是"非"(no)。原因显而易见。根据巴伦案在用词上的"西蒙说"式规则,第十四修正案使用了否定性表述("各州不得……"),而第一修正案适用的是肯定性表述"国会应当……"。用"任何"来替代"非"也是根据上述变化而作出的改动。

最后,第十四修正案既说了法律的制定,也说了法律的"实施"。对合并最初的《权利法案》中的权利和自由来说,这么做实在是太重要了。《权利法案》中的很多规定,特别是第五至第八修正案的规定,主要涉及的就是行政机关和司法官员实施法律。

……特权或豁免权……

《权利法案》中没有直接出现上述这两个词,但"权利"和"自由"这些字眼在法案中不时闪现。[4]这四个词的字面含义基本上是相同的。实际上,《牛津英语词典》关于"特权"的定义就包含"权利"这个词,"豁免权"的定义中也包含"自由"。[5]今天我们谈到不得自证其罪时搭配"特权",谈到双重危险时搭配"豁免权",不都是再普通不过了吗?当代人对这两个词的用法与18、

第九章
第十四修正案

19 世纪并没有两样。举一个美国内战前的例子,民事和刑事陪审团的权利在第六和第七修正案中所用的表述是"权利"(right[s]),在 1775 年的《关于拿起武器反抗的原因和必要性宣言》中,又被描述成"接受陪审团审判的无价特权"。而在《联邦党人文集》对起草《权利法案》最深入的讨论中,亚历山大·汉密尔顿解释道,"《权利法案》从源头上说,是国王和臣民之间的规定,是为了(臣民的)特权而剥夺(国王的)特权,保留没有授予国王的权利。"[6]

几代人之后,巡回法官威廉·约翰逊对 1822 年的一部国会法案进行了概括,认为其"本质上是一部关于(佛罗里达地区居民)权利、特权和豁免权的法案"[7]。这部法案列举的权利,包括"宗教观点的自由""人身保护法令状的利益",对于不受"过多的保释金"以及"残酷和非常的惩罚"、不给予"公平补偿"私有财产不得充公的保护——这些保护在措辞上和联邦的《权利法案》对应部分几乎完全相同。[8]

约翰逊法官所使用的是普通的措辞:整个 19 世纪,国会订立了一系列条约,接纳各地区成为美国的州,并保证领地居民享有美国公民的特权、权利和豁免权。人们普遍认为,这些条约(除了其他方面,还)包含了最初的《宪法》及其《权利法案》列举的所有权利和自由。比如,在 1862 年和 1867 年,国会将《权利法案》分别延伸到渥太华的印第安人和阿拉斯加人中,所用的表述就是

"权利"、"合众国公民"的"豁免权"。1868年国会保证苏人[*]享有"这些公民的所有特权和豁免权"。[9]

在比上述例子更早的时期,比如布莱克斯通所处的时代,我们可以看到,"特权"和"豁免权"被用来描述《大宪章》《权利请愿书》、1689年的英国《权利法案》等标志性的英国自由宪章中所体现的各种权利。[10]这些文献是普通法的源头,也是后来出现在美国《权利法案》中的许多特别权利的公认鼻祖,很多时候它们所用的字眼是一模一样的。[11]

……合众国公民的……

我们已经认识到,法案中的各类"权利"和"自由"就其本法和目的而言就是"特权"和"豁免权",但还有一个字面上的障碍。我们真的能说,《权利法案》中的"权利"和"自由"就是"合众国公民"的"特权和豁免权"吗?

当然可以。一般来说,我们通常提到合众国《宪法》和《权利法案》时,所指的是对美国人权利的宣示和界定。这种对宪法的普通的、日常的理解在美国《宪法》的序言中表现得淋漓尽致,让历代美国人烂熟于心:"我们,美利坚合众国人民,为了……确保我们自己以及子孙后代永享自由之幸福,特为美利坚合众国制定和确

---

[*] 美洲土著,很多居住在南达科他州。——译者注

第九章
第十四修正案

立本宪法。"

在第十四修正案所处的时代,关于《权利法案》最著名的案件是德雷德·斯科特诉桑福德案(Dred Scott v. Sanford)[*],该案涉及很多由第五修正案的双重危险条款所引发的其他问题。最高法院关于德雷德·斯科特案的判决指出,不能简单地说法案中的各项权利是特权,而应当说是"公民的特权"。[12]这段话必须和法院判决的其他部分结合起来读。法院指出,既然德雷德·斯科特是一名黑人,他就不是美利坚合众国的公民,也不能享有"宪法所保障的公民的各项权利、特权以及豁免权"[13]。法院突出强调了宪法中的字眼[14],其核心意思和内在逻辑是,《宪法》和《权利法案》是由合众国公民制定和确立的,也只能维护他们的利益。

显然,最高法院关于德雷德·斯科特案的判决对第十四修正案制宪者们的影响,一点也不亚于巴伦案判决,尽管制定者们也试图用法院本身所有的"西蒙说"式语言来否决这些判决。约翰·宾

---

[*] 美国最高法院于1857年判决的一个关于奴隶制的案件。黑人奴隶德雷德·斯科特随主人到过自由州伊利诺伊和自由准州(Territory)威斯康星,并居住了两年,随后回到蓄奴州密苏里。主人死后,斯科特提起诉讼要求获得自由,先后被密苏里州最高法院和联邦法院驳回后,斯科特上诉到美国联邦最高法院。经过两次法庭辩论,最终9位大法官以7:2的票数维持原判。该案判决严重损害了美国最高法院的威望,更成为南北战争的关键起因之一。南北战争后美国《宪法》增加了第十三、十四和第十五修正案,废除了奴隶制,并规定非裔美国人享有平等公民权。——译者注

汉姆不仅在 1866 年早些时候的一次国会演讲中提到了德雷德·斯科特案,而且引用了下面这些关键的话:"'美利坚合众国人民'和'公民'是同义词。"[15] 尽管德雷德·斯科特案在很多方面让第三十九届国会的议员们感到不适,但很多人仍然认为,《权利法案》是"公民"特权和豁免权的目录。[16]

……不经正当法律程序,各州不得剥夺任何人的生命、自由或者财产……

"在第 1 款的起草过程中,宾汉姆、雅各布·霍华德和其他参议员的目标之一,就是将各州的正当法律程序所保障的利益延伸到本州居民以外的人。但要做到这点,就需要一个特别规定——不说"公民",而说"人"。正如宾汉姆在众议院指出的:"让各州公民享有合众国公民的所有特权和豁免权,难道不是人民团结的基本要求吗?让这片土地上的所有人,不管是公民还是外来人,在联邦的每一个州都得到生命、自由和财产权利的平等保护……这难道不是题中应有之意吗?"[17]

霍华德参议员对参议院也是这样解释的。他强调,合众国公民的特权和豁免权包括"《宪法》的前八条修正案所保证和保障的人身权利"。随后又具体指出,第 1 款之后的规定需要"让各州未经法定程序,不仅不能剥夺合众国公民,也不能剥夺任何人的生命、自由和财产权利,或者拒绝承认其受合众国法律的平等

第九章
第十四修正案

保护"[18]。宾汉姆和霍华德的观点在重建时期的参议员中有着广泛的共鸣。[19]

辩论和批准

共和党代表在第三十九届国会上开始就第十四修正案进行辩论的同时,南北战争也在他们脑海中盘旋。战争的经历,让《权利法案》所宣示的自由强化为一种有力的意识形态,甚至成为宗教式的信仰。战争让人们付出了惨重的代价,胜利也带着苦涩的味道。1866年的共和党人需要让选民相信,一切代价和努力都不会白费,联邦的崇高目标——保护国家和自由——值得为之奋斗并且已经实现。[20]《权利法案》是实现这两个目标的完美象征,南北战争已经证明了这点,而且在某种意义上,《权利法案》甚至比《独立宣言》和最初的《宪法》更好。南方立法者一再引用《独立宣言》中"自由和独立的各州",为其分裂主义张目。[21]最初的《宪法》因为公开向奴隶制妥协已经被玷污了,而且也可以看作独立各州会议的产物,他们彼此之间互不约束(分裂主义者也强调过类似的观点)。[22]相反,《权利法案》明明白白派生于已经称为一个国家的美国,它宣告的是自由,而不是奴隶制。

1866年,绝大多数共和党领导人都反对最高法院对巴伦案判决中关于《权利法案》中的规定不得适用于各州的观点。[23]在这些人中,像宾汉姆等人对巴伦案很清楚,另一些人则从来没有听说过这个案子。但所有人都同意,宾汉姆的第1款是对业已存在的、很多已经由开国元勋们宣告过的公民权利和自由的再次宣示。[24]

民主党中有些人反对这项修正案,但没有人直接反对这种观点。毕竟,谁愿意挑战《权利法案》呢?除了少数个例,《权利法案》中权利和自由的主要内容与各州法律和州宪法中此前已经正式保护的权利和自由并没有很大的差别。确实,奴隶制的经历让很多州背离了他们自己的宪法所捍卫的言论、新闻、个人安全等诸如此类的权利和自由,但这些原则本身在大众观念和法律思维中已经根深蒂固。有鉴于此,人们都期待民主党人对第十四修正案第一款的主要反对意见能够用联邦主义的基本话语表达出来:尽管公民的权利应当保留,但保护公民的权利、自由、特权、豁免权的责任不应当交给国会和联邦法院,而应当留给各州。这正是人们在辩论和批准法案期间所用的表达策略。[25]

1859年,也就是第三十九届国会就第十四修正案进行辩论的7年前,约翰·宾汉姆在众议院提出,"只要宪法保证公民享有一项权利,不管这项权利是与生俱来的,还是源自传统,这项保证本身就是对各州的限制。"[26]他明确指出,这些"任何州都没有正当理由……损害"的"保证"包括"第五修正案"的正当法律程序、

第九章
第十四修正案

合理补偿规定、接受陪审团审判、知情权、凭良知发表意见和说话的权利——他将这些保证描述为"合众国公民的特权和豁免权"[27]。宾汉姆这里所说的"公民",和他说到德雷德·斯科特案和其他评论时所指的"公民"是一样的意思。[28]简而言之,宾汉姆的立场就是,任何州都不能违反宪法"对合众国公民政治权利,以及对所有人、无论是公民还是外来人的自然权利的睿智和仁慈的保证"[29]。这些1859年提出的观点,几乎与他后来起草的第十四修正案第1款的自然含义如出一辙。

于是我们看到,在1866年,宾汉姆在国会演讲中又将他7年前的观点重复了一遍。他再次从德雷德·斯科特案引出作为"公民"享有的"公民"宪法权利,观点也和原来的一样,即德雷德·斯科特案拒绝将正当法律程序的保护扩展到"所有人,无论是公民还是外来人"身上,显得太过吝啬。[30]再概括一下,宾汉姆坚持认为任何州都不能侵犯"共和国所有公民的特权和豁免权,以及其管辖范围内每个人与生俱来的权利"。[31]

但"共和国所有公民的特权和豁免权"究竟是什么呢?1859年,宾汉姆做了一个综合性的概括,但仍然强烈暗示,宪法所保障的一切权利和自由都应当包含进来。尽管他没有用到"权利法案"这个神奇的字眼,但通过引用或者阐释,还是提到了言论、新闻、宗教、正当法律程序、合理补偿、陪审团审判等权利。在1866年关键的国会辩论中,他花了大量篇幅把这个问题讲清楚了。他一再指出,特权或者豁免权条款描述就是环绕在"权利法案"四周的"卫星条款"——这个词在他2月28日的重要演讲中至少出现了10次。[32]在这次演讲中,直接援引了最高法院在巴伦案中的判决意见,以及此后一宗与巴伦案判决一致的案件——利文斯顿诉穆尔案(*Livingston v. Moore*),说明为什么有必要制定一部宪法修正案。[33] 6个星期后,他再次不厌其烦地推销自己的修正案有多么必要,提醒周围的人们"合众国最高法院已经作出神圣的裁定","这项权利法案……并不限制各州的权力"。[34]

接着在1867年1月,正值修正案等待各州批准之时,宾汉姆在演讲中再次提醒听众,他的修正案将推翻巴伦案判决。[35]

最后,在第十四修正案被批准几年之后,也就是1871年,宾汉姆又一次对其内容进行了解释。他再次援引了巴伦案[36],并将"合众国公民的特权和豁免权"与《权利法案》联系在一起:

> 合众国公民的特权和豁免权,和某个州的公民的权利的区别,主要体现在合众国《宪法》前八项修正案中。这八项修正案如下。(宾汉姆接着逐字读出了前八项修正案。)我已经指出,这八条修正案此前从来没有对各州权力施加限制,直到第十四修正案制定后才变成这样。[37]

在宾汉姆介绍他的修正案的两年之前,众议员詹姆斯·威尔逊已经明确提出,他也认为"合众国公民的特权和豁免权"包含

了修正案提出的各项保证。他的话也表明,他坚持认为法案中的所有权利和自由都适用于各州政府:

> 宗教观点的自由、言论和新闻自由,以及为了请愿而集会的权利属于每一位美国公民……任何州都不得干涉……
>
> 阁下,我也可以列举很多被奴隶制忽视甚至实际上破坏的其他公民宪法权利,但我的立场已经表达得很清楚:奴隶制……不承认各州公民所享有的公民特权和豁免权……
>
> 自由州的人民应当坚持其权利、特权和豁免权得到充分保护,制定宪法,就是要给予全体公民的这些保障……[38]

在第十四修正案提交议院进行最终审议前不久,政治领袖萨帝厄斯·斯蒂文斯(Thaddus Stevens)发表了一次演讲,对第十四修正案的条款进行了阐述。关于第 1 款,他是这么说的:"我相信,任何人都不会否认这些规定的合理性。它们都以这样那样的形式体现在我们的**宣言**或者基本法之中。但宪法只限制国会的行动,而对各州没有制约。这项修正案就是要弥补这个缺陷……"[39]

在参议院,雅各布·霍华德对第 1 款规定做了全面的分析,认为"公民的特权和豁免权"包括:

> 《宪法》前八项修正案所保证和保障的个人的权利;诸如言论和新闻自由;人民和平集会向政府请愿申冤的权利,这项权利属于所有人、每一个人;持有和携带武器的权利;未经

所有权人同意士兵不得驻扎于民宅的权利;免于不合理搜查和扣押的权利(以及未经以宣誓或代誓宣言保证并签发令状,不受搜查和扣押的权利);被告得知控告的性质的权利,以及接受邻近地区的公正陪审团审判的权利;此外,还有不受过高保证金或者残酷和非常惩罚的权利。

……我们的法院判决过程和目前确立的原则是,所有这些宪法保证或者承认的豁免权、特权、权利……都对各州的立法机关毫无约束或者限制。

……这些保证……只是作为宪法中的一项权利法案……各州可以恣意违反其原则……因此,这项修正案第1款的主要目标是,限制各州的权力,并迫使他们对这些伟大的基本保证始终给予应有的尊敬。[40]

上述人员构成了一个重量级的豪华阵容:约翰·宾汉姆是第1款的作者;萨帝厄斯·斯蒂文斯不仅是众议院的政治领袖,也是首先起草这项修正案、极其重要的重建委员会牵头人;雅各布·霍华德在参议院的联合重建委员会也扮演着和斯蒂文斯一样的角色;詹姆斯·威尔逊是众议院司法委员会主席,也是1866年《民权法案》的发起人,该法案的第1款构思精到,并获得广泛认同。我们想见,他们的话给第三十九届国会的议员们带来了很大的冲击。

第九章
第十四修正案

此外,还有这些情况也值得注意:宾汉姆的听众们知道他是第 1 款的作者,因此对他的演讲听得尤其认真[41];《纽约时报》在封面标出了他的主要演讲内容,并概括为"一条让国会有权让《权利法案》按其本来面目实施的提议……";宾汉姆还将他的演讲出版成时下流行的小册子,并加上副标题——"支持修正案,以落实权利法案"[42]。斯蒂文斯以众议院联合委员会主席的名义发表了一份书面演讲(正如《纽约先驱论坛报》次日指出的,这对他来说极为罕见)。[43]霍华德打算以这个委员会的名义主办一次展览,将《纽约时报》和《纽约先驱论坛报》在头版全文转载的与《权利法案》有关的演讲内容整体展示出来。[44](《纽约先驱论坛报》是当时全国最受欢迎的报纸。)[45]此外,没有任何人在参议院或者众议院中对这些关于第 1 款的解读提出反对意见。更加确定的是,如果有人对第 1 款有不同看法,当时就会站出来说了。

最后还要指出,所有人提出的意见都一环紧扣一环,特别是与第一修正案的表述严丝合缝。

宾汉姆在第十四修正案辩论中提出的愿景也值得关注。在他看来,《权利法案》正如他曾经指出的,不仅是"不朽的"[46],也是"神圣的"——后面这个词切中了他关于《权利法案》的深层次思考:

> 要更好地确保宪法,特别是这部神圣的、属于合众国全

体公民和全体人民的权利法案落到实处,这几个州的立法机关成员、所有行政和司法官员,以及合众国和各个州,就更有必要以宣誓或者代宣誓言的形式来支持它。通过宣誓,这一人们所能与造物主缔结的最神圣的契约,约束各州立法机关、行政官员和法官,对宪法及其所保障的各项权利给予最神圣的尊敬……

(《权利法案》包括)人的所有神圣权利——这些权利在自由人看来可亲可爱,而在暴君看来令人敬畏——以及开国元勋们在上帝庇佑下获得胜利后所庄严承诺的权利……[47]

宾汉姆的同事们不见得都与他志同道合,但他们也有理由珍视法案中的每一项特权和豁免权。哪怕这部法案由于来自自上而下的是赐予(来自开国元勋、来自人民,或者来自上苍)而显得不那么神圣,但南北战争前废奴运动的艰辛历程仍然证明了这部法案的现实世俗价值——正因为得之不易,所以弥足珍贵。在奴隶制度下,各州实际上剥夺了所有人享有的法案所宣告的权利和自由。和18世纪80年代的反联邦党人一样,19世纪60年代重建时期的共和党人在反抗暴政的过程中,也从法案中获得了源源不断、不可或缺的有力武器,让人民擦亮眼睛看清暴政的本来面目。当然,奴隶制的暴政和乔治三世的暴政不能简单等同,前者并不是高高在上、独裁专断的,而是通过地方的民主体制实施的。

第九章
第十四修正案

正如1789年合众国实现和平与统一的代价是一部制约中央政府的《权利法案》,1866年重获和平与统一的代价就是一部制约地方权力的《权利法案》。

这样一来,《权利法案》就成了南方表示善意与诚挚的现成的保证,实施起来也很容易,只要国会拒绝重新接纳继续违反其规定的州就足以威慑了。参议员詹姆斯·奈(James Nye)宣称,国会"无权侵犯"法案所保障的"言论自由""新闻自由""宗教活动自由"以及"人身安全"等特权,但国会确实有权通过拒绝接纳任何违反这些"人身权利"的非共和制的州,以"限制各州不得侵犯这些权利"。[48]众议员罗斯威尔·哈特(Roswell Hart)对"共和制"政府的界定是:"每个公民平等地享有任何特权和豁免权","任何法律不得禁止宗教活动自由","人民持有和携带武器的权利不得侵犯","人们的人身、住宅、文件和财物不受不合理的搜查和扣押",以及"非经正当法律程序,不得剥夺任何人的生命、自由或财产"。[49]国会议员塞缪尔·莫尔顿(Samuel Moulton)反对重新接纳南方各州加入联邦,因为"这些州既没有言论自由、新闻自由,也没有人身安全、自由和财产保护"。众议员西德尼·克拉克(Sidney Clarke)反对恢复密西西比州的国会席位,因为该州的警察解除黑人武装违反了第二修正案"人民持有和携带武器的权利不得侵犯"的规定;国会议员李奥纳多·迈尔斯(Leonard Myers)也积极推动将阿拉巴马州逐出联邦,理由是该州禁止枪支的法律是"反共和的"[50]。

《权利法案》扮演了很多角色,比如作为法官们寻找更高级法的指路明灯、作为上苍赐予的神圣礼物、作为久经考验的反抗暴政的兵工厂、作为各州善意的现成的保证、作为共和政府的界定标准,以及作为防止轻率地重新接纳南方各州的审慎标准,但最为重要的是作为重建的愿景。在第十四修正案的文本和相关解释中,第三十九届国会的议员们清楚地表明,这部法案的权利和自由将来必定适用于各州。

批准之后的评论,预示了合并的司法原则和具体进程

回顾一下在 1868 年第十四修正案获得批准之后,当时的重要决策者就第十四修正案和《权利法案》之间的关系所说的话,就会发现他们所作的有力论述,恰恰预示了合并的原则和进程的最终进展。在 1868 年至 1873 年间,国会中的各类议员,包括民主党人和共和党人都认为,《权利法案》界定了美国人所享有的、各州不得侵犯的特权和豁免权。[51]

1872 年,共和党参议员约翰·谢尔曼(John Sherman)宣称,"合众国公民的特权、豁免权和权利(因为我没有、也无法对它们进行区分)",在"普通法""英国的伟大宪章""美国宪法""独立

第九章
第十四修正案

宣言"以及其他权威宣言中也有体现。[52]

在1871年巡回法庭受理的合众国诉霍尔案(*United States v. Hall*)中,威廉·伍兹法官(William Woods,后来成为大法官)的意见直接推动了合并进程:"因此,我们认为,合众国宪法前八项修正案条款中列举的权利是合众国公民所享有的特权和豁免权。"[53]

当时司法界的领军人物,大法官约瑟夫·布兰德利(Joseph Bradley)也在给伍兹的一封信中声援其在霍尔案中的观点表示:"人民在一起集会,讨论政治问题的权利,……是公民最神圣的权利之一,任何州都不得剥夺……这项针对各州的权利……作为所有公民享有的特权和豁免权之一……受到第十四修正案的保护……"[54]

行政部门官员和其他法律评论人士也持有和布兰德利信中同样的观点。在1871年的另一宗案件中,合众国检察官丹尼尔·科尔宾(Daniel Corbin)援引了巴伦案,并宣布"第十四修正案改变了一切理论,将以前对合众国国会的限制也同样施加给各州——比如,国会迄今为止不能干涉公民持有和携带武器的权利一样,现在,第十四修正案通过之后,各州也不能干涉公民持有和携带武器的权利。这项权利包含在第十四修正案中,属于公民的特权和豁免权。"[55]

美国《权利法案》公民指南

1873年，布兰德利大法官对著名的屠宰场系列案件*提出异议[56]，公开表达了自己的立场。他说：

> 这个国家的人民带着大洋彼岸英国人的权利踏上这个海岸……（布兰德利随后引用和讨论了《大宪章》、布莱克斯通的《英国法释义》等文献中蕴含的"基本权利"。）但要找到关于合众国公民最重要的特权和豁免权的权威宣示，我们并不一定要借助拐弯抹角的暗示，也不一定要从英国的宪法发展史中寻找依据。合众国的宪法本身就包含这些内容。[57]

接着，布兰德利列举了一系列典型的特权和豁免权，包括陪审团审判权、宗教活动自由、言论自由、新闻自由、集会自由，以及不受不合理搜查和扣押等等，随后得出如下结论：

> 我承认……此前各州除了一些特殊案件，并不受不得侵犯合众国公民任何特权和豁免权的规定约束，但自第十四修正案批准后，情况就不一样了。照我看来，通过这项修正案，以确保**全国**公民的基本权利不受**各州**侵犯，是全国人民的意愿。[58]

---

* 1869年，路易斯安那州议会通过法案，规定新奥尔良市内所有活禽交易和屠宰场必须迁出市区，并集中在一个地方统一由一家公司经营，统一向原有的屠宰户有偿开放。屠户援引美国《宪法》第十四修正案，即各州不能通过立法侵犯美国公民的特权和豁免权，状告路易斯安那州法案违宪。但美国联邦最高法院裁决屠户败诉，并宣布路易斯安那州的这一法案合法。——译者注

第十章
合并的过程

如前所述,合并是指法院通过把第十四修正案的第一款作为包揽性(或者合并性)条款来诠释,将《权利法案》的条款适用到各州的原则和过程。这一过程始于19世纪晚期,在20世纪早期持续推进,并于20世纪60年代,在沃伦法院时代的一系列案件中结束。

自1868年第十四修正案批准之后,合并凸显出很多复杂问题,这些问题让美国的立法者、法官、宪法律师和法律学者大费脑筋,并最终促成了一场辩论。用亨利·弗雷德里(Henry Friendly)法官的话说,这场辩论"触及了我们宪法的本质",而且"对我们每个人都影响深远"。[1] 威廉·范·阿斯特尼(William Van Alstyne)教授写道:"再没有比这个意义更加重大的话题了。"[2] 这一评价可以通过辩论的参与者得到证实——20世纪的法律巨人,包括最高法院的大法官雨果·布莱克、菲利克斯·法兰克福(Felix Frankfurter)和威廉·布伦南(William Brennan)等都参与到辩论中,而这些人,还只是冰山一角。

当我们审视最高法院在20世纪作出的判决时,可以发现有力的证据,证明合并辩论所发挥的核心作用。通过一系列案件,《权利法案》的很多内容得以适用到各州。这些案件读起来就像是摩登时代的"大热门"[3]:《纽约时报》诉沙利文案(New York Times v. Sullivan)[4]、阿宾顿学区诉申普案(Abington School District v. Schempp)[5]、马普诉俄亥俄州案(Mapp v. Ohio)[6]、米兰达诉亚利桑那州案(Miranda v. Arizona)[7]、吉迪恩诉温赖特案(Gideon v. Wainwright)[8]、邓肯诉路易斯安那州案(Duncan v. Louisana)[9],等等。

然而,尽管合并话题至关重要,各方也积极关注,但人们对前十项和第十四修正案之间的具体关系仍然不甚了了。其中原因之一是《权利法案》与第十四修正案的架构不同。正如本书前几章所示,在其创立之初,《权利法案》将公民的权利和各州的权利交织在一起;但在其重建之时,第十四修正案把这条纽带切断了,赋予公民针对各州的权利。最初的法案重点是赋予人民针对别有用心的政府机构的集体权利;相比之下,第十四修正案主要关心的是保护少数群体不受行动更积极、代表性更强的多数群体侵害。1789年的《权利法案》一遍又一遍地宣告"权利"和"人民"

第十章
合并的过程

的"权力"——这些字眼都让人联想到公民共和主义、集体政治行动、公共权利和积极自由。而第十四修正案中的补充性措辞,如"公民的特权或豁免权",点出了微妙而真实的重点转换,展示了一个更带有自由主义而非共和主义色彩、更突出个人主义而非集体主义、更具私人性而非公共性、更消极而非积极的愿景。

因而不难理解,把开国元勋们的《权利法案》合并到重建者的第十四修正案的过程是何等艰辛。毕竟,两个文本在时间上相隔了一百年,选区发生了巨大变化,所要解决的政治问题也大不相同。可以说,合并简直就是要把起草时期的方枘放入重建时期的圆凿里面。

举一个第二修正案的例子可以说明问题。在 1789 年,这项修正案反映出开国元勋们的担忧:即联邦控制的常备军会威慑各州的民兵团。但 80 年后,重建时期的共和主义者像约翰·宾汉姆、雅各布·霍华德和萨帝厄斯·斯蒂文斯都没有心情指责联邦常备军了,他们操心的是如何利用这支力量来重建不服统治的南方各州。那么,他们对"持有和携带武器……的权利"的理解与反联邦党人设计第二修正案时的初衷如何调和呢?

另一个问题是:第二修正案把持枪权作为与投票权相似的政治权利。因而,完全可以说最初的修正案只是保护成年男性公民的权利。这些人当然就是修正案序言中的"民兵"成员。我们也能看出,修正案主要条款中的"人民"和"民兵"[10]是同义词。这样的解读,在最初的宪法用人民来指代选民的写法中也可以得到证实,简单地说,这部分成年男性公民组成了民兵。[11] 相比之下,第十四修正案中的特权或豁免权条款不再说人民,而是说所有公民,明确地包括了女性和儿童。此前,宾汉姆对"公民"作了界定,即包括"所有在合众国出生或者归化合众国的人"。此外,第三十九届国会议员在1866年一再宣称第十四修正案的第1款关注的是"公民权",而不是像投票和民兵之类的"政治权利"。但这样的愿景又如何与最初的第二修正案结合起来呢?

迄至当时,最高法院一直都拒绝复审可能涉及第二修正案合并的案件,以回避这团剪不断、理还乱的麻烦。[12] 最高法院可能认为,这条修正案关注的是纯粹以联邦制为基础的各州民兵团的权利,因而不适合合并到各州。如果是这样,最高法院的假设就反映出它对民兵一词不甚了解,对修正案的语法和句法也没有细究,因为这条修正案其实所讲的是人民的权利,而不是各州的。[13]

最初的《权利法案》其他条款也存在类似问题。除了持有和携带武器的权利,前十三项修正案中还有另外三项权利有待合并,即第三修正案中禁止士兵驻扎的权利、第五修正案中由大陪审团审判的权利、第七修正案中由民事陪审团审判的权利。此外,还有第九和第十修正案也未合并,其中原因众所周知:这两条修正案确立的是联邦主义的原则和联邦的权利,适用于各州没有

第十章
合并的过程

意义。

　　为了看清起草时期的方枘是如何放入重建时期的圆凿中的,最好的办法就是逐条地重新审视《权利法案》的条款,看看在南北战争之后的余波里,它们如何被重新定义,或者说重建。下一章,我们就要通过一系列的权利举例说明。

第十一章
重建中的权利

在第十四修正案的辩论和制定过程中,第三十九届国会也重新定义了(或者鉴于1866年的政治气候,你也可以说重建)开国元勋们的《权利法案》中规定的多数权利,包括第一修正案的言论、集会和信仰自由,第二修正案的持有和携带武器的权利,以及第五、六、七修正案里关于大小陪审团和民事审判陪审团的权利。在解释这些权利为什么要适用于各州的过程中,重建时期的国会议员们对这些权利所做的描绘在关键点上与开国元勋大不相同。

言 论 自 由

> 国会不得制定关于下列事项的法律:……侵犯言论或出版自由。

第三十九届国会重新定义并改变了第一修正案言论自由条款的焦点,使之与宗教言论、艺术言论、

第十一章
重建中的权利

特别是少数群体言论联系起来,并比原先版本中显得更为重要和突出。

在19世纪,表达自由的问题主要集中在个体身上,如约翰·彼得·曾格和詹姆士·卡兰德[1]这些人民喜爱的出版商针对不太受欢迎的政府官员说了些广为流行的批评之言。到19世纪中叶,焦点转移到了联邦主义者、废奴主义者和被解放的黑奴身上,转移到了塞缪尔·豪尔(Samuel Hoar)、哈里特·比彻·斯托(Harriet Beecher Stowe)和弗雷德里克·道格拉斯(Frederick Douglass)身上。豪尔是一位马萨诸亚州的律师,他在1844年带着女儿一道去南卡罗来纳州捍卫自由黑人的权利,却被愤怒的平民逐出了城。因为此前南卡罗来纳州的立法机构刚刚通过了剥夺黑人公民权和驱逐[2]的法案*。过了一代人之后,国会议员依然对豪尔案记忆犹新并且一再提起。[3]哈里特·比彻·斯托(即斯托夫人)创作的煽动性极强的畅销小说《汤姆叔叔的小屋》,在19世纪50年代激怒了支持奴隶制的南方人,也鼓舞了反奴隶制的北方人。林肯形容她是"写了一本书,酿成了一场大战的小妇人"。[4]弗雷德里克·道格拉斯1838年从马里兰州的奴隶制束缚中逃脱,于1845年出版了一部充满勇气的自传,创立了首屈一

---

* 广义地说,当时剥夺公民权利的处罚对象是特定姓名的个人,而且通常附加从司法管辖区驱逐(或流放)出去。

指的宣传废奴主义的报纸,还成为争取女性和黑人公民权和选举权的杰出演说家。

从曾格、卡兰德到豪尔、斯托夫人和道格拉斯,这其中的焦点转换既微妙又意义重大。他们都可以看作外来者,但又有重要区别。作为新闻界的代表,曾格和卡兰德是试图审查他们的政府的外来者,但是豪尔、斯托夫人和道格拉斯却是更深层次上的外来者。相对于试图封锁他们言论的南方社会,豪尔、斯托夫人和道格拉斯在地理、文化和民族方面都是外来者,他们只是在批评南方的主流社会机构和观念。[5]他们的经历戏剧性地说明,即使属于社会的大多数,也势必会支持第一修正案,保护边缘少数群体有权表达冒犯性和挑衅性言论。因为如果可以自由传道,一个特定时代中满怀热情的边缘群体(比如19世纪30年代废除奴隶制、平等和黑人选举权的支持者)也可以感化足够多的灵魂加入他们的神圣事业,从而在下一代成为可敬的甚至主导性的政治力量(就像19世纪60年代的共和党)。

共和党人清楚,废奴主义的根源在宗教,因此经常强调保护宗教言论的必要性。在1866年的竞选活动中,约翰·宾汉姆提醒听众,有人因为教授《圣经》而被捕入狱,而第十四修正案给各州的这类行为画上了句号。1871年在下院发表的关于该修正案的重要演讲中[6],他又重申了这一观点。1866年早些时候,莱曼·特朗布尔(Lyman Trumbull)在对参议院的演讲中,强调了保

第十一章
重建中的权利

护"讲课"和"布道"自由的必要性,并点到了《密西西比州黑人法典》中惩罚任何胆敢"执行福音牧师职务"的"自由黑人和黑白混血儿"的规定。[7] 几周后,参议员亨利·威尔森(Henry Wilson)更加形象地指责奴隶制势力"谋杀编辑",活生生地绞杀"质疑奴隶制的神圣的上帝的牧师"。[8] 1865 年,众议员詹姆斯·M·阿什利(James M. Ashley)也把言论自由和宗教联系在一起:"奴隶制势力使其控制之下的每个自由的神职人员都噤若寒蝉……让言论和出版自由在其统治之下成为海市蜃楼。"1864 年,众议员艾本·英格索尔(Ebon Ingersoll)强调了"福音牧师们"反奴隶制言论的重要意义。[9] 在这一点上,北方白人的共和党人和南方自由黑人声气相求。1865 年,一个南卡罗来纳州的黑人集会把"学校、神职人员和新闻界"联系在一起。[10]

为了寻找希望中的自由之地,美国废奴运动在政治的荒原中逡巡前行,这种情绪也酝酿了 40 年。1819 年,马里兰州逮捕并起诉一名卫理公会的牧师雅各布·格鲁伯(Jacob Gruber),因为政府害怕他的布道可能会激起奴隶反抗。[11] 当时这么做的,绝不只有马里兰州一个州。南北战争前,路易斯安那州有法律规定,"在任何的公共言论中,包括在酒吧、法庭、议会、舞台、布道坛或者任何地点"使用可能"激起奴隶反抗的语言",都可以判处死刑。[12] 1849 年,弗吉尼亚州判决牧师贾维斯·培根(Jarvis Bacon)有罪,因其在布道中影射了奴隶制。[13] 杰西·麦克布莱德(Jesse

McBride),一位从俄亥俄州到南卡罗来纳州访问的反奴隶制牧师被判处1年有期徒刑、1小时枷刑、20鞭刑。[14]1859年,北卡罗来纳州对派发废奴主义传单的年迈牧师丹尼尔·沃思(Daniel Worth)判处入狱1年。此后该州又修改法律,规定传播"煽动性的"废奴主义言论的,初犯就可以判处死刑。[15]

与此同时,自由主义阵营越来越强调表达自由和宗教自由的联系。[16]在1860年的竞选活动中,亚伯拉罕·林肯谴责煽动言论法令"对任何在政治场合、新闻媒体、布道坛或者私下场合批评奴隶制的言论进行镇压"。[17]宗教与言论的联系在南北战争前夜的下议院辩论中也不再涉及。比如,俄亥俄州下议院议员赛德诺·汤姆金斯(Cydnor Tomkins)抨击南方州的法律试图"缝住每个人的嘴,堵住每个人的喉咙",对"每个胆敢宣示我们神圣宗教的戒律的人"判处重罪。[18]与此类似,众议员欧文·洛夫乔伊(Owen Lovejoy)谴责南方州的法律"让传播福音的牧师沦为阶下囚或流放者",并宣称讨论奴隶制问题的权利是"保障言论自由的……宪法规定的特权和豁免权"。[19]

宗教言论在19世纪60年代获得认可,对女性来说意义尤为深远。虽然女性不能行使正式的政治权利,如投票、在政府任职或者成为陪审团或民兵团的成员,但她们在宗教组织中发挥着主导作用。[20]这些组织的道德革新运动带有明显的政治色彩——反赌博、反卖淫、戒酒、废除奴隶制,以及最终为女性争取投票权。

第十一章
重建中的权利

因此在19世纪60年代,女性的声音比18世纪90年代更加响亮。[21]在18世纪末关于宪法和《权利法案》的辩论中,只有一位女性,莫西·奥蒂斯·沃伦(Mercy Otis Warren)高调地参与其中,而且用的还是假名。而到1866年,在由苏珊·B·安东尼(Susan B. Anthony)和伊丽莎白·凯迪·斯坦顿(Elizabeth Cady Stanton)组织的运动中,成千上万女性蜂拥来到第三十九届国会,为女性的选举权请愿(这也曾是开国元勋们的烦恼)。[22]仅当年一二月份,就至少有五份关于女性选举权的请愿书被递上国会。[23]两年之前,即1864年2月9日,全国妇女忠诚联盟向国会提交了一份重量级的请愿书,近十万人在上面签名,其中三分之二是女性。最终,这个联盟一共征集了40万个签名。[24]相对于18世纪90年代,19世纪60年代的女性显然已经成为争取第一修正案自由的中流砥柱——这也是外来者言论越来越重要的另一个实例。

南北战争前,北方各州也并非乐土,政府经常违反《宪法》第4条关于非本州居民的特权和豁免权规定,剥夺公民的表达和结社自由。其中最著名的案例也与女性和自由有关。贵格党成员普鲁登斯·柯兰多(Prudence Crandall)是康涅狄格州坎特伯雷一所女校的校长,当她在19世纪30年代开始录取黑人女孩时,该州通过了一项法令,禁止各种"学校""学院"和"文学机构"教授没有居民身份的黑人。[25]1833年,州政府起诉了柯兰多,罪名是给安・伊莉莎・哈蒙德(Ann Eliza Hammond)这样的女孩上课,哈蒙德来自罗德岛,是一名17岁的黑人女孩。[26]柯兰多的案子引起了举国关注,推动了早期废奴运动的开展。

对宗教言论的强调也帮助了黑人。黑人被排斥在选举等正式的政治权利之外,这使得他们参与教堂等其他组织显得更为重要,在那里他们可以听到社区的声音。[27]南方的州政府当然也对黑人集会这样的"煽动性"活动的危害心知肚明。毕竟,领导19世纪30年代黑人奴隶叛乱的奈特・特纳就是一位黑人牧师——因此《密西西比州黑人法典》(Mississippi Black Code)得以通过,可以对任何胆敢担任福音牧师的黑人处以30鞭刑。[28]但共和党强烈支持黑人享有集会和布道的"民事"权利,但同时又坚决拒绝讨论黑人的选举权等"政治"权利。[29]参议员查尔斯・萨姆纳(Charles Sumner)向重建联合委员会提供了一个特别戏剧化的黑人言论的例子,即"来自南卡罗来纳州有色公民的"请愿书,宣称代表"该州40.2万居民,是该州人口的大多数"。不出预料,该请愿书恳求"对持有武器、举行公共集会和完全的言论和出版的权利给予宪法保护"[30]。杜博斯(W. E. B. Du Bois)后来解释道,"有史以来第一次,合众国不仅听到了黑人之友的声音,而且听到了黑人自己的声音"[31]。

第十一章
重建中的权利

集 会 权

> 国会不得制定关于下列事项的法律：……侵犯人民和平集会和向政府请愿申冤的权利。

我们可以对第一修正案的"人民和平集会和向政府请愿申冤的权利"作一个类似的延伸。在开国元勋们看来，集会和请愿的权利严格意义上说也是"政治，而非民事"权利。"人民"一词包括了选民——同样是组成"民兵"的成年男性公民。

然而，到了1966年，所有这些都悄然改变了。这时"人民"一词很显然包括了不享有政治权利的人。比如1866年国会被女性的请愿书淹没，原因正是她们没有投票权。萨姆纳所提供的南卡罗来纳州"有色公民""大会"的请愿书就来自于不能选举、也不能当民兵和陪审员的黑人。[32]

对这些黑人来说，关于集会权争论的核心就是"在安息日和平集会敬奉上帝"[33]。这一权利在南方各州依然遭到侵犯。第十四修正案的制宪者们所针对的正是那些排斥黑人权利的法案，比如弗吉尼亚州1833年通过的认定"所有由黑人指挥、为宗教信仰目的而举行的黑人集会……均系非法集会"的法案。[34]

简而言之，到1866年，集会与请愿这一对纠缠不清的权利日益被看成民事权利，而不是政治权利。这一转变影响了女性和黑人行使这些权利的方式,或者反过来说,两者互为因果。

禁止确立国教

> 国会不得制定关于下列事项的法律:确立国教或禁止宗教信仰自由。

我们已经看到,在言论、出版、集会和请愿方面,同样的词语,在18世纪90年代创立时期初次提出时和此后19世纪60年代重申之时意味稍有不同。第一修正案中禁止国会立法"确立国教"的条款也是这样吗?这些词在最初使用时,强调的是联邦制和各州的权利。国会"不得制定法律确立国教(的政策)"的意思是,国会不得制定法律确立国教或者废除国教。在这个意义上,最初的条款对于国教是不加臧否、完全中立的。这一条只是规定,这个问题应该由各州来决定,国会不得插手,即国会不得制定关于这个"棘手"问题的相关法律。简而言之,最初的国教条款本质上是一个各地可以自主选择的条款,联邦政府只要做到中立就行了。

在1789年,有一半的州赋予某一教派特权地位,而另一半没有,联邦中立和地方自主在政治意义上是毋庸置疑的。支持立教的新罕布什尔人和反对立教的弗吉尼亚人在政教关系的问题上可能各执一端,但在管辖权的问题上,他们都认为国会应该置之

第十一章
重建中的权利

事外:这是最能迎合大多数的政策。

但这一条款的精确措辞却有一个关键问题没有说清楚:联邦属地怎么办? 18 世纪八九十年代各州围绕批准修正案进行的辩论对这些地区也极少理会。批准修正案只是在现有各州进行,跟居住在各州之外的美国人没有什么干系。

考虑到《宪法》第 1 条没有明确列举国会干涉各州宗教事务的权力,可能第一修正案只是禁止国会立法"干涉"各州的"立教"政策。由此来看,因为《宪法》第 4 条已经赋予了国会在联邦属地的绝对权力,国教条款应该不会改变这一既有的权力。

举例来说,在就国教条款进行辩论的当天,第一届国会通过延伸 1787 年联邦国会的《西北条例》,出台了关于西部地区管理问题的法案。一位著名学者形容,这一法案的颁布,"充满了对宗教的援助、鼓励和支持"[35]。在此后的二十年里,国会把同样的模式复制到其他地区,允许当地政府以各种方式援助和赞助宗教。[36]

如果单纯从各州权利的角度来解读最初的国教条款,当国会在某一地区行使绝对权力时,也可以像各州的立法机构和政府一样,任意批准任何形式的亲宗教法律。[37]

但是,随着 19 世纪缓缓落幕,对反国教条款的新解读开始出现。当各式各样的地区立法机构转变为州的议会后,自然也可以用约束国会的反国教规则来约束他们,第一修正案有现成的措辞拿来就能用。例如,爱荷华在1846年被确认为州之后,第一版州宪法的《权利法案》就规定"州议会不得制定法律确立国教或禁止宗教活动自由",其1857年的宪法又原封不动地照搬过来。[38]几乎一样的表述也出现在了1849年以及1860年的犹他州宪法草案中。[39]同样,在1859年的杰斐逊领地(现在的科罗拉多)宪法中,也有这样的条款:"议会不得制定法律确立州教,不得要求任何居民参加任何宗教测试。"[40]德高望重的密歇根法学家托马斯·库雷(Thomas Cooley)写道,大多数州的宪法都禁止州立法机关创立"任何关于确立国教的法律"[41]。

尽管18世纪80年代有一半的州立法确立了某一教派的权威地位,但到19世纪60年代就再无新例了。当然,在19世纪中期,几乎所有的州都有了占主流地位的宗教,有的州赋予基督教或者新教高于其他宗教的地位,但是没有哪个州给予基督教的某一宗派特殊优待。各州的共识发生了剧烈转变,这在对国教条款的主流解释上有所反映。最初的中立但严格的联邦规则——不得干涉各州的宗教政策——渐渐发生变异,成为不那么严格、但却有实质意义的反国教规则:总体来说可以推崇信教,但不能把某一教派居于其他教派之上。在18世纪70年代,开国元勋们主要担心的是限制国会在各州的权力,但到了19世纪50年代,美国人争论最激烈的是联邦领地内外的宪法问题。尽管最初的《权利法案》从更早的州宪法中借用了很多表述,但新立的各州

第十一章
重建中的权利

如今也照搬(并在此过程中重新定义)了联邦《权利法案》中的词语。到1866年,有一半的州已经开始加入联邦,最有代表性的州不再是麦迪逊的弗吉尼亚,而是宾汉姆的俄亥俄。

尽管到了1866年,国教条款已经不再是纯粹的各州权利,但我们真的可以说它是特定个体的私人权益而不是大多数人的公共权利吗?如果一个州确立一个高压的或强制性的州立宗教,要求个人信奉其教义、参加其宗教仪式或者向其捐款,那么这必然会威胁公民的人身自由和个人财产,显然也侵犯公民的特权和豁免权。那么非强制的国教又如何呢?比如在犹他州的徽章上宣称犹他是"摩门教州"?

如果翻阅一下布莱克斯通的著作,我们会发现在普通法的意义上,这种禁止确立国教的权利既不属于"特权",也不属于"豁免权"。19世纪六七十年代这方面的历史证据并不多,而且鱼目混杂。托马斯·库雷1866年的论著为支持禁止确立国教的权利、反对强制性的州立宗教提供了有力论断。他写道,大多数州的宪法规定,原则上州政府不能制定"任何法律确立州教……优待任何教派都不符合宗教自由原则……这其中所涉及的不是我们体制中已有的包容问题,而是宗教平等问题"[42]。库雷认为,即便确立非强制性的国教或州教,也违反了宗教自由和宗教平等的原则——违反了平等权和特权的准则。

宗教活动自由的权利

> 国会不得制定关于下列事项的法律:……禁止宗教信仰自由。

我们先来看看第一修正案中宗教活动的自由,再追溯第十四修正案如何对其进行了重建。

南北战争前南方数十年的宗教迫害让第三十八和三十九届国会中的共和党人义愤填膺,他们反复强调必须保护"宗教见解的自由""宗教活动的自由""信仰自由""宗教活动内容的自由"和"自由的宗教活动"[43]。他们坚持,不管以什么形式,要从此把第一修正案中的这项基本自由适用到各州。

但是具体以什么形式呢?第一修正案只是禁止以立法侵犯宗教自由权利,其字面表述和内在精神都允许国会制定真正的世俗法律,尽管这些法律可能妨碍某些宗教活动。也许,第十四修正案中的"特权"这一字眼可以作更加广义的理解:比如,只有特定宗教的信徒可以参加宗教活动——不直接侵害非教徒的生命、人身、财产——这样的宗教活动可以归类为相对"私人的",因此是不受"立法干预"的"特权"[44]。根据这一界定,如果邪教要求把非信徒作为活人祭品,那么关于谋杀的世俗法律就应当优先于宗教教义;但是,尽管一般法律反对就业中的性别歧视,天主教仍

第十一章
重建中的权利

然有只允许男性担任牧师的"特权"[45]。

柯特·莱仕（Kurt Lash）教授指出，通过文本解读重新建构宗教自由，在历史上并不鲜见。[46] 他还认为，重建时期的共和党人有时候想把宗教排除在世俗法律之外。南方把教黑人识字定为犯罪的法律就足够世俗了，但共和党人对这些法律感到愤怒的原因是它们给新教带来了毁灭性的后果，因为他们把教黑人读《圣经》(上帝的话）当作犯罪。[47]

于是，正如莱仕所指出的，在19世纪60年代，"宗教自由"意味着不再受18世纪90年代那样的政府干涉的自主权。这一转变与我们整个权利重建的全局极其契合。按照1791年开国元勋们对宗教自由的理解，国会可以、但其实不必将特定的宗教活动排除在一般的世俗法律之外。当时，几个政治力量强大的宗教覆盖了大多数选民，他们想要赢得豁免权也比少数的边缘教派容易得多。但第十四修正案强化了少数群体的自由，这或许也带来了司法上对少数教派的特殊容纳。

持有和携带武器的权利

> 纪律严明的民兵是保障自由州的安全所必需的，人民持有和携带武器的权利不得侵犯。

持有和携带武器的权利，本质上是"美利坚合众国公民"的一项"特权",但这一权利在 1789 年和 1866 年的内涵有天壤之别。

开国元勋里帕特里克·亨利、乔治·梅森和埃尔布里奇·格里等共和党人宣称,自由从根本上仰赖于拥有武器的国民。八十年后,战后重建时期的共和党人,包括最著名的莱曼·特朗布尔(Lyman Trumbull)、雅各布·霍华德、查尔斯·萨姆纳(Charles Sumner)、詹姆斯·奈(James Nye)、塞缪尔·帕姆若伊(Samuel Pomeroy)、西德尼·克拉克(Sidney Clarke)、乔赛亚·格林奈尔(Josiah Grinnell)、罗斯威尔·哈特(Roswell Hart)、亨利·雷蒙德(Henry Raymond)、纳撒尼尔·班克斯(Nathaniel Banks)、托马斯·艾略特(Thomas Eliot)、乔治·朱利安(George Julian)和李奥纳多·迈尔斯(Leonard Myers),都在第三十九届国会演讲中重申了先驱们对武器的赞美。[48]

然而有时候,相同的声音意味却大不相同。[49]我们不应该混淆 18 世纪 80 年代的小写"r"开头的共和主义者和 19 世纪 60 年代大写"R"开头的共和党人,当这两代人讨论保护武器持有权的必要性时,他们头脑中的画面是迥然不同的。[50]

在开国元勋们看来,第二修正案是联邦制的基石,各州组织的民兵团是为了防止中央暴政,让中央常备军这一传统共和主义的祸根不能轻易得手。但南北战争后,重建时期的共和党人改变了看法。1775 年,马萨诸塞州的民兵在莱克星顿和康科德或许

第十一章
重建中的权利

是为自由而战,但到了1863年,密西西比的民兵则在维克斯堡为捍卫奴隶制大开杀戒。1866年,各式各样的南方白人民兵"依然大都由穿着灰色制服的南部邦联老兵组成,……但他们经常恐吓黑人,洗劫黑人的家园,搜查火枪和其他财物,虐待拒绝签订种植园劳工协议的黑人"[51]。联邦常备军不再是共和主义者(小写r)的祸害,而是共和党人(大写R)的好帮手,因为在动乱年代,热爱自由的联邦政府需要中央军队来重建南方,使真正的共和主义者,特别是真正的共和党人可以在此安居乐业。[52]

对开国元勋们来说,人民持有和携带武器的权利与选举权息息相关;民兵持有武器是政治权利的重要象征,也是投票、担任公职和参加陪审团等其他政治权利的保障。因此,居于第二修正案核心的"人民"和"民兵"是人格化的选民和陪审团。同样的"人民"出现在了《宪法》序言、第2条第1款和第一、四、九、十修正案中。但重建时期的共和党人把持有武器的权利重新塑造为一项核心民事权利,与民兵组织和其他政治权利及责任毫无干系了。武器不仅是参加民兵这项政治性权利的需要,也是保护个人家宅的需要。每个人——即使是不投票、不参加民兵组织的女性——都有权持枪自卫。

在最初的《权利法案》起草的年代,持有武器是集体行为,由纪律严明、象征人民共和权利的民兵集体行使。而在重建时代,持枪是个人行为,所凸显的不是国民的集体权利,而是公民个人自卫的私人"特权"。前者是公共性的,让人联想到集结在城镇广场的民兵身影;后者是私人性的,呈现的场景是一个个自由人在家里存放枪支,抵挡三K党和其他暴徒。

1789年的共和主义者一再重申"民兵"一词,而1866年的共和党人则鲜有提及。对他们来说,允许黑人参加民兵会带来一个大问题:如果黑人有权成为民兵,为什么不能当陪审员、投票或者参加立法会议?支撑第十四修正案的基本架构——信仰、言论、财产和持枪等民事权利与投票、参加陪审团等政治权利之间的关联——就会松动乃至解体。[53]

那么,重建时期的共和党人究竟对武器权利作出了怎样不可思议的重新解读呢?第十四修正案又是如何重写了引人注目的武器权,并绕过了其民事权利和政治权利的区分?他们在武器权方面最终拿出了一个怎样的新版本?为什么他们把这项权利看得无比重要呢?

我们还记得,在19世纪60年代,重建时期的共和党人力求把《权利法案》的原则应用到各州,因为他们对这些权利有切身感受,所以对第二修正案关注的当然是带有实际操作意义的后半句内容,而对该款前半句赞颂民兵的内容就不那么感冒了。[54](显然,如前所述,这些重建者对民兵轻描淡写有着充分的现实考虑和意识形态原因。)不仅如此,当他们诠释或引用第二修正案第2款时,总是微妙地进行重塑和修正。对他们来说,这不再

第十一章
重建中的权利

只是人民的权利,更是每个人的特权。这方面的例证不胜枚举,但最生动的是国会的 1866 年《自由人联合会法案》:"关于个人自由、人身安全以及不动产和动产的购买、享用和处置的……法律,包括携带武器的宪法权利,应当保护所有公民都能享有。"[55]

1866 年《自由人联合会法案》三个部分的内容——宣告"个人自由""人身安全"和财产权——直接来自布莱克斯通重要著作中关于"个人的绝对权利"的论述。[56]布莱克斯通明确指出,每个主体都可以"拥有武器"来保护个人的"三项首要权利,即人身安全、个人自由和私有财产权",以及终极的"自我保护"的个人基本权利。[57]注意布莱克斯通用的是拥有武器而不是听起来更像民兵条款中表述的携带武器。很明显,如前所述,在开国元勋们看来,最初的第二修正案中规定使用武器的主体是军队。独立战争中,拿着火枪的应召民兵站在舞台中央,把布莱克斯通推到舞台侧面。

但此后八十年来美国发生的一系列事件,又把布莱克斯通推向舞台中央。南方各州对奴隶起义忧心忡忡,在南北战争前制定了一系列法律禁止奴隶乃至具有自由身份的黑人拥有枪支[58]。因此,废奴主义理论家强调所有自由公民的人身权利——不分白人黑人、不论男女、不论南北、不论外来人口还是本地居民——包括拥有枪支自我保护的权利。1849 年,乔尔·蒂凡尼(Joel Tiffany)在其影响深远的反奴隶制论著中,就第二修正案发表了如下

美国《权利法案》公民指南

看法：

> 这是合众国公民的又一项豁免权，受到这个国家神圣的法律体系保障。这是布莱克斯通所说的从属权利之一，属于每一个英国人。它……被赋予每个子民，以便其保护自己，并在必要时享有绝对的生命、自由和财产权……根据我们的（联邦）宪法，有色人种公民如今也跟任何人一样，拥有全部和十足的权利来持有和携带武器。任何州的法律法规都无权剥夺。[59]

在很多后来成为第三十九届国会议员的共和党人中，蒂凡尼的著作几乎人手一册。[60]

的确，黑人携带武器有着巨大的象征意义。枪支是自由的象征。圣乔治·塔克在其出版的布莱克斯通《英国法释义》的附录中，提醒读者关注威廉一世时代的法律，英格兰的维兰*正是由此获得解放："如果某人自愿解放他的奴隶，任其为之……给他免费的武器，即一只长矛或一把剑；从此他就是自由人了。"[61]

但枪支远远不止是象征。即使是自由黑人（更别提奴隶们）也曾遭到过白人政府、白人暴民和恶棍难以言说的暴力侵害和威胁。在奴隶获得解放之后，很多南方政府紧接着通过法律（即臭

---

* 英国封建农奴阶级中的一种，他们除了与其农奴主的人身依附关系之外，在与其他任何人的关系中，享有自由人的法律地位。——译者注

第十一章
重建中的权利

名昭著的《黑人法典》)禁止黑人拥有枪支,白人则不在此限。[62]黑人很快感受到了这类条款给他们带来的严重威胁,随即采取了行动。1865 年 11 月,南卡罗来纳州的黑人举行集会,以醒目的字眼向议会请愿:"我们,南卡罗来纳州的有色人民,在此集会……请求,既然合众国宪法明确规定持有和携带武器的权利不得侵犯……那么本州立法机构通过法令剥夺我们的武器就是非法的,是明目张胆的违宪行为。"[63]

为此,国会通过了 1866 年《民权法案》、1866 年《自由人联合会法案》以及第十四修正案,以求平息南卡罗来纳州黑人的不满情绪,并宣布臭名昭著的《黑人法典》为非法,重申每个公民都享有完全和平等的自卫权以及其他基本自由权利。《民权法案》的第一稿就宣布黑人是"美利坚合众国公民",并承认他们的"民事权利"。参议员莱曼·特朗布尔旗帜鲜明地反对密西西比禁止"任何黑人或白黑混血儿拥有枪械"的法案[64],稍后又向参议院同僚宣读了布莱克斯通书中的"个人绝对权利"一卷的节选内容。[65]

随着国会辩论继续,越来越多的声音支持黑人拥有枪支。众议员乔赛亚·格林奈尔抨击《肯塔基州黑人法典》,因其禁止黑人"持有"或"购买""枪支"——甚至"本人在战争中一直携带的火枪"也不行。[66]参议员詹姆斯·奈更为直白,先从黑人在联邦军队中的作用说起,接着强调枪支私有:"作为美国公民,他们拥有平等的保护权利,有为自卫而持有和携带武器的权利。"[67]参议员塞缪尔·帕姆若伊也把枪支与个人而不是与政治联系起来:"每个人都应当拥有家园,即获得和保有家园的权利,以及在他的爱心根据地里获得安全以及被保护的权利……他应当拥有携带武器保卫自己、家人和家园的权利。如果自由人的房门被闯入,闯入者的动机又如奴隶制时期那般可恨,居住者就应当有荷枪实弹的火枪在手。"[68]众议员亨利·雷蒙德认为民事权利本质上属于所有公民,并以家园为中心构想出一幅愿景,肯定自由人"拥有国家和家园,有权利保护自己和妻儿,有权利携带武器,有权利在联邦法庭作证"。[69]雷蒙德是《纽约时报》的编辑,但这份报纸的老对头《纽约晚邮报》在《民权法案》的意义这个问题上也和他们步调一致。《纽约晚邮报》告诉读者,虽然法案没有赋予黑人选举权和其他政治权利,但确实赋予了他们拥有武器的权利。[70]

南方的黑人与北方的白人在这个问题上所见略同。比如,在奈、帕姆若伊和雷蒙德的国会演讲前的一个月,著名的黑人报纸《忠诚的佐治亚人》刊发了一篇社论,原文如下:

> 有色人种有没有拥有和随身携带枪支的权利?……黑人不只是自由人,同时也是合众国的公民,因此有权拥有宪法赋予其他公民的同样的特权……

第十一章
重建中的权利

美国《宪法》第二修正案赋予了人民携带武器的权利,各州不得侵犯这一权利。当然,任何人,不论黑人还是白人,如果被证实误用武器或者造成危险,可以被解除武器。但是任何军队或者官员都没有权利或者权威剥夺一个阶层人民的武器,否则后者就会任人鱼肉。所有人,不论人种,都有权持有武器来保护他们的家园、家人和自己。[71]

从这些话中我们看到,援引第二修正案的目的,就是限制州政府,强调的重点是全国"公民"的"特权"。但慢慢咀嚼这些话,我们就能感受到其中微妙的个人化倾向——改"持有"为"拥有",改"携带"为"随身携带",改"武器"为"枪支",改"民兵"为"人",并把集体的自卫("自由州的安全")改为个人化的自卫(人们的"家园、家人和自己")。

简而言之,从1775年到1866年,武器的代言人从康科德的应召民兵变成了卡罗来纳州的自由人。最初的第二修正案的核心意思其实是,如果武器是非法的,那么只有中央政府可以拥有武器。但在重建时期,一个新的愿景诞生了:如果枪支非法化,那么只有三K党才会拥有枪支。这个观点关注的是个人暴力和地方政府的过失,而不是中央军队造成的公共暴力。这与美国步枪协会的非官方口号更为接近:"如果私有枪支不合法,那么只有不法之徒会有枪。"颇有意思的是,美国步枪协会,这个由南北战争中的联邦军官在战后不久成立的组织,如今更加关注的是建国时期而不是重建时期,尽管重建时期最能够支持他们的愿景。

陪审团权利

(摘自第五修正案)

未经大陪审团提出报告或起诉,任何人不受死罪或其他重罪的审判……

(摘自第六修正案)

在一切刑事诉讼中,被告享有以下权利:由……公正陪审团予以迅速而公开的审判……

(摘自第七修正案)

在普通法的诉讼中……由陪审团审判的权利应当受到保护……

在1866年,根源于神秘的古代宪法和《大宪章》的陪审团——大陪审团、小陪审团,以及民事陪审团——一直被看作美国人"不可估量的特权"[72]和法定诉讼程序的基本组成部分。布莱克斯通在《英国法释义》中写道,"陪审团审判……是每个英国人的自由堡垒,并由伟大宪章中'法定诉讼程序'的先驱性'国

第十一章
重建中的权利

法'予以保障。"[73]因此,第三十九届国会打算在第十四修正案第1款中体现特权或者豁免权规定,以及法定诉讼程序规定,以便将陪审团权利合并到各州。尽管重建者对陪审团权利的定义套用了开国元勋的模型,但同时又(至少在刚开始)与这个模型貌合神离。开国元勋们强调的是美国人通过担任陪审员参与到政府中的权利,而重建时期的国会首先强调的是"(被告)接受陪审团审判的权利"。[74]我们再次看到,18世纪90年代最初的"政治"权利变异成重建时期的"民事"权利,至少在刚开始时是这样。(本章下文我们将看到,随着1870年第十五修正案通过,重建者们又自我否定,重新回到开国元勋所确立的模型上。)

在第1款起草前的四十年里,废奴主义者一再强调陪审团审判的基础性作用,他们认为奴隶制下的法律制度未经正当法律程序和个人化的陪审团审判裁决,就剥夺人类生命、自由和财产。[75]

对陪审团审判的强调并不只是停留在理论方面。它形成了可能是内战前政治法律领域最大的冲突战线:逃奴争论。1837年,废奴主义律师塞蒙·P·蔡斯(Salmon P. Chase)(后来成为首席大法官)在著名的玛蒂尔达·劳伦斯(Matilda Lawrence)一案[76]中指出,一名俄亥俄州的自由黑人女性有权接受陪审团审判,除非她的自由被某个称她为其奴隶的贪婪白人男性夺走。虽然蔡斯输掉了该案,劳伦斯也失去了自由,很多北方的州却因此通过了个人自由法案,保障被控的逃奴得到陪审团审判的权利。[77]但当最高法院在 1842 年废止其中一个州的个人自由法案时,逃奴争论从各州首府转移到了首都华盛顿。随后,国会于 1850 年通过了臭名昭著的《逃奴法案》,把被控逃奴的自由全部交给仲裁委员而不是陪审团掌控。因此,众议员霍瑞斯·曼(Horace Mann)控诉该法案缺乏陪审团审判,违反了第五修正案的正当法律程序条款。[78]参议员查尔斯·萨姆纳怒斥道:

>(该法案)否定陪审团审判,构成三重违宪:第一,宪法宣布"人民的人身不受无理扣押的权利,不得侵犯";第二,宪法进一步宣布"不经正当法律程序,不得被剥夺生命、自由或财产";第三,宪法明确规定,"在普通法的诉讼中……由陪审团审判的权利应当受到保护。"这三重保护,正是制宪者们在人类自由的各个问题上对陪审团审判的保障。[79]

通过把第七修正案的陪审团审判权与第四修正案的不受无理扣押权联系起来,萨姆纳拓展了开国元勋的愿景,不过也有了一个特别的转变:这里寻求陪审团审判保护的是被告(被控的逃奴),而不是开国元勋原来所设计的模型中的原告。

在 1866 年《民权法案》的辩论过程中,该法案主要的共和党提案者和支持者费尽九牛二虎之力,否认了反方关于法案将使黑人有权担任陪审员的说法,并指出,担任陪审员是政治权利,超出

第十一章
重建中的权利

该法案的范围,该法案只规定民事权利。[80]

但共和党人很快看到了割裂开国元勋们的模型所带来的实际问题。如果白人组成的大陪审团拒绝起诉恐吓黑人的白人,或者白人陪审员宣判白人暴徒无罪,那么对南方的黑人又有什么好处呢?并且,如果一个黑人被控犯罪,而所有黑人都不能做陪审团成员,他的"民事"权利又能得到多少保护呢?

这些问题绝不只是单纯的理论探讨。在重建时期,这些问题紧迫地、活生生地一再出现。[81]最终,重建共和党人意识到——至少对黑人来说——陪审团权利如果不能上升到政治层面,其民事层面的权利保障也只是一纸空文。早在一百年前,当大英帝国碰到美国陪审团的否决权问题时,帝国只能通过海事法庭和其他没有陪审团的特别法庭回避陪审团审判,除此之外别无选择,但重建时期的共和党人面对南方陪审团的否决问题时,又多了一个选择:他们可以通过让黑人和白人一起参加陪审团,从而重建陪审团。[82]

事实上他们也是这么做的。1875年,在重建时期接近尾声之时,国会批准了一项法令,不论原告和被告是何种族,都禁止州和联邦法庭排斥黑人进入陪审团。[83]这项法案宣称,被告的民事权利不是重点,陪审员的政治权利才是关键。这一权利的来源不是第十四修正案的正当法律程序条款,也不是其特权、豁免权条款或平等法律保护条款,而是在1870年通过的第十五修正案,该

257　修正案保障"合众国公民的投票权,不得因种族、肤色或曾被强迫服劳役而被合众国或任何一州予以剥夺或限制"。1875 年的这部法令显然借用了新修正案的措辞:合众国或任何一州不得"因种族、肤色或曾被强迫服劳役"剥夺"公民"参加陪审团和在其中投票的权利。[84]

从这个角度说,第十五修正案确立了黑人的政治权利——投票、参加陪审团和担任公职——而第十四修正案赋予了除此之外的所有民事权利。换个角度看,黑人有权投票,但不只是投给众议员。他们有权在陪审团和在立法中投票——不仅可以投票,还有权当选。陪审员可以投票——这就是他们的任务[85]——而在美国,普通的选民一直都可以参加陪审团,托克维尔对此非常清楚。[86]因此,第十五修正案让很多原本隐含在陪审团规定中而被第十四修正案的制宪者们歪曲的政治愿景重归正位。通过第十五修正案,黑人终于赢得了政治权利——投票、参加陪审团和担任公职。黑人的这些权利之所以迟到,一定程度上是因为,经过光荣的南北战争人们才认识到,黑人在战场上崇高地履行了另一项政治任务(在军队服役)。

第十二章
自由的新生

现在该进行总结了。本书试图讲述的故事主要是围绕文本展开的,全书的主题也是一系列字眼组成的文本,我们称之为《权利法案》,即前十条修正案和与之息息相关的第十四修正案。法案的文本决定了本书的基本架构和大部分的深入分析。因此,在前言中对英格兰和美洲殖民地政治自由概念的发展进行梳理之后,后面几章的顺序基本是按照修正案本身的文本顺序来安排的(一到十,然后十四),在各章节中,我们也多次引用法案原文。

对文本的强调自然会给我们讲述故事带来限制,但也赋予了其力量。《权利法案》是法律,因此其文本本身尤为重要。虽然律师和法官往往必须透过字眼背后的意义来解读法律,但文本本身仍然是法律分析的起点。脱离文本,怎么可能推导出法律的内在精神呢?

美国《权利法案》公民指南

对《权利法案》的文本分析阐明了其基本思路和表达模式,指导我们更好地从整体上把握其法律精神实质。在故事的讲述过程中,我们试图说明最初《宪法》中的某些字眼如何在《权利法案》中重复出现,各类主题如何在前十条修正案中屡屡重演,以及第十四修正案的关键语句与《宪法》和最初的《权利法案》之间有着怎样令人瞩目又发人深省的交叉引用。我们也试图展示《权利法案》如何高明地借鉴了英国《权利法案》《独立宣言》和其他各州宪法性的权利法案文本。

诚然,这样的文本分析很容易吸引法律界人士,因为他们的工作主要就是运用文字和诠释文字,但这本书的目标读者不是律师和法官,而是关心美国宪法和权利的普通公民。我们也认为,这正是《权利法案》文本最值得认真审视的地方。美国人民在法庭和律师事务所之外,也享有《权利法案》文本所规定的各项权利,并生活在其庇佑之下。《权利法案》庄严的措辞,如"言论自由""持有和携带武器的权利""正当法律程序"等等,规定了普通公民自由的基本表达范畴。"我们,美利坚合众国人民",是法案所借用的名义、针对的对象,也是法案本身的最终指向。詹姆斯·麦迪逊和约翰·宾汉姆要是看到当代生活的这一现实,一定会倍感欣慰。他们知道,如果《权利法案》不能活在普通美国人的心灵和头脑之中,终究也算不上成功。

在接下来的篇幅里,我们也会试着追溯美国人关于《权利法

第十二章
自由的新生

案》一系列观点的根源所在。如果我们找到这些根源,也许就能更好地理解本书开头所说的《权利法案》的传统智慧,甚至借着前人的肩膀更上层楼。

本书之前说过,"《权利法案》是我们宪法体系的圣殿"。但这一看法源于何处?传统上人们关注的主要是法案的创立的一系列故事,包括1789年炎夏最后几天在费城起草过程中仓促的疏漏,在修宪辩论中《权利法案》(的缺失)成为辩论的焦点,经过第一届国会的迅速修订,填上了自由拱门的拱心石,从此我们开始了幸福快乐的生活。

这个老套的故事有其可取之处,但缺乏深度,特别是忽视了重建时期的那一代人——而不是开国元勋或者更早的开拓者们——在一个更新更高的平台上重建了《权利法案》这座摇摇欲坠、晦暗不明的大厦,使之真正成为所有人自由和公正的殿堂。

我们应当铭记,詹姆斯·麦迪逊在费城精心设计的方案中,绝没有想到要起草一部单独的《权利法案》。在某种程度上,他最终对法案的支持可以看作是为了息事宁人而给予反联邦党人的小恩小惠。[1]事实上,第一届国会中很多议员对法案都毫无兴趣,认为它是"恶心的"麻烦。[2]与此形成鲜明对照的是,第三十九届国会的约翰·宾汉姆对宪政的思考正是围绕《权利法案》进行的,他在第三十九届国会的演讲远比麦迪逊在第一届国会上的演讲更加启迪智慧,也更加鼓舞人心。

在美国建国后的第一个世纪里,《权利法案》所发挥的作用微小到令人吃惊:1866 年之前,最高法院只引用过该法案一次以推翻联邦政府的行为,即在德雷德·斯科特案中匪夷所思地声称,第五修正案的正当法律程序条款使得自由领地上的《西北条例》《密苏里妥协案》等法律变得不合法。[3]罗伯特·莱茵斯坦教授(Robert Reinstan)翻遍了 1841 年出版的报纸,也没有找到一篇庆祝《权利法案》颁布五十周年的文章。[4]

但从 20 世纪起,随着《权利法案》逐步合并到各州,法官可以废止州和地方的法律,接下来,随着法案所确定的原则进一步确立,法官可以真正制约国会。[5]这方面的实例不胜枚举,但举第一修正案的例子也许最合适。在 1925 年,也就是美国联邦最高法院真心实意地推动第一修正案合并之前[6],最高法院从来没有引用第一修正案的言论自由规定否定过任何州的压迫言论的法案。但在合并之后的几年,言论和宗教自由规定在很多涉及各州——如堪萨斯州(1927 年菲斯克案)、加利福尼亚州(1931 年斯多姆伯格案)、明尼苏达州(1931 年尼尔案)和康涅狄格州(1940 年坎特威尔案)——的案件中大显身手。[7]这一系列案件,还有其他很多案件开始在法庭内外为第一修正案构建传统[8],后来者可以据此传统反对联邦官员。到 1965 年,最高法院又根据第一修正案推翻了国会的一部法令,这一决定的基础,正是此前

第十二章
自由的新生

涉及各州的相关判例。[9]1989年发生的焚烧国旗案*也是类似情况,最高法院在这件涉及德克萨斯州法令的案件中确立了必要的法律原则,并在1990年依据该原则推翻了一部国会法案。[10]

合并原则引发了大量的法律分析研讨,并从法庭蔓延到了法学院学生、记者、活动家中,最终影响到国民的日常表述和世界观。如果没有合并的进程以及各州和地方法律引发的一系列案件,最高法院就不会有那么多机会参与到美国关于自由的持续对话中。20世纪中叶的怀疑论者曾经担心合并进程会最终削弱《权利法案》。[11]他们提出,如果法案要适用于各州,就难免要打折扣,以适应各州不同的实际情况,这样一来,法案对联邦政府的约束也会打折扣。从少数几个案子来看,这或许有些道理,但总体上,将《权利法案》适用于各州大大增强了而不是削弱了其效力。我们也能看出,《权利法案》的核心作用不仅得益于其起草过程,甚至更加仰赖于重建的过程。

不论是从法律原则上讲,还是从大众心理来看,个人基本权利和少数群体权利的概念如今都深入人心。传统观念将这一点归功于开国元勋们起草的法案。但正如我们所看到的,传统的故

---

* 1984年,共和党在达拉斯举行全国大会,约翰逊等大约100名反对里根当局的示威者在大街上游行时焚烧美国国旗,被德克萨斯州法院判处1年监禁和2000美元罚款。德州的刑事上诉法院推翻了定罪判决,并认为惩罚损坏国旗的德克萨斯州法律违反了第一修正案。最终,联邦最高法院以5:4表决维持了这一判决。——译者注

事讲述误读了《权利法案》的创立过程,也漏掉了其重建过程。詹姆斯·麦迪逊确实主张赋予个人强有力的权利,他的想法在很多方面超越了同时代人,所以在第一届国会中他显得卓尔不群、知音难觅;而宾汉姆和第三十九届国会却实实在在信奉个人主义思想。但传统的故事讲述总是歌颂麦迪逊而低估宾汉姆,我们总是这样告诉自己,麦迪逊反对确立国教,所以第一修正案也这么规定;麦迪逊认为财产权是关键,所以第五修正案的征收条款在建国时期具有标志性意义;麦迪逊在《联邦党人文集》第10篇文章中强调联邦要保护少数群体权利,所以这一经典文本是深思熟虑的结果;麦迪逊提到过法官的作用,所以最初的《权利法案》也是以法官为中心。现在,我们要全面反思这些自以为是和想当然的故事套路,多去研究约翰·宾汉姆,给詹姆斯·麦迪逊快被压垮了的肩膀上卸下一些不应有、甚或虚构的包袱。

另外,当代关于《权利法案》的学术研究往往局限于对法案单个条款的狭隘研究,而没有注意到法案本身是由一套互相关联的条款组成的整体。讽刺的是,虽然麦迪逊强调《权利法案》具有指导性作用,他起初设计的修正案内容是分散在最初的宪法各个条款之中的,但最后,尽管麦迪逊不情愿,他提出的修正案建议还是被单独拿出来,集中放到了宪法的后面。这样的安排,使得早期修正案各个条款之间更好衔接、互为呼应。[12] 1866年的宾汉姆和同僚们对这一点再清楚不过了,当别人都在说"某一条修正

第十二章
自由的新生

案"时,他们始终坚持应当从整体上考虑《权利法案》,并使其发挥中心作用。

麦迪逊对联邦《权利法案》应当保持独立这一现代思想的确立作出了贡献,但宾汉姆所起的作用也毫不逊色。联邦的宪法中并没有明确的标题来专门规定《权利法案》,而很多早期的州宪法都有单独的"权利宣言",并置于"政府架构"部分之前。另外,由于前十条修正案放在了宪法附录而不是前言部分,而且后来通过的修正案直接缀在此前附录的后面,看起来就像是后面的修正案会把早期的修正案推到了宪法文本的中间部位。实际上正是宾汉姆那代人在前十条修正案后插入了一些话,使其与其他的修正案区别开来。因此在今天的美国人看来,联邦《权利法案》是独立于其他文本的。

我们以往讲述的故事普遍夸大詹姆斯·麦迪逊和最初《权利法案》起草时的影响,而轻视约翰·宾汉姆和重建的作用,对此究竟应该如何看待呢?也许,我们中很多人在对先贤的评价上都犯了一个奇怪的选择性崇拜错误——将太多功劳归于麦迪逊而忽视宾汉姆。我们歌颂托马斯·杰斐逊和帕特里克·亨利而冷落斯托夫人和弗雷德里克·道格拉斯。诚然,麦迪逊和杰斐逊都很伟大,但他们都是奴隶主,其《权利法案》沾染了奴隶制原罪的污点,他们都是共犯。[13]即便在我们歌颂开国元勋的时候,我们也应当记得查尔斯·科茨沃思·平克尼(Charles Cotesworth

Pinckney)在 1788 年南卡罗来纳州批准《权利法案》前辩论时发人深省的话语:"本州议员还有另外一个特别重要的动机反对添加《权利法案》。这类法案总是一开头就宣称人人生而自由,但如今,我们作此宣言应当很勉强,因为我们财产的一大部分就是生而为奴的人。"[14]

而重建时期的修正案一开始就确立了所有人的自由和公民权。其孕育者摒弃了奴隶制势力及其所有成果,而助产士则是携手并进的男人与女人、白人与黑人。他们作出了艰苦卓绝的奋斗,但我们仍需努力——献身人人自由平等这项伟大事业,我们就注定了永远在路上。但正是因为这些男男女女,让我们的《权利法案》得以新生。

The Bill of Rights Primer

美国《权利法案》公民指南

附　录

文中提到或具有重要影响的著名人物传略

约翰·亚当斯（Adams, John; 1735—1826）。美利坚合众国首任副总统及第二任总统；第一、第二届大陆会议代表；与托马斯·杰斐逊合作完成《权利宣言》。

塞缪尔·亚当斯（Adams, Samuel; 1722—1803）。美国爱国者，独立战争中的领导人物。在独立战争前马萨诸塞反对英国的斗争中，亚当斯在诸多方面发挥了积极而有益的作用。他写作了难以数计的政治宣传小册子，支持起义，推动成立了当时殖民地反抗英国政府的秘密社团"自由之子"的波士顿分会，领导了当时的示威运动并经历了波士顿惨案，是波士顿茶党的领袖。后来成为第一、第二届大陆会议代表，是《独立宣言》的签署人之一。最后成为马萨诸塞州州长。

约翰·A·宾汉姆（Bingham, John A.; 1815—1900）。美国律师，在1855年至1863年间，以及1865年至1873年间，均从俄亥俄州当选美国众议员。其成就包括代表政府对刺杀亚伯拉罕·林肯总统的刺客的密谋罪进行审判，并在对安德鲁·约翰逊总统的弹劾案中发挥领导作用，此外还负责第十四条修正案第1款的起草。

雨果·布莱克（Black, Hugo; 1886—1971）。1937年至1971年间任美国最高法院大法官，在1963年撰写了著名的吉迪恩诉温莱特案的判决书，法院在判决书中规定，为确保第十四修正案规定的按照正当法律程序审判的权利，地方政府必须为贫困的重罪被告指派辩护律师。尽管在他晚年，美国最高法院趋向更加保守的投票模式，布莱克法官仍然以其反对意见而著称。在这些反对意见中，他坚定维护个体自由，反对种族歧视，坚持政教分离，坚定捍卫第一修正案而反对政府对猥亵和诽谤案件的控制。

威廉·布莱克斯通爵士（Blackstone, Sir William; 1723—1780）。英国法学家和法律学者，著有《英国法释义》（4卷本，1765—1769）。该书在一个多世纪的时间里居于英美两国法学教育的奠基石地位，也是影响美国开国元勋们思想的主要著作之一，这些开国元勋中大多数人都是律师，并接受了英国普通法传统的教育。

文中提到或具有重要影响的著名人物传略

小威廉·约瑟夫·布伦南(Brennan, William Joseph, Jr.;1906—1997)。在1956年至1990年间任美国最高法院大法官,经历了8任美国总统。布伦南作为美国历史上最有影响的法官之一声誉卓著。

查理一世(Charles I;1600—1649)。英王詹姆斯一世的第二个儿子,曾是英格兰、苏格兰和爱尔兰国王。在其统治期间,为筹集对西班牙、法国,以及最后对苏格兰开战的费用,与英国议会进行了持续斗争。查理一世在1629年解散议会,直到11年后为筹集与苏格兰的战争经费才重开议会。他与英国议会之间的紧张关系导致了王党和议会党人之间的两次内战,最终在1649年,因为拒绝在法院反驳指控而被处死。

爱德华·柯克爵士(Coke, Sir Edward;1552—1634)。英国法学家,《权利请愿书》的主要起草人之一,这份文件宣告的自由原则成为英国宪法的重要组成部分。所著的《英格兰法总论》(4卷本,1628—1644)是伟大的法学经典著作。

坦奇·考克斯(Coxe, Tench;1755—1824)。美国政治经济学家,殖民地时期曾任议员、宾夕法尼亚总检察长。考克斯最初是王党分子,1777年加入豪将军指挥的英国军队。在英国失败之后,考克斯被逮捕,随后又被假释,从那时起成为一名辉格党人和坚定的联邦主义者。这从他最早的作品《合众国宪法检讨》（*An Examination of the Constitution of the United States*）中可以得到印证。考克斯也是麦迪逊、杰斐逊的朋友，被杰斐逊任命为公共产品供应承办商。他的主要贡献在经济领域，在农业、进出口，以及各州自由贸易的联邦政策制定中发挥了重要影响。

奥利弗·克伦威尔（Cromwell, Oliver; 1599—1658）。英国光荣革命的领导人，英格兰的第一位平民统治者。在英国内战期间，克伦威尔作为虔诚的加尔文教徒，以卓越的军事天才脱颖而出，最终在1653年，根据英格兰唯一的一部成文宪法——《政府约法》——就任护国公，直至1658年去世。尽管1660年查理二世夺回了王权，但在就任护国公期间，克伦威尔坚持按照宪法赋予的权力进行统治，他领导下的政府引进了选举改革，实施温和的宗教宽容政策，并产生了第一个真正的英国议会。

菲利克斯·法兰克福（Frankfurter, Felix; 1882—1965）。1939年至1962年间任美国最高法院大法官。在大法官任内，法兰克福秉持司法克制主义——即州的立法机构和国会能够代表选民议员，法院不应当干涉——的思想，成为保守派成员的领袖。

埃尔布里奇·格里（Gerry, Elbridge; 1744—1814）。詹姆斯·麦迪逊任总统时的副总统搭档。格里是塞缪尔·亚当斯的

文中提到或具有重要影响的著名人物传略

同乡,也是其家乡马萨诸塞州反对英国统治的领袖人物。曾作为大陆会议代表,参与签署了《独立宣言》。

亚历山大·汉密尔顿(Hamilton, Alexander; 1754—1804)。美国国务活动家,曾任乔治·华盛顿的助手,在约克镇战役中任一个轻步兵团的指挥官,也是乔治·华盛顿内阁的第一任财政部长,还是《联邦党人文集》(1787—1788)的主要作者。

约翰·马歇尔·哈伦(Harlan, John Marshall; 1899—1971)。1955年至1971年间任美国最高法院大法官。哈伦以其与当时最高法院持自由主义倾向的多数派意见不同,以及在裁判复杂的法律问题时所显现出来的娴熟专业水准而著称。

帕特里克·亨利(Henry, Patrick; 1736—1799)。美国国务活动家、演说家,美国独立战争时期最著名的人物之一。关于亨利,今天人们最熟知的主要是他最著名的两句经典名言:"如果这是反叛的话,那我宁愿一叛到底!""我不知道别人如何选择,但对我来说,不自由,毋宁死!"亨利还是一名杰出的律师,曾任殖民地时期弗吉尼亚下议院议员,弗吉尼亚革命会议成员,以及第一、第二届大陆会议代表。他还在该州担任过两届州长,也是推动《权利法案》通过的极力倡导者。

雅各布·梅里特·霍华德(Howard, Jacob Merritt; 1805—

1871）。美国律师，1862 年至 1871 年间代表密歇根州任美国国会参议员，也是一位杰出的共和党领袖，共和党正是根据他起草的一份决议而成立的。

约翰·杰伊（Jay, John; 1745—1829）。1789 年至 1795 年间任美国最高法院首任首席大法官。在获得乔治·华盛顿总统提名就任最高法院职位前，杰伊已于 1774 年、1775 年在大陆会议任职，1778 年又被选为大陆会议主席。杰伊起草了第一部纽约州宪法，并于 1777 年被该州任命为首席大法官。他同时还是 1782 年负责美英《巴黎条约》谈判的委员之一，该条约最终导致了美国内战。1784 年至 1789 年，杰伊任外交国务秘书，力主建立一个强有力的中央政府，积极推动批准美国宪法。杰伊还是《联邦党人文集》的作者之一。1794 年，他被派往巴黎谈判，所达成的条约后来被称为与英国的《杰伊条约》。在巴黎期间，杰伊当选纽约州州长，并在该任上从 1795 年干到 1801 年。

托马斯·杰斐逊（Jefferson, Thomas; 1743—1826）。美国政治思想家、国务活动家，美国独立战争的主要领导人之一，和约翰·亚当斯共同起草了《独立宣言》，曾任弗吉尼亚州州长，在乔治华盛顿的第一届政府内任国务卿，并当选美国第三任总统。

英国国王约翰（John ［of England］; 1167—1216）。1199 年

文中提到或具有重要影响的著名人物传略

至1216年间为英国国王，最为人所知的是签署了《大宪章》。1199年，约翰在其兄查理一世死后掌权，而此前兄弟俩协力在1189年将父亲推下王位。面对其侄子联合法兰西国王腓力二世发动的叛乱，约翰的统治岌岌可危。为了要回他在1214年输给腓力二世的法国属地，约翰王被迫于1215年签署了其男爵们提出的《大宪章》，承诺遵守这项法律以换取其支持。

理查德·亨利·李（Lee, Richard Henry；1732—1794）。美国独立战争的领导人之一，曾任殖民地时期弗吉尼亚下议院议员，曾和托马斯·杰斐逊、帕特里克·亨利一起反抗英国，维护殖民地权利。1774年至1779年任大陆会议代表，他提出的决议为《独立宣言》奠定了基础。作为一名反联邦党人，李认为当时提出的宪法草案侵犯了各州的权利。在确保第十修正案通过的过程中，李发挥了建设性作用。

约翰·洛克（Locke, John；1632—1704）。英国思想家，经验主义学派奠基人。洛克一生大部分时间生活在欧洲大陆，但在1688年光荣革命和新教运动恢复后又回到英国。他在1689年出版的两部著作对当代哲学产生了深远影响：一部是《人类理解论》，洛克在书中提出所有人都是善良的、独立的，也是平等的；另一部是《政府论》，提出主权不是来自国家，而是来自人民，尽管国家是至高无上的，但仍受到"自然法"的约束。洛克的很多关于自然权利和政府有责任保护这些权利的理论,包括多数统治的价值、宗教自由,以及政教分离,后来都在美国宪法中得到体现。

詹姆斯·麦迪逊（Madison, James; 1751—1836）。在18世纪90年代和杰斐逊共同创建并领导了共和党,1801年至1809年,曾在托马斯·杰斐逊总统的内阁任国务卿,1809年至1817年,任美国第四任总统。麦迪逊对美国政府架构的影响怎么高估都不为过。他被称作"宪法之父",是因为起草的《弗吉尼亚计划》后来奠定了新的联邦政府的架构基础,并在制宪会议上扮演了关键角色,以及他在1878年至1788年与汉密尔顿、杰伊共同创作了《联邦党人文集》。在关于宪法的辩论中,麦迪逊在联邦党人这一方发挥了有力的倡导作用,他主张行政权要强大并且具有否决权,司法权要能推翻各州的法律,认为建立一个强有力的中央政府才能更好地保障和维护自由,而一个小的政府管辖权很难在国家形成绝对的多数意志。在《权利法案》的起草中,麦迪逊也发挥了领导作用。

约翰·马歇尔（Marshall, John; 1755—1835）。1801年至1835年任美国最高法院首席大法官。在1782年至1791年任弗吉尼亚下议院议员期间,马歇尔在联邦党中崭露头角,成为党派发言人,并于1799年当选美国众议院议员。1795年,马歇尔谢

文中提到或具有重要影响的著名人物传略

绝了乔治·华盛顿请他担任总检察长的提名,稍后又谢绝了担任驻法大使的提名,到 1800 年,才担任约翰·亚当斯总统内阁的国务卿,一年后又担任美国最高法院首席大法官,在这个职位上一直工作了 34 年之久,在这期间,他通过宣告法院在宪法问题上的审查权,确立了法院的权威。

乔治·梅森(Mason, George;1725—1792)。美国政治家,生于弗吉尼亚一个种植园主贵族家庭,后来成为弗吉尼亚下议院议员,1775 年出席弗吉尼亚州的制宪会议。梅森起草了著名的《弗吉尼亚权利宣言》,以及弗吉尼亚宪法的大部分内容。在 1789 年的制宪会议上,他为起草美国宪法作出了贡献,但认为这份文件存在缺陷,主要是没有对奴隶制作出限制,也没有包含一项权利法案,因而拒绝在宪法上签名。然而,后来合并到宪法中的《权利法案》在很大程度上借鉴的是梅森起草的《弗吉尼亚权利宣言》。

托马斯·潘恩(Paine, Thomas;1737—1809)。英裔美国人,政治思想家,在英国、法国和美国都进行了积极而有影响的政治活动。1791 年至 1792 年,潘恩发表《人权》,对爱德华·柏克的《法国革命感言录》进行猛烈抨击,随后被英国政府以叛国罪起诉。在美国独立战争中,潘恩也是与本杰明·富兰克林、乔治·华盛顿、托马斯·杰斐逊齐名的重要人物。他最广为人知的作品主要是1776年至1783年间出版的名为《美洲危机》的系列小册子和1776年出版的《常识》。在《常识》中,潘恩声称,根据常识完全可以得出结论,美洲殖民地应该独立于英国。这本小册子卖出了50多万本(这在当时可谓数量惊人),也是美国历史上最有影响的政治作品之一。

萨帝厄斯·斯蒂文斯(Stevens, Thaddeus;1792—1868)。美国律师,在1849年至1853年间,以及1859年至1868年间,均从宾夕法尼亚州当选美国国会众议员。斯蒂文斯是激进派共和党人的领袖人物,这个团体由来自北部的议员组成,主张政府严格保障黑人权利,在重建时期对南方持强硬立场。

约瑟夫·斯托里(Story, Joseph;1779—1845)。美国历史上最杰出的法学家之一,自1811年起任美国最高法院大法官直到逝世,同时也是哈佛大学的法学教授,为哈佛大学法学院赢得卓越声望作出了贡献,最有影响的著作是1833年出版的《美国宪法评注》。

罗杰·布鲁克·托尼(Taney, Roger Brooke;1777—1864)。1836年至1864年任美国最高法院首席大法官。尽管托尼的大多数意见为其赢得了极高的尊崇地位,但在德雷德·斯科特案件中发表的严重错误的意见仍然让他饱受批判。他认为:任何黑人，不管是自由人还是奴隶，都不能获得美国公民身份，国会也无权在美国领土内禁止奴隶制。

威廉·霍华德·塔夫脱（Taft, William Howard; 1857—1930）。美国第 27 任总统，后来又在 1921 年至 1930 年间任美国最高法院首席大法官。

亚历西斯·德·托克维尔（Tocqueville, Alexis-Charles-Henri Maurice Clérel de; 1805—1859）。法国政治家，1835 年至 1840 年间所著的经典之作《美国的民主》，是所有出版的关于美国生活最富天才的研究成果，对美国的立法、行政、司法制度，以及独立战争后至 18 世纪初期美国的风俗、习惯、社会道德做了十分透彻的审视，该书对此后欧洲和美国的政治思潮产生了深刻影响。

乔治·华盛顿（Washington, George; 1732—1799）。美国独立战争期间大陆军的总司令，后任美国首任总统。

丹尼尔·韦伯斯特（Webster, Daniel; 1782—1852）。美国国会议员，参议员，曾在四任总统手下任国务卿，也是伟大的演说家，以及当时最为卓越的律师和政治家。韦伯斯特原来是众议院中联邦党人领袖，但在 1830 年辉格党成立后，又成为其领袖。他还是一位雄辩的关税倡导者，并支持建立强有力的中央政府。

奥兰治威廉（又称威廉三世，William III ［of Orange］；1650—1702）。荷兰清教徒贵族,与英王詹姆斯的女儿玛丽结婚。1688年光荣革命后,他和玛丽于1689年共同加冕为英国国王。

约翰·彼得·曾格（Zenger, John Peter; 1697—1746）。美国印刷商、出版商和新闻记者,生于德国,1710年移居至美国。1733年,在一些优秀律师和商人支持下,曾格创办《纽约周刊》。由于这份报纸发表了抨击当时纽约总督威廉·科斯比的管理措施,曾格以煽动诽谤罪受审。曾格的无罪释放是美国新闻自由历史上的标志性事件。

注释

注释术语及缩写

art., 条

c., 章

cf., 对比, 参考

ed., 编辑, 版本

eg., 比如

Ibid, *id.*, 同前(上)

infra, 以下

n. 注释

para. 段

passim, 各处

rev., 修订

supra., 以上

美国《权利法案》公民指南

前言(1—49)*

［1］DAVID HUME, THE HISTORY OF ENGLAND, Liberty Classics, Indianapolis, 1983, I, 452.

［2］*Instructions of the Town of Braintree*, October 14, 1765, Charles F. Adams (ed.), THE WORKS OF JOHN ADAMS, Boston, 1851, 3: 467.

［3］WILLIAM HOLDSWORTH, A HISTORY OF ENGLISH LAW, Boston, 1937, 5: 449.

［4］THOMAS MACAULAY, THE HISTORY OF ENGLAND, ed.. Charles H. Firth, London, 1913—1915, 3: 1311.

［5］ALEXIS DE TOCQUEVILLE, DEMOCRACY IN AMERICA, London, 1835—1840, 11.

［6］David T. Hardy, *Armed Citizens, Citizen Armies: Toward a Jurisprudence of the Second Amendment*, HARVARD JOURNAL OF LAW AND PUBLIC POLICY, 587 (1986).

［7］JOYCE LEE MALCOLM, TO KEEP AND BEAR ARMS: THE ORIGINS OF AN ANGLO-AMERICAN RIGHT, 1994, 142.

［8］Ex parte Grossman, 267 U. S. 87 at 108—109.

［9］威廉·潘恩(1644—1718),英国著名的辉格党人,曾获查理二世授权,开拓德拉瓦河西堡、位于纽约和马里兰之间的地方。潘恩承诺实行宗教自由和廉价土地供应,吸引一批人到此定居,并建立了后来成为宾夕法尼亚州的殖民地。

［10］BERNARD SCHWARTZ, THE BILL OF RIGHTS: A DOCUMENTARY HISTORY, New York, 1971, 1: 53.

［11］JOURNAL OF THE HOUSE OF BURGESSES OF VIRGINIA, 1761—1765, 360.

［12］THOMAS PAINE, COMMON SENSE, Philadelphia, 1776.

［13］THOMAS PAINE, THE AMERICAN CRISIS, Philadelphia, 1776.

---

* 页码为原书页码,即本书边码,下同。

[14] CHARLES FRANCIS ADAMS(ED.), FAMILIAR LETTERS OF JOHN ADAMS AND HIS WIFE ABIGAIL ADAMS, New York, 1876, 167; DAVID FREEMAN HAWKE, PAINE, New York, 1974, 7.

[15] B. SCHWARTZ, *supra* note 10, at 231.

[16] EDMUND S. MORGAN AND HELEN M. MORGAN, THE STAMP ACT CRISIS(Chapel Hill, 1953), 290.

[17]《不可容忍法令》又称《强制法令》，是英国议会1774年3月通过的法案，主要目的是惩罚马萨诸塞州人民在1773年12月将东印度公司商船上的茶叶倒入波士顿港的行为。尽管英国议会只打算通过这些法案惩罚波士顿当地人，但这些法案实施的消息却震动了整个美洲殖民地，加速了北美独立战争的到来。

[18] 杰斐逊主要引用了三份公开文献：一是1775年5月31日的北卡罗来纳梅克伦堡协议(the North Carolina's Mecklenburg Resolves)，在其宣言中原封不动照搬了该文件的最后一句话；二是1776年1月5日的新罕布什尔州宪法；三是1776年3月26日的南卡罗来纳州宪法。

[19] George Washington to James Warren, October 7, 1985, WRITINGS OF GEORGE WASHINGTON, Jared Sparks (ed.), (1834—1837) 9; 140.

[20] Text in DOCUMENTS ILLUSTRATIVE OF THE FORMATION OF THE UNION OF THE AMERICAN STATES, Charles C. Tansill, (ed.), 69th Cong., 1st Sess., 1927, House Doc. 398, 46.

[21] Russell Kirk, from Foreword to M. E. BRADFORD, FOUNDING FATHERS: BRIEF LIVES OF THE FRAMERS OF THE UNITED STATES CONSTITUTION, 2nd ed., Lawrence, 1981, xiii.

[22] THE FEDERALIST, at xx, Edward Mead Earle (ed.), New York, 1937.

[23] THE COMPLETE JEFFERSON, S. K. Padover (ed.), New York, 1943, 1112.

[24] Cohens vs. Virginia (1821).

[25] E. Earle, *supra* note 22, at xx—xxi.

[26] THE FEDERALIST NO. 84, New York, 1937, 555.

[27] *Ibid*, at 559.

[28] B. SCHWARTZ, *supra* note 10, at 444.

[29] *Ibid*, at 1007.

[30] *Ibid*, at 983.

[31] Professor of Political Science, University of Houston.

[32] Donald S. Lutz, *The States and the U. B. Bill of Rights*, SOUTHERN ILLINOIS UNIVERSITY LAW JOURNAL, Vol. 14., 251 (1992).

[33] 作者参考的文献是 SOURCES OF OUR LIBERTIES, Richard L. Perry (ed.), American Bar Foundation, 1959, 11—22, 73—75, 245—50。

[34] *Ibid*, at 23—24.

[35] *See* BERNARD SCHWARTZ, THE GREAT RIGHTS OF MANKIND: A HISTORY OF THE BILL OF RIGHTS, 197 (1977); IRVING BRANT, THE BILL OF RIGHTS: ITS ORIGIN AND MEANING (1965) (Chapters five and six are particularly useful).

[36] I Annals of Congress 436 (Joseph Gates, Ed., 1789).

[37] 各州权利法案及其宪法可参见 THE FEDERAL AND STATE CONSTITUTIONS, Francis N. Thorpe, (ed.), 1907。

创立与重建:概览(51—56)

[1] *See e,g.*, William J. Brennan, Jr., *Why Have a Bill of Rights?*, 26 VAL. U. L. REV. I, 12 (1991)(《权利法案》的"突出目标"是"保护少数群体……不受政治多数派的狂热和恐惧之害")。

[2] THE FEDERALIS, No. 51, at 323 (James Madison) (Clinton Rossiter ed., 1961).

[3] 1989 年,莱文森(Levinson)教授雄辩地证明,主流宪法理论家总体上对第二修正案缺乏兴趣。*See* Sanford Levinson, *The Embarrassing Second Amendment*, 99 YALE L. J. 637, 636—42(1989). 自此以后,学术界对这项修正案给予了更多关注,但在宪法学课堂上它仍然经常被忽视。

[4] 这个和《权利法案》一样宏大的主题显然迫使我们作出选择,在诸多的问题和主题之中,强调其中一些而忽视和贬低另一些。选择的标准我们一开始就说了。本书致力于从总体上提出关于《权利法案》的理论——即不是简单地逐个解读法案条款,而是阐释各条款之间,以及法案条款与宪法相关规定之间的关系。所以在本书第一部分,我们花了不少工夫澄清受当下宪法研究中盛行的死抠条款的研究方法影响而没有弄清楚的一些问题:为什么相关的条款要放在一个修正案

中,它们之间有着怎样的相互关系?贯穿各条修正案的主线是什么?最初的《宪法》和《权利法案》之间的联系可以从哪些字眼、词语、思想中看出端倪?一些具有结构性意义的思想观念和权利是如何结合的?在第二部分,我们审视了《权利法案》和后来的第十四修正案之间复杂的相互作用。

第一部分 创 立

第一章 先说重要的(59—71)

[1] *See e. g.*, JESSE H. CHOPER, JUDICIAL REVIEW AND THE POLITICAL PROCESS 252—254 (1980). One of your authors, too, is guilty. *See, e. g.*, Akhil Read Amar, *A Neo-Federalist View of Article III*: *Separating the Two Tiers of Federal Jurisdiction*,65 B. U. L. REV. 205(1985).

[2] 有关法院废止国会条例及其他形式的司法审查的精彩讨论,参见 CHARLES L. BLACK, JR., STRUCTURE AND RELATIONSHIP IN CONSTITUTIONAL LAW 67—93(1969)。

[3] OLIVER WENDELL HOLMES, COLLECTED LEAGAL PAPERS 295—296 (1920).

[4] *See* GORDON S. WOOD, THE CREATION OF THE AMERICAN REPUBLIC, 1776—1787, at 364—367(1969) ("The Abandonment of the Status").

[5] *See* Akhil Read Amar, *Of Sovereignty and Federalism*, 96 YALE L. J. 1500—1503 (1987).

[6] *Id.* at 1451—1466, 1492—1520.

[7] *See id.* at 1451—1466.

[8] 尽管我们很不赞成这本书第二部分的内容,但也发现格里斯沃尔德(Griswold)主任对我们的赞同比起我们对他的反对有过之而无不及,参见 Erwin N. Griswold, *Due Process Problems Today in the United States*, in THE FOURTEENTH AMENDMENT 161, 162—163, 165(Bernard Schwartz ed., 1970)。

[9] U. S. CONST. art. V.

美国《权利法案》公民指南

［10］2 DOCUMENTARY HISTORY OF THE CONSTITUTION OF THE STATES OF AMERICA 321—322（Washington：Department of State，1894）［hereinafter DOCUMENTARY HISTORY OF THE CONSTITUTION］.

［11］按照这一算法，每个奴隶可以算作五分之三个自由人。U. S. CONST. art. I，& §2，cl. 3.

［12］这一观点最有名的代表当然是孟德斯鸠，同时也在反联邦党人的演讲和著作中屡见不鲜。欲作简要了解，可参见 CECELIA M. KENYON，THE ANTIFEDERALISTS 24，39，101—102，132—133，208，302，324（1966）（reprinting work of "Centinel，" "The Pennsylvania Minority，" "John. De Witt，" "Agrippa，" "The Federal Farmer，" "Cate"and "Brutus"）。

［13］更多讨论，参见 Akhil Reed Amar，Marbury，*Section 13，and the Original Jurisdiction of the Supreme Court*，56 U. Chi. L. Rev. 443，469—471 and n. 128（1989）；Akhil Reed Amar，*Some New World Lessons for the Old World*，58 U. Chi. L. Rev. 483，485—497（1991）。

［14］这当然是联邦党人构思的一部分。See WOOD，supra note 4，at 471—518（"The Worthy Against the Licentious"）；GARRY WILLS，EXPLAINING AMERICA 223—247（1981）。

［15］See HERBERT J. STORING，WHAT THE ANTIFEDERALISTS WERE FOR 16—18，41，51—52（1981）；Carol M. Rose，*The Ancient Constitution vs. The Federalist Empire：Anti-Federalism from the Attack on "Monarchism" to Modern Localism*，84 NW. U. L. REV. 74，90—91（1989），and sources cited therein；C. KENYON，supra note 12，at xl；*Essays of Brutus*（*IV*），*reprinted in* 2 THE COMPLETE ANTI-FEDERALIST 382—386（Herbert J. Storing ed.，1981）；*Letters from the Federal Farmer*（*II*），*reprinted in id.* at 233—234；*Letters from the Federal Farmer*（*VII*），*reprinted in id.* at 268—269；2 BERNARD SCHWARTZ，THE BILL OF RIGHTS：A DOCUMENTARY HISTORY 1187（1971）（Letter from Richard Henry Lee and William Grayson to Virginia Speaker of the House of Representatives（Sept. 28，1789））.

［16］THE FEDERALIST No. 10 at 83（James Madison）（Clinton Rossiter ed.，1961）；*cf.* 2 DEBATES ON THE ADOPTION OF THE FEDERAL CONSTITUTION 474（Jonathan Elliot ed.，AYER Co. reprint ed. 1987）（1836）［hereinafter ELLIOT'S DEBATES］（remarks of James Wilson at Pennsylvania ratifying convention）.

［17］1 RECORDS OF THE FEDERAL CONVERNTION OF 1787，at 568（MAX

Farrand rev. ed. ,1937).

[18] See DOCUMENTARY HISTORY OF THE CONSTITUTION, *supra* note 10, at 321—390. 这份官方文献中关于批准情况的统计与 HERMAN AMES, THE PROPOSED AMENDMENTS TO THE CONSTITUTION OF THE UNITED STATES DURING THE FIRST CENTURY OF ITS HISTORY 320(NEW YORK: BURT Franklin, 1896)一致，这也说明 B. SCHWARTZ, *supra* note 16, at 339—340, *reprinted in* 5 THE FOUNDERS' CONSTITUTION 132(Philip B. Kurland and Ralph Lerner, eds., 1987) at 41 的统计有误。埃利奥特(Elliot)忽视了佛蒙特州批准全部十二条修正案和宾夕法尼亚州最终于 1791 年 9 月 21 日决定批准(最初的)第一修正案两个事实。埃利奥特还错误地指出，罗德岛批准了国会的第二修正案。施华兹(Schwartz)忽略了宾夕法尼亚州批准最初的第一修正案的事实，并错误地暗示罗德岛和宾夕法尼亚都批准了最初的第二修正案(显然它们都没有)。比较 B. SCHWARTZ at 1203, 和 *id.* at 1197,1200,1201。See also JULIUS GOEBEL, JR. , 1 HISTORY OF THE SUPREME COURT OF THE UNITED STATES: ANTECEDENTS AND BEGINNINGS TO 1801, at 456(1971).

[19] 2 DOCUMENTARY HISTORY OF THE CONSTITUTION, *supra* note 10, at 322.

[20] 反联邦党随笔作家"科尼利厄斯"(Cornelius)同时指出，他相信各州立法者会合理设定自己的报酬，但不信任国会议员。他认为，各州的立法者是每年选出来的，来自小型社区，很容易受到选民监督，"来自各自家乡，但距离并不遥远"。这样的距离让他们很快与最底层的乡邻打成一片。相比之下，国会议员所代表的区域更大，任期更长，"与选民相距太远，长期隔膜，观点意见很难一致"。生活在庄严的首都，他们终日与外国"大使""部长"，以及"家财雄厚"、生活"奢靡"的人们厮混。Essay by Cornelius, *reprinted in* 4 THE COMPLETE ANTI-FEDERALIST 141(Herbert J. Storing ed. , 1981).

第二章　我们的第一修正案(73—83)

[1] See e. g. , ALEXANDER MEIKLEJOHN, POLITICAL FREEDOM: THE CONSTITTUIONAL POWERS OF THE PEOPLE(1960); CHARLES L. BLACK JR. , STURCTURE AND RELATIONSHIP IN CONSTITUTIONAL LAW 33—50(1969).

美国《权利法案》公民指南

[2] *See e. g.*, Ronald K. L. Collins and David M. Skover, *The Future of Liberal Legal Scholarship*, 87 MICH. L. REV. 189, 214(1988). 作者对第一修正案关于少数群体权利的认同在他的观点中体现得尤其突出,我们可以说,《权利法案》在保护"全体公民不受政府滥权之害"上所下的工夫要多于对少数群体权利的保护。Id.; *see also* William T. Mayton, *Seditious Libel and the Lost Guarantee of a Freedom of Expression*, 84 COLUM. L. REV. 91,127n. 189(1984)(作者在很大程度上将第一修正案描述为联邦主义的条款;但同时也暗示了其核心是防止多数群体的暴政)。

[3] *See e. g.*, Kingsley Pictures Corp. v. Regents, 360 U. S. 684,688—689 (1959)(修正案的"保证并不只限于传统思想或主流观点的表达")。

[4] *See supra* page 52.

[5] *See* 4 WILLIAM BLACKSTONE, COMMENTARIES ON THE LAWS OF ENGLAND 150—153 (Oxford: Clarendon, 1765); 2 DEBATES ON THE ADOPTION OF THE FEDERAL CONSTITUTION 449—450 (Jonathan Elliot ed., AYER Co. reprint ed. 1987)(1836)[hereinafter ELLIOT'S DEBATES](remarks of James Wilson at Pennsylvania ratifying convention);3 JOSEPH STORY, COMMENTARIES ON THE CONSTITUTION OF THE UNITED STATES §1879 (Boston: Hilliard, Gray,1833)。

[6] *See, e. g.*, *Letters of Centinel* (Ⅰ), *reprinted in* 2 THE COMPLETE ANTI-FEDERALIST 136(Herbert J. Storing ed.,1981)("如我凭着一个自由人的勇敢来写作,是因为我知道出版自由仍然不受侵犯,陪审团也仍然在裁决案件"); *Essays by Cincinnatus*(Ⅰ), *reprinted in* 6 id. at 9(援引彼得·曾格案件,将"媒体自由、公共自由的守护神"与"由陪审团审判"联系起来)。与新闻出版自由和陪审团审判相关的早期州宪法,参见 *e. g.*, GA. CONST. OF 1777, art. LXI; PA. CONST. OF 1790, ART. IX,§7; DEL. CONST. OF 1792, ART. I,§5; KY. CONST. OF 1792, ART. XII,§8; TENN. CONST. OF 1796, art. XI,§19。

[7] 莫纳汉(Monaghan)教授和肖尔(Schauer)都注意到了这个转变,但都没有用第十四修正案来对其进行论证或者解释——但这仍可能是看不见的合并过程的另一种说明。*See* Henry P. Monaghan, *First Amendment "Due process,"* 83 HARV. L. REV. 518, 526—532(1970); Frederick Schauer, *The Role of the People in First Amendment Theory*, 74 CALIF. L. REV. 761, 765(1986). 正如柯蒂斯(Curtis)教授指出,在很多情况下人们都能设计出精巧的办法,以至于只要有法官或者陪审团任意一方支持,新闻自由就会大获全胜。

[8] 3 JEAN-JACQUES ROUSSEAU, DU CONTRAT SOCIAL ch. XII (1762) (our tradition; in original, "le Souverain ne sauroit agir que quan le people est assemblé").

[9] 3 ELLIOT'S DEBATES, *supra* note 5, at 37.

[10] 2 BERNARN SCHWARTZ, THE BILL OF RIGHTS: A DOCUMENTARY HISTORY 1022(1971) (June 8, 1789) (remarks of John Page referring to "assembling of a convention") (June 8, 1789); *See also* Akhil Reed Amar, *Philadelphia Revisited*: *Amending the Constitution Outside Article V*, 55 U. CHI. L. REV. 1043, 1058 (1988) and sources cited therein (把开会和集会的观念联系起来); James Gray Pope, *Republican Moments*: *The Role of Direct Popular Power in the American Constitutional Order*, 139 U. PA. L. REV. 287, 325—326(1990) (将人民的集会权利与另一种形式的大众主权和大规模动员联系起来).

[11] GORDON S. WOOD., THE CREATION OF THE AMERICAN REPUBLIC, 1776—1787, at 312(1969).

[12] 1 WILLIAM BLACKSTONE, *supra* note 5, at 147—148.

[13] *See e. g.*, VA. CONST. OF 1776(Declaration of Rights), pmbl.; MASS. CONST. OF 1780, pt. II, ch. VI, art. X.

[14] *See e. g.*, Kamper v. Hawkins, 3 Va. 20, 69 (1793) (opinion of Justice Tucker); McCulloch v. Maryland, 17 U. S. (4 Wheat.) 316, 403 (1819); Barron v. Baltimore, 32 U. S. (7 Pet.) 243, 249—250 (1883). See also JAMES M. VARUM, THE CASE OF TREVETT V. WEEDEN 30 (1787).

[15] *See* 1 RECORDS OF THE FEDERAL CONVENTION OF 1787, at 22(Max Farrand rev. ed., 1937); 2 *id.* at 133.

[16] *See* 3 ELLIOT'S DEBATES, *supra* note 5, at 37, quoted supra text accompanying note 9 (remarks of Edmund Pendleton at Virginia ratifying convention); *id.* at 51(remarks of Patrick Henry at Virginia ratifying convention); Akhil Reed Amar, *The Consent of the Governed*: *Constitutional Amendment Outside Article V*, 94 COLUM. L. REV. 457, 494(1994) (quoting remarks of John Smilie in Pennsylvania ratifying convention). *See* 2 THE WORKS OF JAMES WILSON 762(Robert Green McCloskey ed., 1967).

[17] G. WOOD, *supra* note 11, at 312; *See also* EDWARD DUMBAULD, THE DECLARATION OF INDEPENDENCE AND WHAT IT MEANS TODAY 103—105

(1950)(将集会、请愿、开会和"人民的"权利联系起来); Norman B. Smith, "Shall Make No Law Abridging..." : An Analysis of the Neglected, But Nearly Absolute, Right of Petition, 54 U. CIN. L. REV. 1153, 1179 (1986)(请愿权与大众主权的浮现密不可分)。

[18] See DECLARATION OF RIGHTS art. 8(1774); PA. CONST. OF 1776 (Declaration of Rights), art. XVI; N. C. Const. OF 1776(Declaration of Rights), art. XVIII; VT. CONST. OF 1777, ch. I, § XVIII; MASS CONST. of 1780, pt. I, art. XIX; N. H. CONST. OF 1784, pt. I, art. I, § XXXII; VT. CONST. OF 1786, ch. I, § XXII; 1 ELLIOT'S DEBATES, supra note 5, at 328(New York); id. at 335(Rhode Island); 4 id. at 244(North Carolina). 这个话是不对的;两个州明确提出保护请愿,但并没有提到集会。参见 DEL. DECLARATOIN OF RIGHTS OF 1776, §9; MD. CONST. OF 1776((Declaration of Rights), art. XI。在另一篇关于请愿权的极好的文章中,施纳贝尔(Schnapper)教授似乎也忽视了这两个相反的例子。参见 Eric Schnapper, "Libelous" Petitions for Redress of Grievances-Bad Historiography Makes Worse Law, 74 IOWA L. REV. 303, 347 N. 249(1989)。

[19] See Stephen A. Higginson, A Short History of the Right to Petition Government for the Redress of Grievences, 96 YALE L. J. 153—155; accord Smith, supra note 17, at 1178—1179.

[20] 有关更多分析和论证,参见 E. DUMBAULD, supra note 17, at n. 5; 2 WILLIAM WINSLOW CROSSKEY, POLITICS AND THE CONSTITUTION IN THE HISTORY OF THE UNITED STATES 1057, 1060, 1072—1074 (1953); WILBUR KATZ, RELIGION AND AMERICAN CONSTITUTIONS 8—10 (1964); GERARD V. BRADLEY, CHURCH-STATE RELATIONSHIPS IN AMERICA 76, 92—95 (1987); STEPHEN D. SMITH, FOREORDAINED FAILURE: THE QUEST FOR A CONSTITUTIONAL PRINCIPLE OF RELIGIOUS FREEDOM 17—34 (1995); Edward S. Corwin, The Supreme Court as National School Board, 14 LAW & CONTEMP. PROBS. 3, 11—12 (1949); Joseph M. Snee, Religious Disestablishment and the Fourteenth Amendment, 1954 WASH. U. L. Q. 371; Michael A. Paulsen, Religion, Equality, and the Constitution: An Equal Protection Approach to Establishment Clause Adjudication, 61 NOTRE DAME L. REV. 311, 321—323 (1986); William C. Porth and Robert P. George, Trimming the Ivy: A Bicentennial Re-Examination of the Establishment Clause, 90 W. VA. L. REV. 109, 136—139 (1987); Daniel O. Conkle,

Toward a General Theory of the Establishment Clause, 82 NW. U. L. REV. 1113, 1132—1135（1988）; William K. Lietzau, *Rediscovering the Establishment Clause: Federalism and the Rollback of Incorporation*, 39 DEPAUL L. REV. 1191（1990）; Kurt T. Lash, *The Second Adoption of the Establishment Clause: The Rise of the Nonestablishment Principle*, 27 ARIZ. ST. L. J. 1085, 1089—1099（1995）; Jed Rubenfeld, *Antidisestablishmentarianism: Why RFRA Really Are Unconstitutional*, 95 MICH. L. REV. 2347(1997)。

[21] *See* LEONARD W. LEVY, JEFFERSON AND CIVIL LIBERTIES: THE DARKER SIDE 5(1963); Michael W. McConnell, *The Origins and Historical Understanding of Free Exercise of Religion*, 103 HARV. L. REV. 1409, 1437(1990). Cf. G. BRADLEY, *supra* note 20, at 13["根据利维（Levy）的方法论,最初的十三个州中如果有谁慷慨援助和推动宗教,就应当被称作国教政体"]。

[22] *See* PA. CONST. OF 1776, § 10; DEL. CONST. OF 1776, art. 22; N. C. CONST. OF 1776, art. XXXII; N. J. CONST. OF 1776, art. XIX. 在罗德岛,犹太人和天主教徒显然是没有资格发生公民纠纷的,参见 G. BRADLEY, *supra* note 20, at 29。

[23] THOMAS J. CURRY, THE FIRST FREEDOMS: CHURCH AND STATE IN AMERICA TO THE PASSAGE OF THE FIRST AMENDMENT 162—163, 211 (1986).

[24] 3 J. STORY, *supra* note 5, at § 1873.

[25] 比较 *Proclamation Appointing a Day of Thanksgiving and Prayer*(Nov. 11, 1779), *reprinted in* 3 THE PAPERS OF THOMAS JEFFERSON 177 (Julian P. Boyd ed., 1951) 和 *Letter from Thomas Jefferson to Attorney General Levi Lincoln* (Jan. 1, 1802), in 8 THE WRITINGS OF THOMAS JEFFERSON 129 (Paul Leicester Ford ed., New York; G. P. Putnam's Sons, 1897); *See also* Second Inaugural Address (Mar. 4, 1805), *reprinted in id.* at 341, 344(认为各州有权决定宗教问题,而联邦政府没有这项权力)。

[26] *Letter of Thomas Jefferson to Reverend Samuel Miller* (January 23, 1808) in 5 THE FOUNDERS' CONSTITUTION, 98—99 (Philip B. Kurland and Ralph Lerner eds., 1987).

[27] 1 ANNALS OF CONG. 949—950 (Joseph Gales ed., 1789) (1st ed. pagination).

[28] David A. Anderson, *The Origins of the Press Clause*, 30 U. C. A. L. REV. 484(1983); but *see id.* at 488 (noting anachronism of this reading). *See also* Murray Dry, *Flag Burning and the Constitution*, 1990 SUP. CT. REV. 69, 72.

第三章 军事修正案(85—103)

[1] 3 DEBATE ON THE ADOPTION OF THE FEDERAL CONSTITUTION (Jonathan Eliot ed., AYER Co. reprint ed., 1987)(1836)[hereinafter ELLIOT'S DEBATES].

[2] 显然,革命的暴力本质促使洛克对人民行使反抗权利的合法性情形作出了严格限制。洛克指出,只有在政府的行为构成真正的、系统性的暴政时,人民才能收回自己的主权。JOHN LOCKE, THE SECOND TREATIE OF GOVERNMENT §§221—243(Thomas P. Peardon ed., 1952). 1776年至1789年间,美国人将暴力革命观念引导到和平的会议新创设的法律制度中,对其进行了驯化,消除了其危险性。通过会议的理念,美国人将革命法制化,用投票代替了子弹。结果,到1789年美国人就能够将洛克所说的"反抗"权利——改变或废黜政府——扩展为人民可以随时以任何理由(通过会议)行使的一项权利。*See, e. g.*, GORDON S WOOD, THE CREATION OF THE AMERICAN PUBLIC, 1776—1787, at 342—343 (1969); 1 THE WORKS OF JAMES WILSON, 77—79 (Robert Green McCloskey ed., 1967); 2 ELLIOT'S DEBATES, *supra* note 1, at 432—433 (remarks of James Wilson at Pennsylvania ratifying convention); Akhil Reed Amar, *The Consent of the Governed: Constitutional Amendment Outside Article V*, 94 COLUM. L. REV. 457, 458, 463—464, 475—476(1994). 但正如《宪法》第二修正案告诉我们的,尽管新的法律制度最终要依靠强制力——最理想的状态是这种强制力永远不需要启用,但其潜在的存在仍然是一种威慑。

[3] 3 ELLIOT'S DEBATES, *supra* note 1, at 51.

[4] *See generally* Stephen P. Halbrook, *What the Framers Intended: A Linguistic Analysis of the Right to Bear Arms*, LAW & CONTEMP. PROBS., Winter 1986, at 151 (坦奇·考克斯的讨论文章写作时间在麦迪逊提出《权利法案》之后,该文将他最初的第二修正案解释为保护人民"有权持有并携带**私有武器**"; *see also* EDWARD DUMBAULD, THE BILL OF RIGHTS AND WHAT IT MEANS TODAY 174 (1957).

But *see*, *e.g.*, Aymette v. State, 21 Tenn. (2 Hum.) 154, 161 (1840) ("携带武器"的说法……带有军事意味,而不是其他意味。……捕猎鹿、麋鹿、野牛的人可以每天都带上步枪,并持续 40 年,但这也不是说他**已经携带**了武器); Don B. Kates, *Handgun Prohibition and the Original Meaning of the Second Amendment*, 82 MICH. L. REV. 204, 219—220, 267 (1983). 凯茨(Kates)随后在回应霍尔布鲁克(Halbrook)提出的证据时修改了自己的观点。Don B. Kates, *The Second Amendment: A Dialogue*, LAW & CONTEMP. PROBS., Winter 1986, at 143, 149.

[5] 这方面,斯凯瑞(Scarry)的开创性工作对我们影响很大。*See*, *e.g.*, Elain Scarry, *War and the Social Contract: Nuclear Policy, Distribution, and the Right to Bear Arms*, 139 U. PA. L. REV. 1257 (1991).

[6] THE FEDERALIST No. 28, at 180 (Alexander Hamilton) (Clinton Rossiter ed., 1961) [下文所有引用均出自这一版本].

[7] *Id.* No. 46, at 299 (James Madison).

[8] *See generally* Akhil Reed Amar, *Of Sovereignty and Federalism*, 96 YALE L. J. 1425, 1494—1500 (1987).

[9] *See*, *e.g.*, 3 ELLIOT'S DEBATES, *supra* note 1, at 48, 52, 169, 386 (remarks of Patrick Henry at Virginia ratifying convention); *id.* at 379—380 (remarks of George Mason at Virginia ratifying convention); 2 *id.* at Harrisburg, Pennsylvania, September 3, 1788); 3 THE RECORDS OF THE FEDERAL CONVENTION OF 1787, at 208—209 (Max Farrand rev. ed., 1937) [hereinafter DOCUMENTARY HISTORY].

[10] *See*, *e.g.*, JOHN HART ELY, DEMOCRACY AND DISTRUST 94—95, 227 n. 76 (1980); LAURENCE H. TRIBE, AMERICAN CONSTITUTIONAL LAW § 5—2, at 299 n. 6 (2d ed. 1988). 有关第二修正案研究更加详细的分类,参见 Kates, *Original Meanings*, *supra* note 4, at 206—207.

[11] *See* U. S. CONST. Amend. X (对"各州"和"人民"作了区别).

[12] 2 BERANRD SCHWARTZ, THE BILL OF RIGHTS: A DOCUMENTARY HISTORY 1107 (1971) (August 17, 1789).

[13] *See*, *e.g.*, Kates, *Original Meaning*, *supra* note 4, at 214—218; David T. Hardy, *Armed Citizens, Citizen Armies: Toward a Jurisprudence of the Second Amendment*, 9 HARV. J. L. & PUB. POL'Y 559, 623—628 (1986); *Letters from the Federal Farmer* (III, XVIII), *reprinted in* 2 THE COMPLETE ANTI-FEDERALIST 242,

341—342（Herbert J. Storing, ed. 1981）; Letters of Centinel（IX）, reprinted in 2 id. At 179, 182; 2 DOCUMENTARY HISTORY, supra note 9, at 509.

［14］See STEPHEN P. HALBROOK, THAT EVERY MAN BEARMED: THE EVOLUTION OF A CONSTITUTIONAL RIGHT (1984); William E. Nelson, The Eighteenth-Century Background of John Marshall's Constitutional Jurisprudence, 76 MICH. L. REV. 893, 920 (1978).

［15］E. DUMBAULD, supra note 4, at 214.

［16］See, e. g., THE FEDERALIST No. 25, at 166（Alexander Hamilton）; id. No. 46, at 299（James Madison）.

［17］See, e. g., 3 ELLIOT'S DEBATES, supra note 1, at 425（"谁是民兵？他们如今包括全体人民……"）; id. at 112（谁是民兵？我们不是吗？）; Letters from the Federal Farmer（XVIII）, reprinted in 2 THE COMPLETE ANTIFEDERALIST, supra note 13, at 341（"民兵如果正确地组织起来,实际上应当是人民本身,……包括……所有能够携带武器的男人"）.

［18］2 DOCUMENTARY HISTORY, supra note 9, at 1778—1780（Microfilm supp.）.

［19］U. S. CONST. Art. I, §8, cls. 1, 9. See 4 ELLIOT'S DEBATES, supra note 1, at 210（remarks of Richard Spaight in North Carolina ratifying convention: "Men are to be raised by bounty."）.

［20］18世纪70年代英国的强制征兵是导致美国独立战争爆发的主要矛盾之一,这一点在《独立宣言》中也写得很明白。在后来导致1812年战争的关于强制征兵的辩论中,国务卿门罗（Secretary of State Monroe）宣称,强制征兵"并不是美国的做法,但与我们的宪法是完全相违背的"［28 ANNALS OF CONG. 81 (1814)］。然而即使海军实施强制征兵被认为是允许的,也并不必然要赋予征募陆军的权利。历史上这两支军队就是完全不同的问题——独立战争爆发前的英国政府"确实试图在这个国家行使应有的海军强制征兵权"。这里作一下解释,"army"（军队）这个词与"militia"（民兵）相对应,意味着是一支志愿组成的武装力量。"navy"（海军）这个词正如英美之间在强制征兵问题上的纠缠,意思就更为复杂了。这些文本和历史因素给我们带来一个新的论证思路:比起通过陆军征兵强制作为农夫的普通公民离开家人和故土,对已经自愿放弃普通平民生活并服从商船上的严格纪律和命令的"私人"水手进行强制征兵,所剥夺的自由相应就要少一些。

[21] *See*, *e. g.*, THE FEDERALIST NO. 24, at 161 (Alexander Hamilton)(将军队定义为"政府雇佣的常备军"); WEBSTER'S AMERICAN DICTIONARY (1828). In addition to the sources cited *supra* notes 13—14, see JOHN REMINGTON GRAHAM, A CONSTITUTIONAL HISTORY OF THE MILITARY DRAFT (1971); Harrop A. Freeman, *The Constitutionality of Direct Federal Military Conscription*, 46 IND. L. J. 333, 337 n. 14 (1971); Leon Friedman, *Conscription and the Constitution: The Original Understanding*, 67 MICH. L. REV. 1493 (1969); Alan Hirsch, *The Militia Clauses of the Constitution and the National Guard*, 56 U. CIN. L. REV. 919, 958—959 (1988); 3 JOSEPH STORY, COMMENTARIES ON THE CONSTITUTION OF THE UNITED STATES, §1179 (Boston: Hilliard, Gray, 1833).

[22] Michael J. Malbin, *Conscription, the Constitution, and the Farmers: An Historical Analysis*, 40 FORDHAM L. REV. 805, 824 (1972). 马尔宾(Malbin)声称,尽管国会可以依据陆军条款进行征兵,但并不意味着民兵条款就因此而不重要了。按他的说法,如果国会不能将民兵组织作为后备军事力量,就会试图维持一支长期存在的更大的(因而也是更加危险的)常备军。民兵条款禁止了这种尝试,从而也增加了一些有价值的内容。很不幸,马尔宾的观点错了。如果像他所说的,国会确实有了征召军队的权力,根据陆军条款所拥有的征募后备军"预备队"的权力就必然要小一些,这也就排除了维持一支庞大的常备军的必要性——回过头还是要说,临时征募军队违反了民兵条款所规定的联邦共同安保的精神。

[23] *See*, *e. g.*, Stephen P. Halbrook, *The Right of the People or the Power of the State: Bearing Arms, Arming Militias, and the Second Amendment*, 26 VAL. U. L. REV. 131, 195 (1991)(引用了1791年的一篇文章,对"纪律严明的民兵"和"由雇佣军组成的正规常备军"进行了比对).建立在国家征兵基础上的国家军队的理念是一个现代理念,起源于1798年拿破仑时期的法国——也正是美国《宪法》批准十年之后。See Harrop A. Freeman, *The Constitutionality of Peacetime Conscription*, 31 VA. L. REV. 40, 68 (1944); Friedman, *supra* note 21 at 1498—1499 and n. 20; Malbin, *supra* note 22, at 811. 显然,尽管许多反联邦党人的领头人物大肆宣传,渲染对联邦政府利用权力虐待应征入伍民兵的担心和恐惧,但事实上,应召入伍的士兵可能会受到哪些虐待,他们什么也没说——这个观点近似于矛盾修饰法。换句话说,即使是最为多疑的反联邦党人,看来基本上也认为联邦政府不可能利用陆军条款来证明征兵的合法性,当然,也没有任何联邦党人认同这样一种解读。See Friedman, *supra* note 21 at 1525—1533; *see also Essay by Deliberator*, re-

printed in 3 THE COMPLETE ANTI-FEDERALIST, *supra* note 13, at 178—179. But *see Essays of Brutus*（Ⅷ）, *reprinted in 2 id.* at 406（质疑陆军条款是否赋予国会强制征兵权,但这里指的是"从民兵中"征兵）。布鲁图(Brutus)在别处也提出一个极端立场,即第一条所列举的权力并没有对议会的权力作出任何真正有实质意义的限制。

[24] ROBERT A. GROSS, THE MINUTEMEN AND THEIR WORLD 71（1976）.

[25] GORDON S. WOOD, THE RADICALISM OF THE AMERICAN REVOLUTION 45（1992）.

[26] *See* Friedman, *supra* note 21, at 1508. 各州保留权利的支持者认为各州对军官的任命权至关重要。当麦迪逊提出将各州任命军官的权利限制在"将军军衔以下"时,费城会议以压倒性的表决否决了他的提议。罗杰·谢尔曼(Roger Sherman)认为这种修改是"绝对不可接受的",埃尔布里奇·格里(Elbridge Gerry)挖苦地提议,会议干脆把州政府一并废除算了,选出一个国王出来,什么都别干了。2 M. FARRAND, *supra* note 9, at 388.

[27] 独立战争时期至少有7部《宪法》或《权利法案》近乎逐字逐句地重复了1776年的弗吉尼亚州的《权利法案》的某些条款:"任何情况下,军队都应严格服从文职权力,并受其统率。"这些规定总是和对"民兵"的赞美,以及/或者保证"人民"持有和携带武器的权利放在一起。*See* PA. CONST. OF 1776（Declaration of Rights）, art. XIII; DEL. DECLARATION OF RIGHTS OF 1776, §20; MD. CONST. OF 1776（Declaration of Rights）, art. XXVII; N. C. CONST. OF 1776（Declaration of Rights）, art. XVII; VT. CONST. OF 1777, ch. 1, §XV; MASS. CONST. OF 1780, pt. I, art. XVII; N. H. CONST. OF 1784, pt. I, art. I, §XXVI. *See generally* 2 ALEXIS DE TOCQUEVILLE, DEMOCRACY IN AMERICA, 279—302（托克维尔尽管没有对美国《宪法》关于军事权力分配进行明确的分析,但他关于平民对抗职业军队的说明仍然有力地支持了我们的分析）.

[28] United States v. Miller, 307 U. S. 174, 179（1939）（quoting ADAM SMITH, THE WEALTH OF NATIONS, Book V, Chapter 1）.

[29] I PAPERS OF DANIEL WEBSTER: SPEECHES AND FORMAL WRITINGS 21（Charles M. Wiltse, ed., 1986）.

[30] 245 U. S. 366（1918）.

[31] E. DUMBAULD, *supra* note 4, at 166.

〔32〕THE DECLARATION OF INDEPENDENCE paras. 13—16（U. S. 1776）.

〔33〕*See*, *e. g.*, DEL. DECLARATION OF RIGHTS OF 1776, §§18—21; MD. CONST. of 1776（Declaration of Rights）, arts. XXV—XXVIIX; N. H. CONST. Of 1784, pt. I, arts. XXVII—XXVIII. *See also* E. DUMBAULD, *supra* note 4, at 178, 182, 185, 190, 201; 1 ELLIOT'S DEBATES, *supra* note 1, at 335; M. FARRAND, *supra* note 9, at 341（Pinckney's Report）.

〔34〕3 ELLIOT'S DEBATES, *supra* note 1, at 410—411. *See also* Morton J. Horwitz, *Is the Third Amendment Obsolete?*, 26 VAL. U. L. REV. 209, 210（1991）（反对常备军和反对军队驻扎之间没有任何联系）.

〔35〕*See also* SECOND CONTINENTAL CONGRESS, DECLARATION OF THE CAUSES AND NECESSITY OF TAKING UP ARMS para. 3（1775）（谴责"在和平时期将士兵驻扎在殖民者旁边"）, *supra* note 33.

〔36〕Youngstown Sheet & Tube Co. v. Sawyer, 343 U. S. 579, 587—588（1952）.

〔37〕381 U. S. 479, 484（1965）.

第四章　搜查、逮捕和征收修正案（105—121）

〔1〕Lawrence Delbert Cress, *An Armed Community*: *The Origins and Meaning of the Right to Bear Arms*, 71 J. AM. HIST. 22, 31（1984）.

〔2〕EDWARD DUMBAULD, THE BILL OF RIGHTS AND WHAT IT MEANS TODAY 182—185（1957）.

〔3〕*Id*. at 207.

〔4〕MASS. CONST. OF 1780, pt. I, art. XIV.

〔5〕98 Eng. Rep. 489（C. P. 1763）, 19 Howell's State Trials 1153.

〔6〕*See* RAYMOND WILLIAM POSTGATE, THAT DEVIL WILKES（1929）; GEORGE F. E. RUDé, RESISTANCE TO REVOLUTION 162—169（1972）; Powell v. McCormack, 395 U. S. 486, 527—531（1969）. On Camden *see* TELFORD TALOR, TWO STUDIES IN CONSTITUTIONAL INTERPRETATION 184 n. 35（1969）.［我们也对巴尔的摩金莺队的巡演协调员格罗夫（Grove）,以及足智多谋的研究助理蒂娜（Teena）提供的有益信息深表感谢。］*See* T. TAYLOR at 29—35;

美国《权利法案》公民指南

NELSON B. LASSON, THE HISTORY AND DEVELOPMENT OF THE FOURTH A-MENDMENT TO THE UNITED STATES CONSTITUTION 43—49(1937).

［7］*See*, *e. g.*, Johnson v. United States, 333 U. S. 10, 14—15 (1948).

［8］*See*, *e. g.*, WILLIAM E. NELSON, AMERICANIZATION OF THE COMMON LAW 190 n. 57(引用马萨诸塞案的陪审团裁定,"如果本案中的搜查令是合法的",政府官员即无罪;搜查令不合法,则政府官员有罪);*id.* 92[应有的(法庭)搜查令是对被起诉非法搜查或逮捕的官员的终极抗辩]. 在伍德案和恩蒂克案中,如果搜查令是合法的,就会成为很好的抗辩理由。*See* 4 WILLIAM BLACKSTONE, COMMENTARIES ON THE LAWS OF ENGLAND 288 (Oxford: Clarendon, 1765)(通用搜查令"也因此事实上成了没用的搜查令;因为它无法为依其实施搜查的官员提供合法性;而一份合法的搜查令在任何情形下都能保护实施同样行为的官员免受处罚"); Akhil Reed Amar, *Fourth Amendment First Principles*, 107 HARV. L. REV. 778—779 (1994).

［9］*See* Amar, *Fourth Amendment*, *supra* note 8, at 818 n. 228; *cf.* Antonin Scalia, *The Rule of Law as a Law of Rules*, 56 U. CHI. L. REV. 1175, 1180—1186 (1989).

［10］*See* N. LASSON, *supra* note 6, at 45.

［11］T. TAYLOR, *supra* note 6, at 21—25. 针对否认第四修正案明确要求的说法,泰勒(Taylor)教授提供了很多历史证据,但没有证据证明和陪审团审判问题有关。尽管纳尔逊(Nelson)教授认为在殖民地时期的马萨诸塞州,逮捕和搜查需要搜查令,参见W. Nelson, *supra* note 6, at 17—18。但他在另一处也引用了19世纪早期的两个案件,说明"在叛国罪和重罪,以及……为维护和平以及防止暴行的情况下",不需要搜查令。*Id.* at 226 n. 126. 后面的案件和泰勒教授,以及布莱克斯通所提出的丰富的证据是一致的。*See* 4 W. BLACKSTONE, *supra* note 8, at 286—292; *see generally* Amar, *Fourth Amendment*, *supra* note 8, at 764 and n. 13.

［12］*See supra* Chapter 2.

［13］*See* STEPHEN A. SALTZBURG, AMERICAN CRIMINAL PROCEDURE 56(4th. ed. 1992); N. LASSON, *supra* note 6, at 24—50; 3 JOSEPH STORY, COMMENTARIES ON THE CONSTITUTION OF THE UNITIED STATES § 1895 (Boston: Hilliard, Gray, 1833); *see also* 2 DEBATES ON THE ADOPTION OF THE FEDERAL CONSTITUTION 551 (Jonathan Elliot ed., AYER Co. reprint ed. 1987)

(1836)(马里兰议会承认,通用搜查令是"权力机关借以消灭那些抵制篡权的个人的强大动力").

[14] 95 Eng. Rep. 807 (C. P. 1765), 19 Howell's State Trials 1029, 1073.

[15] *See* William J. Stuntz, *The Substantive Origins of Criminal Procedure*, 105 YALE L. J. 393 (1995); Eric Schnapper, *Unreasonable Searches and Seizures of Papers*, 71 VA. L. REV. 869 (1985).

[16] Stuntz, *supra* note 15, at 403.

[17] Zurcher v. Stanford Daily, 436 U. S. 547, 564 (1978); quoting Stanford v. Texas, 379 U. S. 476, 485 (1965) and Roaden v. Kentucky, 413 U. S. 496, 501 (1973). See also Amar, *Fourth Amendment*, *supra* note 8, at 805—806.

[18] *See* MASS. CONST. OF 1780, pt. I, art. X; *see also* VT. CONST. OF 1777, ch. I, § II; *see generally* William Michael Treanor, Note, *The Origins and Original Significance of the Just Compensation Clause of the Fifth Amendment*, 94 YALE L. J. 694 (1985).

[19] Michael W. McConnell, *Contract Rights and Property Rights: A Case Study in the Relationship Between Individual Liberties and Constitutional Structure*, 76 CAL. L. REV. 267, 288—293 (1988).

[20] 1 BLACKSTONE'S COMMENTARIES 305—306 app. (St. George Tucker ed., Philadelphia: Burch and Small, 1803).

[21] *See* Jed Rubenfeld, *Usings*, 102 YALE L. J. 1077, 1122—1123 (1993); John Jay (A Freeholder), *A Hint to the Legislature of the State of New York* (1778), *reprinted in* 5 THE FOUNDERS' CONSTITUTION 312 (Philip B. Kurland and Ralph Lerner eds., 1987).

第五章 陪审团修正案(123—158)

[1] *See* BERNARD BAILYN, THE ORIGINS OF AMERICAN POLITICS 68—70, 111 (Vintage 1970)(1967); B. ERNARD BAILYN, THE IDEOLOGICAL ORIGINS OF THE AMERICAN REVOLUTION 105—108 (1967) [hereinafter IDEOLOGICAL].

[2] THE DECLARATION OF INDEPENDENCE para. 11 (U. S. 1776).

[3] *Id.* paras. 15, 31.

[4] B. BAILYN, IDEOLOGICAL, *supra* note 1, at 108.

[5] *See* JACK N. RAKOVE, ORIGINAL MEANINGS 148 (1996)(描述的是反联邦党人对国家司法体系的"强烈质疑",并提到了"将司法系统看作专制权力的代理人是一个古老传统")。

[6] Hugo L. Black, *The Bill of Rights*, 35 N. Y. U. L. REV. 865, 870 (1960); *see also* Adamson v. California, 332 U. S. 46, 70—71 (1947) (Black, J., dissenting)(第一修正案和第五、第六、第八修正案所提出的"任意法庭行为"之间没有任何联系);Feldman v. United States, 332 U. S. 487, 500—502 (1944)。

[7] John H. Baker, *Criminal Courts and Procedure at Common Law* 1550—1800, *in* CRIME IN ENGLAND 1550—1800, at 15, 42 (J. S. Cockburn ed., 1977)。

[8] LEONARD W. LEVY, ORIGINS OF THE FIFTH AMENDMENT 332 (2d ed. 1986). *See also* William J. Stuntz, *The Substantive Origins of Criminal Procedure*, 105 YALE L. J. 393, 411—419 (1995)。

[9] 8 WILLIAM HOLDSWORTH, A HISTORY OF ENGLISH LAW 408 (2d ed. 1937)。

[10] *See* 2 THE RECORDS OF THE FEDERAL CONVENTION OF 1787, at 587—588 (Max Farrand rev. Ed., 1937)。

[11] *See* EDWARD DUMBAULD, THE BILL OF RIGHTS AND WHAT IT MEANS TODAY 176, 181—182, 183—184, 188, 190—192, 200, 204 (1957)。

[12] LEONARD W. LEVY, THE EMERGENCE OF A FREE PRESS 227 (1985). 有关建国时期陪审团核心作用的精彩总结,参见 Alan Howard Scheiner, Note, *Judicial Assessment of Punitive Damages*, *The Seventh Amendment*, *and the Politics of Jury Power*, 91 COLUM. L. REV. 142 (1991)。

[13] THE DECLARATION OF INDEPENDENCE para 20 (U. S. 1776)。

[14] *An Old Whig* (VIII), *reprinted in* 3 THE COMPLETE ANTI-FEDERALIST 46, 49 (Herbert J. Storing ed., 1981). *See also Letters of Cato* (VII), *reprinted in* 2 *id.* at 123, 125 ("所有政府的统治者都倾向于在利益上与被统治者区别开来,这会导致对被统治者的奴役")。

[15] E. DUMBAULD, *supra* note 11, at 209; *Letters from the Federal Farmer* (IV), *quoted infra* text accompanying note 28.

〔16〕 *See* Ronald F. Wright, *Why Not Administrative Grand Juries?*, 44 ADMIN. L. REV. 465, 469 (1992).

〔17〕 *See id.* at 469; David A. Anderson, *The Origins of the Press Clause*, 30 U. C. L. A. L. REV. 455, 511—512 (1983).

〔18〕 MASS. CONST. OF 1780 pt. I, art. XXVI; N. H. CONST. OF 1784, pt. I, art. XXXIII. 有关第八修正案本质上限制法官的内容，参见 WILLIAM RAWLE, A VIEW OF THE CONSTITUTION OF THE UNITED STATES OF AMERICA 131 (Philadelphia: Nicklin 2d. ed., 1829)。

〔19〕 *See* 4 WILLIAM BLACKSTONE, COMMENTARIES ON THE LAWS OF ENGLAND 372 (Oxford: Clarendon, 1765).

〔20〕 *See id.* at 355. *See also* United States v. Haskell, 26 F. Cas. 207, 212 (C. C. E. D. Pa. 1823) (No. 15,321) (Washington, Circuit J.) ("危险"的意思"可以说就是对刑事被告人的赦免或定罪，以及由此得来的法院判决")。对比 JOHN BOUVIER, A LAW DICTIONARY 67 (10th ed., Philadelphia: 1865) (由"陪审团的裁断"引发"危险") 和 *id.* at 752 (11th ed., 1868) (由于"陪审团对被告的裁断负责"而引发"危险")。另外对比 3 JOSEPH STORY, COMMENTARIES ON THE CONSTITUTION OF THE UNITED STATES § 1781 (Boston: Hillard, Gray, 1833), 和 United States v. Gibert, 25 F. Cas. 1287, 1295—1296 (C. C. D. Mass. 1834) (No. 15, 204) (Story, Circuit J)。

〔21〕 *See, e. g.*, 3 THE PAPERS OF ALEXANDER HAMILTON 485 (Harold C. Syrett and Jacob E. Cooke eds., 1962) (1784 年，"福兴来信"将"法律正当程序"界定为"正直宪法公民的起诉状或起诉书、审判和定罪依次进行"); 2 JAMES KENT, COMMENTARIES ON AMERICAN LAW 13 (2d ed., 1832); 3 J. STORY, *supra* note 20, at § 1783 (similar). 一如既往，这里我们仍然认为，这一条款的适用范围并不只限于我们所认为的"核心"内涵。实际上，正如最高法院指出的，如果不这么做，整个这一条款就会变得多余。*See* Murray's Lessee v. Hoboken Land and Improvement Co., 59 U. S. (18 How.) 272, 276 (1856).

〔22〕 *See* Ralph Lerner, *The Supreme Court as Republican Schoolmaster*, 1967 SUP. CT. REV. 127.

〔23〕 *Letters from the Federal Farmer* (XV), *reprinted in* 2 THE COMPLETE ANTI-FEDERALIST, *supra* note 14, at 315, 320.

〔24〕 I ALEXIS DE TOCQUEVILLE, DEMOCRACY IN AMERICA at 295—296

（Phillips Bradley ed., Vintage 1945）。弗朗西斯·利伯(Francis Lieber),19 世纪中期宪法评论的领导人物,与托克维尔平分秋色。See FRANCIS LIEBER, ON CIVIL LIBERTY AND SELE-GOVERNMENT 250 (Philadelphia: Lippincott, Grambo, 1853).

[25] 1 A. DE TOCQUEVILLE, *supra* note 24, at 297.

[26] *Letters from the Federal Farmer* (Ⅳ), *reprinted in* 5 THE COMPLETE ANTI-FEDERALIST, *supra* note 14 at 249; *cf. Letters of Cato* (Ⅴ), *reprinted in id.* at 119("让人有机会加入到政府中也是对自由人的一项重要保障")。

[27] *Letters from the Federal Farmer* (ⅩⅤ), *reprinted in id.* at 320.

[28] *Letters from the Federal* (Ⅳ), *reprinted in* 2 THE COMPLETE ANIT-FEDERALIST, *supra* note 14, at 249—250; *see also id.* at 320 (ⅩⅤ)。

[29] *Letter from Thomas Jefferson to L'Abbé Arnoux*(July 19, 1789), *in* 15 THE PAPERS OF THOMAS JEFFERSON 282, 283 (Julian P. Boyd ed., 1958) [hereinafter J. Boyd]; *see also* 2 THE WORKS OF JOHN ADAMS 253 (Charles Francis Adams ed., Boston: Little, Brown, 1850) (diary entry, Feb. 12, 1771) ("普通人"应当像掌握立法机关一样"完全掌握"司法机关;"参加陪审团的权利和选举权"同源同宗,或者说殊途同归)。

[30] 1 A. DE TOCQUEVILLE, *supra* note 24, at 293—294. *See also Letters from the Federal Farmer* (ⅩⅤ), *reprinted in* 2 THE COMPLETE ANTI-FEDERALIST, *supra* note 14, at 315, 320 ("陪审团审判,特别是从政治上考量,绝对是一个自由国家在司法制度方面最重要的特征。"纳尔逊教授写道,陪审员一般是从拥有不动产者当中随机挑选产生,这些人对该法院的司法管辖权具有投票权,或者由行政司法官当庭从旁听者中召集)。William E. Nelson, *The Eighteenth-Century Background of John Marshall's Constitutional Jurisprudence*, 76 MICH. L. REV. 893, 918 n.140 (1978). 托马斯·杰斐逊对这一最终方式持尖锐批评态度,认为给常任的行政官员赋予了太大的自由裁量权。*See Petition on Election of Jurors* (Oct. 1798), *reprinted in* 7 THE WRITINGS OF THOMAS JEFFERSON 284, 285 (Paul Leicester Ford ed., New York: G. P. Putnam's Sons, 1896) [hereinafter P. Ford]; *First Annual Message* (Dec. 8, 1801), *reprinted in* 8 *id.* at 108, 123—124 (1897); *Letter from Thomas Jefferson to Sarah Mease* (March 26, 1801), *in id.* at 34, 35; *Letter from Thomas Jefferson to Samuel Kercheval* (July 12, 1816), *in* 10 *id.* at 37, 39 (1899)。

[31] JOHN TAYLOR, AN INQUIRY INTO THE PRINCIPLES AND POLICY OF THE GOVERNMENT OF THE UNITED STATES 209 (W. Stark ed., 1950) (1814).

[32] *Essays by a Farmer* (IV), *reprinted in* 5 THE COMPLETE ANTI-FEDERALIST, *supra* note 14, at 36, 38; *see also id.* at 37 (把陪审团称作司法系统内的一个"特别分支")。

[33] 1 A. DE TOCQUEVILLE, *supra* note 24, at 293.

[34] *See supra* text at note 28; *see also Essays by a Farmer* (*I*), *reprinted in* 4 THE COMPLETE ANTI-FEDERALIST, *supra* note 14, at 205, 206.

[35] *See, e.g.*, GORDON S. WOOD, THE CREATION OF THE AMERICAN REPUBLIC, 1776—1787, at 521—522 (1969); HERBERT J. STORING, WHAT THE ANTI-FEDERALISTS WERE FOR 17, 84 n. 15 (1981); *Essays of Brutus* (*XVI*), *reprinted in* 2 THE COMPLETE ANTI-FEDERALISTS, *supra* note 14, at 444—445; 2 DEBATES ON THE ADOPTION OF THE FEDERAL CONSTITUTION 309—311 (Jonathan Elliot ed., AYER Co. reprint ed., 1987) (1836) [hereinafter ELLIOT'S DEBATES]. *See also* Akhil Reed Amar, Note, *Choosing Representatives by Lottery Voting*, 93 YALE L. J. 1283 (1984).

[36] *Letter from Thomas Jefferson to George Washington* (May 2, 1788), *in* 13 J. Boyd, *supra* note 29, at 124, 128 (1956); *Letter from Thomas Jefferson to James Madison* (July 31, 1788), *in id.* at 440, 442—443; *Letter from Thomas Jefferson to James Madison* (Dec. 20, 1787), *in* 12 *id.* at 438, 440—441 (1955); *Letter from Thomas Jefferson to Francis Hopkinson* (Mar. 13, 1789), *in* 14 *id.* at 649, 650.

[37] 2 ELLIOT'S DEBATES, *supra* note 35, at 288.

[38] *See* Akhil Reed Amar, *Of Sovereignty and Federalism*, 96 YALE L. J. 1425, 1487 (1987). *See also* Akhil Reed Amar, *Fourth Amendment First Principles*, 107 HARV. L. REV. 757 (1994).

[39] *See* 2 THE WORKS OF JAMES WILSON 542 (Robert Green McCloskey, ed., 1967); Henfield's Case, 11 F. Cas. 1099, 1121 (C. C. D. Pa. 1793) (No. 6, 360) (Wilson, Circuit J.). *See also* United States v. Smith and Ogden, 27 F. Cas. 1186, 1242 (C. C. D. N. Y. 1806) (No. 16,342a); United States v. Wilson 28 F. Cas. 699, 700, 708—709 (C. C. D. Pa. 1830) (No. 16,730) (Baldwin, Circuit J.).

［40］ See Virginia v. Zimmerman, 28 F. Cas. 1227, 1227（C. C. D. D. C. 1820）（No. 16,968）（陪审团有权决定法律问题，就意味着辩护人有权就法律问题提请陪审团决定）；United States v. Morris, 26 F. Cas. 1323, 1331—1336（C. C. D. Mass. 1851）（No. 15,815）（Curtis, Circuit J.）（基于陪审团无权决定法律问题的理由，防止辩护人就法令的合宪性问题提请陪审团决定）。

［41］ 25 F. Cas. 239（C. C. D. Va. 1800）（No. 14,709）。

［42］ See STEPHEN B. PRESSER AND JAMIL S. ZAINALDIN, LAM AND JURISPRUDENCE IN AMERICAN HISTORY 228—247（2d ed., 1989）。

［43］ Proceedings in Commemoration of the 200th Anniversary of the First Session of the Supreme Court of the United States, 493 U. S. v, x（1990）（remarks of Rex Lee）。

［44］ 25 F. Cas. at 253.

［45］ See Marbury v. Madison, 5 U. S.（1 Cranch）137（1803）；see generally Akhil Reed Amar, Marbury, Section 13, and the Original Jurisdiction of the Supreme Court, 56 U. CHI. L. REV. 443, 445—446（1989）。

［46］ Essays by a Farmer（IV）, reprinted in 5 THE COMPLETE ANTI-FEDERALIST, supra note 14. at 36, 38; see also id. at 37（把陪审团称作司法系统内的一个"特别分支"）。

［47］ Letters from the Federal Farmer（XV）, reprinted in 2 THE COMPLETE ANTI-FEDERALIST, supra note 14, at 315, 320.

［48］ Id.

［49］ See Peter Westen and Richard Drubel, Toward a General Theory of Double Jeopardy, 1978 SUP. CT. REV. 81, 131—132; Peter Westen, The Three Faces of Double Jeopardy: Reflections on Government Appeals of Criminal Sentences, 78 MICH. L. REV. 1001, 1012—1018（1980）。

［50］ 1 A. DE TOCQUEVILLE, supra note 24, at 296.

［51］ Gannett Co. v. DePasquale, 443 U. S. 368, 428—429（1979）。

［52］ Patton v. United States, 281 U. S. 276, 293（1930）。

［53］ See Akhil Reed Amar, A Neo-Federalist View of Article III: Separating the Two Tiers of Federal Jurisdiction, 65 B. U. L. REV. 205（1985）；Akhil Reed Amar, The Two-Tiered Structure of the Judiciary Act of 1789, 138 U. PA. L. REV. 1499（1990）。Joseph Story, whose opinion of the Court in Martin v. Hunter's Lessee, 14 U. S.（1 Wheat.）304（1816）。案件强调《宪法》第3条关于司法管辖权和任期终身

制规定的"应当"和"所有"的字面含义,并认为这些词在刑事陪审团问题上具有强制意义,参见 United States v. Gibert, 25 F. Cas. 1287, 1305 (C. C. D. Mass. 1834)(No. 15,204)(Story, Circuit J.)。

[54] See, e.g., THE FEDERALIST No. 83, at 496 (Alexander Hamilton); 3 ELLIOT'S DEBATES, supra note 35, at 520—521; 4 id. at 145, 171; id. at 290; CECELIA M. KENYON, THE ANTIFEDERALISTS 51 (1985)。

[55] 巴顿案意味着殖民地允许在刑事案件中实行法官审判,但更近的历史研究对这一观点的证据提出了质疑。See Susan C. Towne, *The Historical Origins of Bench Trial for Serious Crime*, 26 AM. J. LEGAL HIST. 123 (1982). 无论如何,这段历史都与《宪法》第3条和第六修正案的含义扯不上什么关系,后两者在文字表述上与各殖民地和各州制定的类似文件都有相当大的差别。

[56] See, e.g., United States v. Gibert, 25 F. Cas. 1287, 1304 (C. C. D. Mass. 1834)(No. 15,204)(Story, Circuit J.); *Schick*, 195 U. S. at 81—82 (Harlan, J., dissenting); FRANCIS H. HELLER, THE SIXTH AMENDMENT 71 (1951).

[57] Albert W. Alschuler, *Plea Bargaining and Its History*, 79 COLUM. L. REV. 1, 1—24 (1979); see also WILLIAM E. NELSON, AMERICANIZATION OF THE COMMON LAW (1975), at 100 (指出司法实践中法院并不鼓励在死刑案件中作有罪答辩).

[58] See Alschuler, supra note 57, at 1, 40.

[59] See in re Oliver, 333 U. S. 257, 266 (1948).

[60] EDWARD COKE, THE SECOND PART OF THE INSTITUES OF THE LAWS OF ENGLAND 103 (London: E. and R. Brooke, 5th ed., 1797).

[61] See in re Oliver, 333 U. S. at 268—269 and n.22.

[62] 3 J. STORY, supra note 20, § 1785 at 662 (emphasis added).

[63] See U.S. CONST. Amends. I, II, IV, IX, X.

[64] See generally Akhil Reed Amar, *The Central Meaning of Republican Government: Popular Sovereignty, Majority Rule, and the Denominator Problem*, 65 U. COLO. L. REV. 749 (1994).

[65] See Gannett Co. v. DePasquale, 443 U. S. 368, 428—429 (1979) (Blackmun, J., concurring in part and dissenting in part) (quoting Cox Broadcasting Corp. v. Cohn, 420 U. S. 469, 495(1975)).

[66] MATTHEW HALE, THE HISTORY OF THE COMMON LAW OF ENGLAND 344 (London: Henry Butterworth, 6th ed., 1820).

[67] 3 W. BLACKSTONE, *supra* note 19, at 372. 尽管这段话出现在关于民事案件证据法律的讨论中,布莱克斯通在别处也明确提出这一原则同样适用于刑事案件。*See* 4 *id*. at 350.

[68] Sir John Hawles, Remarks upon Mr. Cornish's Trial, *in* 11 Howell's State Trials 455, 460.

[69] 3 W. BLACKSTONE, *supra* note 19, at 373. *See also* M. HALE, *supra* note 66, at 345 (quoted infra note 73).

[70] THE FEDERALIST No. 83, at 500—501.

[71] *Cf.* Rock v. Arkansas, 483 U. S. 44, 51—53 (1987).

[72] *See generally* Joel N. Bodansky, *The Abolition of the Party-Witness Disqualification: An Historical Survey*, 70 KY. L. J. 91 (1982); Ferguson v. Georgia, 365 U. S. 570, 573—577 (1961).

[73] 3 W. BLACKSTONE, *supra* note 19, at 372—373. *See also* 4 *id*. at 350. 看来,布莱克斯通在很大程度上借鉴了哈利(M. Hale)的话:"证人通常愿意(私下里)说出来,他们对在公开场合作证感到羞耻……很多时候,看看证词是以什么方式提供的,我们就能分析出证人说的是对还是错……(交叉质证)在逼出真相、筛选对错方面要好得多……也是查明和筛选真相的最好方法……" M. HALE, *supra* note 66, at 345.

[74] 4 W. BLACKSTONE, *supra* note 19, at 345.

[75] *See* Wilson v. United States, 149 U. S. 60, 66 (1893); Akhil Reed Amar and Renée B. Lettow, *Fifth Amendment First Principles: The Self-Incrimination Clause*, 93 MICH. L. REV. 857, 922—924 (1995); Stephen J. Schulhofer, *Some Kind Words for the Privilege Against Self-Incrimination*, 26 VAL. U. L. REV. 311 (1991).

[76] The Trial of Sir Walter Raleigh, 2 Howell's State Trials 15—16 (Oyer and Terminer 1603).

[77] *See, e. g.*, ZECHARIAH CHAFEE, JR., THREE HUMAN RIGHTS IN THE CONSTITUTION OF 1787, AT 127 (1956).

第六章 人民主权修正案（159—164）

[1] THE FEDERALIST No. 84, at 513（Clinton Rossiter ed., 1961）.

[2] 2 DEBATES ON THE ADOPTION OF THE FEDERAL CONSTITUTION 432, 437（Jonathan Elliot ed., AYER Co. Reprint ed., 1987）（1836）.

[3] THE DECLARATION OF INDEPENDENCE para. 2（U.S. 1776）.

[4] THE FEDERALIST No. 78, at 469（Alexander Hamilton）.

[5] See Akhil Reed Amar, Of *Sovereignty and Federalism*, 96 YALE L. J. 1425, 1492—1519（1987）.

[6] See EDWARD DUMBAULD, THE BILL OF RIGHTS AND WHAT IT MEANS TODAY 163（1957）.

第七章 作为宪法的权利法案（165—176）

[1] 3 THE RECORDS OF THE FEDERAL CONVENTION OF 1787, at 290（Max Farrand rev. ed., 1937）.

[2] 2 *id.* at 640; 3 DEBATES ON THE ADOPTION OF THE FEDERAL CONSTITUTION 444（Jonathan Eliot ed., AYER Co. reprint ed., 1987）.

[3] *Letters of Agrippa*（XVI）, *reprinted in* 4 THE COMPLETE ANTI-FEDERALIST 111（Herbert J. Storing ed., 1981）.

[4] 2 ELLIOT'S DEBATES, *supra* note 2, at 401; *see also* 3 *id.* at 445—446; Thomas F. McAfee, *The Original Meaning of the Ninth Amendment*, 90 COLUM L. REV., 1241—1244（1990）（讨论并引用了其他反联邦党人将《权利法案》与各州权利联系起来的表述）.

[5] 2 ELLIOT'S DEBATES, *supra* note 2, at 399.

[6] *Letter from Thomas Jefferson to James Madison*（Dec. 20, 1787）, *in* 1 BERNARD SCHWARTZ, THE BILL OF RIGHTS: A DOCUMENTARY HISTORY 607（1971）（August 18, 1789）.

[7] GORDON S. WOOD, CREATION OF THE AMERICAN REPUBLIC, 1776—1787, at 520（1969）; *see also id.* at 516（把反联邦党人描述为强调人民广

美国《权利法案》公民指南

泛参与到政府中的平民主义者).

[8] 1 B. SCHWARTZ, *supra* note 6, at 615 (letter of Oct. 17, 1788).

[9] THE FEDERALIST No. 38, at 235 (James Madison) (Clinton Rossiter ed., 1961) [hereinafter all citations are to this edition].

[10] *Id.* No. 84, at 515.

[11] *Id. See also* PENNSYLVANIA AND THE FEDERAL CONSTITUTION, 1787—1788, at 252 (John Bach McMaster and Frederick D. Stone eds., Lancaster: Inquirer, 1888) ("政府的全部计划就是制定一部《权利法案》——宣告人民选择以什么样的方式接受统治").

[12] 2 B. SCHWARTZ, *supra* note 6, at 1031 (June 8, 1789).

[13] *Id.* at 1031—1032.

[14] *Letter from Thomas Jefferson to James Madison* (Mar. 15, 1789), *in* 14 THE PAPERS OF THOMAS JEFFERSON 659 (Julian P. Boyd ed., 1958).

[15] *Letter from Thomas Jefferson to L'Abbé Arnoux* (July 19, 1789), *in* 14 *id.* at 282.

[16] *Letter from Thomas Jefferson to Joseph Priestley* (June 19, 1802), *in* 8 THE WRITINGS OF THOMAS JEFFERSON 158, 159—160 (Paul Leicester Ford ed., New York: G. P. Putnam's Sons, 1897).

[17] *See, e. g.*, 3 JOSEPH STORY, COMMENTARIES ON THE CONSTITUTION OF THE UNITED STATES § 1859 (Boston: Hilliard, Gray, 1833) (《权利法案》"有助于引导和启蒙大众观念"); *Letters from the Federal Farmer* (*XVI*), *reprinted in* 2 THE COMPLETE ANTI-FEDERALIST, *supra* note 3, at 324—25 (一份权利宣言"在人民的头脑中确立了他们可能不会考虑到或者很快会遗忘的一些事实和原则。一个国家要想使其宗教或者政治制度长存于世,就应当让这些制度的主要原则写在每个家庭户口本的首页。理论上,这些事实只有持续存在于人民的头脑中并得到他们的认同,才能发挥作用……通过榜样、训令、宣示将各种观念灌输到人民的头脑中,都属于教育的范畴"); 1 BLACKSTONE'S COMMETARIES 308 app. (st. George Tucker ed., Philadelphia: Burch and Small, 1803) ("制定一部《权利法案》,不仅可以看作是制定法律,为政府划定边界……还可以看作是向人民传递信息,以便每个人,哪怕是最无能、最愚钝的人都能知道自己拥有什么权利……").

[18] *See* Robert C. Palmer, *Liberties*, in CONSTITUTION AND RIGHTS IN THE

EARLY AMERICAN REPUBLIC 55 (William E. Nelson and Robert C. Palmer eds., 1987); IRVING BRANT, THE BILL OF RIGHTS 37—42 (1965).

[19] VA. CONST. OF 1776 (Declaration of Rights), §15.

[20] 麦迪逊非常清楚,这些原则有助于普通公民学习并牢记在心。See THE FEDERALIST No. 53, at 330—332; 2 M. FARRAND, *supra* note 1, at 616—617 (麦迪逊支持将不设常备军的原则写入《宪法》第1条第8款); *see also* EDWARD DUMBAULD, THE BILL OF RIGHTS AND WHAT IT MEANS TODAY 207 (1957) (麦迪逊提出一项修正案,将新闻自由描述成"自由的一个重要支撑")。平民主义倾向不那么强烈的汉密尔顿则更加激进。See THE FEDERALIST No. 84, at 513 (Alexander Hamilton) ("我们几个州的宪法中突出彰显的说教式格言……更适合写在道德文章中,而不是写入政府的宪法中")。当然,汉密尔顿对民兵和陪审团制度也没那么狂热。See id. Nos. 26, 29, 83.

[21] *Letter from a Delegate Who Has Catched Cold*, *reprinted in* 5 THE COMPLETE ANTI-FEDERALIST, *supra* note 3, at 268, 273; *see also* 1 WILLIAM BLACKSTONE, COMMENTARIES ON THE LAWS OF ENGLAND 6 (Oxford: Clarendon, 1765) (在古罗马,"年轻男子必须学习十二铜表法并背下来")。

[22] 3 ELLIOT'S DEBATES, *supra* note 2, at 137, 223.

[23] 1 B. SCHWARTZ, *supra* note 6, at 616—617. (Letter of James Madison to Thomas Jefferson Oct. 17, 1788). 麦迪逊的这些话,对后来兰道夫(Randolph)对《弗吉尼亚权利法案》的思考很有启发。Id. at 249.

[24] 14 THE PAPERS OF JAMES MADISON 218 (Robert A. Rutland et al. eds., 1983) (*National Gazette* essay on U. S. government, Feb. 4, 1792); *accord* G. WOOD, *supra* note 7, at 33—35 (宪法"最终要靠""人民的精神来维护"); *id.* at 377 (人民的"天赋"和"习惯"远远超过了写在纸上的宪法和权利法案)。

[25] *Quoted in* G. WOOD, *supra* note 7, at 120.

[26] *Id.*

[27] *Id.* at 426.

[28] MASS. CONST. OF 1780, pt. II, ch. V, §II.

第二部分 重　　建

第八章　南北战争前的思想观念(179—194)

[1] 32 U.S. (7 Pet.) 243 (1833).

[2] *Id.* at 247.

[3] *Id.*

[4] *Id.* at 243, 250 (1833).

[5] See generally Part I.

[6] See Paul Finkelman, *James Madison and the Bill of Rights: A Reluctant Paternity*, 1990 SUP. CT. REV. 301, 335.

[7] See Livingston v. Moore, 32 U.S. (7 Pet.) 469, 482, 539, 551—552 (1833) (Fourth and Seventh Amendments); Holmes v. Jennison, 39 U.S. (14 Pet.) 540, 555, 582, 587 (1840) (opinions of Thompson and Barbour, JJ.) (Fifth Amendment due process); Permoli v. New Orleans, 44 U.S. (3 How.) 589, 609 (1845) (First Amendment free exercise); Fox v. Ohio, 46 U.S. (5 HOW.) 410, 434—435 (1847) (Fifth Amendment double jeopardy); Town of East Hartford v. Hartford Bridge Co., 51 U.S. (10 HOW.) 511, 539 (1850) (Fifth Amendment just compensation); Smith v. Maryland, 59 U.S. (18 HOW.) 71, 72, 76 (1855) (Fourth Amendment); Withers v. Buckley, 61 U.S. (20 HOW.) 84, 89—91 (1858) (Fifth Amendment just compensation); Pervear v. Massachusetts, 72 U.S. (5 Wall.) 475, 476, 479—480 (1866) (Eighth Amendment).

在众口一词的一致意见中，唯一的不和谐音是麦克莱恩法官(Justice McLean)关于"双重危险"的两条不同意见。See Fox, 46 U.S. (5 How.) at 438—440 (McLean, J., dissenting); Moore v. Illinois, 55 U.S. (14 How.) 13, 21—22 (1852) (McLean, J., dissenting). 麦克莱恩从来没有说过第五修正案禁止州对同一个人的一次违法行为进行两次处罚；但他确实认为这项修正案和各州宪法中与之对应的双重危险条款遥相呼应，禁止联邦和州政府对同一个人的一次违法行

注释

为分别进行惩罚。

[8] Bank of Columbia v. Okely, 17 U. S. (4 Wheat.) 235, 240—242 (1819). 有关约翰逊用语与后来巴伦案的观点不一致的分析,参见 William Winslow Crosskey, Charles Fairman, "Legislative History," and the Constitutional Limitations on State Authority, 22 U. CHI. L. REV. 1, 127—129 (1954)。

[9] Houston v. Moore, 18 U. S. (5 Wheat.) 1, 33—34 (1820)

[10] People v. Goodwin, 18 Johns. 187, 200—201 (N. Y. Sup. Ct. 1820); States v. Moor, 1 MISS. 134, 138 (1823) (citing and following Goodwin).

[11] WILLIAM RAWLE, A VIEW OF THE CONSTITUTION OF THE UNITED STATES OF AMERICA 120—130 (Philadelphia: H. C. Carey and I. Lea, 1825).

[12] People v. Goodwin, 18 Johns. 187, 200 (N. Y. Sup. Ct. 1820).

[13] Rhinehart v. Schuyler, 7 Ill. (2 Gilm.) 473, 522 (1845); see also Cockrum v. State, 24 Tex. 394, 401—402(1859) (引用了辩护人的意见,即州的法律违反了联邦的第二修正案,探讨了这项修正案的原则问题,但并没有提及巴伦案)。

[14] Fox v. Ohio, 46 U. S. (5 HOW.) 410, 420 (1847).

[15] 39 U. S. (14 Pet.) 540, 555 (1840).

[16] Id. at 555—556.

[17] Id. at 556—557.

[18] Nunn v. Georgia, I Ga. 243, 250 (1846).

[19] Id. at 249.

[20] Id.

[21] Id. at 250—251 (emphasis omitted).

[22] Id. at 250.

[23] Campbell v. State, II Ga. 243, 250 (1846).

[24] Id. at 365.

[25] Campbell v. State, II Ga. at 365.

[26] Id. at 367—368.

[27] See, e. g., 1 THE RECORDS OF THE FEDERAL CONVENTION OF 1787, at 250, 338, 439 (Max Farrand rev. Ed., 1937) (remarks of John Lansing and Luther Martin); CECELIA M. KENYON, THE ANTI-FEDERALISTS 93, 124, 133, 171, 185, 240—241, 251, 254) (1966) (汇集了各路反联邦党人对宪法草案新

颖性的反对意见)。有关普希利乌斯对这一批评的回应,参见 THE FEDERALIST No. 14 (James Madison)。

[28] CONG. GLOBE, 35th Cong., 2d Sess. 982 (1859); see also CONG. GLOBE, 37th Cong., 2d Sess. 1640 (1862) (约翰·宾汉姆的话,引用的是国会"关于承认宾汉姆的家乡俄亥俄州所有遵守其法律的人以永久自由地位的法案"); CONG. GLOBE, 40th Cong., 2d Sess. 2463 (1868) (约翰·宾汉姆的话,讨论的是承认密苏里州公民防卫特权和豁免权的条件); Howard Jay Graham, The "Conspiracy Theory" of the Fourteenth Amendment, 47 YALE L. J. 371, 395 n. 84 (1938) (讨论宾汉姆思想中可能受到国会法规影响的内容,国会的这些法规要求,接纳新的州加入联邦,必须要求其遵守法定诉讼程序和其他权利保障的规定)。

[29] See, e.g., MICHAEL KENT CURTIS, NO STATE SHALL ABRIDGE: THE FOURTEENTH AMENDMENT AND THE BILL OF RIGHTS, 36, (1986); WILLIAM GOODELL, THE AMERICAN SLAVE CODE IN THEORY AND PRACTICE 372—384 (Negro Universities Press, 1968) (1853); HAROLD M. HYMAN AND WILLIAM M. WIECEK, EQUAL JUSTICE UNDER LAW, 15, 401—402 (1982); JACOBUS TENBROEK, EQUAL UNDER LAW, 38—39, 125—126 (Collier, 1965) (1951); WILLIAM M. WIECEK, THE SOURCES OF ANTISLAVERY CONSTITUTIONALISM IN AMERICA 1760—1848, at 182—183, 208—281 (1977).

[30] See CONG. GLOBE, 36th Cong., 1st sess. 2595—2601 (1860) (remarks of Sen. Charles Sumner); Michael Kent Curtis, The 1859 Crisis Over Hinton Helper's Book, The Impending Crisis: Free Speech, Slavery, and Some Light on the Meaning of the First Section of the Fourteenth Amendment, 68 CHI.-KENT L. REV., 1129 (1993) [hereinafter 1859 Crisis].

[31] See M. CURTIS, supra note 29, at 23, 30—38; KENNETH M. STAMPP, THE PECULIAR INSTITUTION 211—212 (1956); Alfred Avins, Incorporation of the Bill of Rights: The Crosskey-Fairman Debates Revisited, 6 HARV. J. ON LEGI. 1, 17—26 (1968); see generally CLEMENT EATON, THE FREEDOM OF THOUGHT STRUGGLE IN THE OLD SOUTH (1964); RUSSELL B. NYE, FETTERED FREEDOM (1963); Micheal Kent Curtis, The Curious History of Attempts to Suppress Antislavery Speech, Press, and Petition in 1835—1837, 87 NW. U. L. REV. 785, 862 (1995) (quoting A FULL STATEMENT OF THE REASONS... 17 (Boston, 1836)

[hereinafter *Curious History*]; Curtis, 1859 *Crisis*, *supra* note 30.

[32] *See* Curtis, *1859 Crisis*, *supra* note 30, at 1134—1135.

[33] *See* CONG. GLOBE, 39th Cong., 1st Sess. 1013 (1866) (remarks of Rep. Tobias Plants); K. STAMPP, *supra* note 31, at 208, 211; J. TENBROEK, *supra* note 29, at 124—125; Avins, *supra* note 31, at 17; Crutis, *1859 Crisis*, *supra* note 30, at 1123.

[34] *See* Kurt T. Lash, *The Second Adoption of the Free Exercise Clause: Religious Exemptions under the Fourteenth Amendment*, 88 NW. U. L. REV. 1106, 1134 and n. 127 (1994).

[35] *See* K. STAMPP, *supra* note 31, at 132—140. *See also* W. WIECEK, *supra* note 29, at 123—124, 128—149.

[36] *See* STEPHEN P. HALBROOL, THAT EVERY MANBE ARMED 96—106 (1984); Robert J. Cottrol and Raymond T. Diamond, *The Second Amendment: Towards an Afro-Americanist Reconsideration*, 80 GEO. L. J. 309, 333—338 (1991).

[37] *See* K. STAMPP, *supra* note 31, at 153, 188—191, 193—194, 212, 215—217; M. CURTIS, *supra* note 29, at 40, 50; THOMAS D. MORRIS, FREE MEN ALL (1974).

[38] *See* Curtis, *1859 Crisis*, *supra* note 30, at 1162, 1171. 有关书籍搜查令明显的非法性,参见 Entick v. Carrington, 95 Eng. Rep. 807 (C. P. 1765), 19 Howell's State Trials 1029 (Camden, C. J.); Eric Schnapper, *Unreasonable Searches and Seizures of Papers*, 71 VA. L. REV. 869 (1985)。

[39] 有关废奴理论对第三十九届国会中致力重建的共和主义者有何影响的讨论,参见 M. CURTIS, *supra* note 29, at 26—56; 也可参见 Curtis, *Curious History*, *supra* note 31, at 860 [概述了废奴运动倡导者格里特·史密斯(Gerrit Smith)所宣扬的理论观点]; *see generally* William E. Nelson, *The Impact of the Anti-Slavery Movement upon Styles of Judicial Reasoning in Nineteenth Century America*, 87 HARV. L. REV. 513 (1974); Earl M. Maltz, *Fourteenth Amendment Concepts in the Antebellum Era*, 32 AM. J. LEGAL HIST. 305, 309 (1988)。

[40] *See, e. g.*, CONG. GLOBE, 39th Cong., 1st Sess. 1065 (1866) (remarks of Rep. John Bingham) (强调有必要保护南部"数以千计忠诚的白人公民"免于财产充公或者其他镇压手段的迫害); Charles Fairman, *Does the Fourteenth Amendment Incorporate the Bill of Rights?* 2 STAN. L. REV. 5, 90 (1949) [引用1866

年佛蒙特州州长保罗·迪林厄姆(Paul Dillingham)为批准第十四修正案"确保由十三个州组成的最初的美利坚合众国赋予南方以平等权利和公正的自由"而作的演讲];The Slaughter-House Cases, 83 U.S. (16 WALL.) 36, 123 (1873)(Bradley, J., dissenting)("应当纠正的恶行不光有奴隶制……还有对自由言论和自由讨论不能容忍、时常危及生命和财产安全并导致了大量不平等的立法");Ex parte Virginia, 100 U.S. 339, 364—365 (1880) (Field, J., dissenting)(讨论保护南方的北方人和联邦主义者的重要意义);see generally S. EXEC. DOC. No. 2, 39th Cong., 1st Sess. (1865) (report of Carl Schurz)(详细说明了保护南方的白人联邦主义者和北方人的必要性);CHESTER JAMES ANTIEAU, THE ORIGINAL UNDERSTANDING OF THE FOURTEENTH AMENDMENT 24—25 (1981)(汇集了类似的引文).

第九章　第十四修正案(195—218)

[1] 10 U.S. (6 Cranch) 87, 138 (1810).

[2] See Piqua Branch of the State Bank v. Knoop, 57 U.S. (16 HOW.) 369, 385, 392 (1853);Cummings v. Missouri, 71 U.S. (4 Wall.) 277, 322, 325 (1866).

[3] U.S CONST. amend. I ("国会不得制定法律……剥夺……").

[4] U.S. CONST. amend. I (言论和新闻"自由";集会和请愿"权利",宗教活动"自由");id. amend. II (持有和携带武器的"权利");id. amend. IV (不受不合理搜查和扣押的"权利");id. amend. VI (刑事追诉中受各种程序保护的"权利");id. amend. VII (接受民事陪审团审判的"权利");id. amend. IX (由人民保留的"权利").

[5] 12 OXFORD ENGLISH DICTIONARY 522 (2d ed. 1989)(但不限于将"特权"界定为包括权利、优越性,或豁免权");7 id. at 691 (将"豁免权"界定为包括但不限于"不纳税、不受司法管辖等自由").

[6] SECOND CONTINENTAL CONGRESS, DECLARATION OF THE CAUSES AND NECESSITY OF TAKING UP ARMS, para. 3 (1775), reprinted in 1 GREAT ISSUES IN AMERICAN HISTORY 46, 49 (Richard B. Hofstadter ed., 1958);THE FEDERALIST No. 84, at 513—514 (Alexander Hamilton) (Clinton Rossiter ed.,

1961).更多 18 世纪的例子,参见 Robert J. Reinstein, *Completing the Constitution*: *The Declaration of Independence*, *Bill of Rights and Fourteenth Amendment*, 66 TEMPLE L. REV. 361, 401 and n. 212 (1993)。

[7] American Ins. Co. v. Canter, 26 U. S. (1 Pet.) 511, 515, 517 (1828) (reprinting circuit opinion of Justice Johnson).

[8] An Act for the Establishment of a Territorial Government in Florida, ch. 10, 3 Stat. 654, 658 (1822).

[9] Treaty between the United States of America and the Ottawa Indians of Blanchard's Fork and Roche De Boef, June 24, 1862, 12 Stat. 1237; Treaty Concerning the Cession of Russian Possession in North America by His Majesty the Emperor of all the Russias to the United States of America, March 30, 1867, 15 Stat. 539, 542; Treaty between the United States of America and Different Tribes of Sioux Indians, April 29, 1868, 15 Stat. 635, 637; *see generally* Arnold T. Guminski, *The Rights*, *Privileges*, *and Immunities of the American People*: *A Disjunctive Theory of Selective Incorporation of the Bill of Rights*, 7 WHITTIER L. REV. 765, 789—790 (1985).

[10] 1 WILLIAM BLACKSTONE, COMMENTARIES 127—145; *see also id.* at 164—165(讨论"言论特权"和"言论自由"时两者是可以互相替代的,在谈到"逮捕"时所用的是"特权")。有关布莱克斯通这几段话及其对第十四修正案的影响的深刻分析,参见 MICHAEL KENT CURTIS, NO STATE SHALL ABRIDGE: THE FOURTEENTH AMENDMENT AND THE BILL OF RIGHTS 64, 74—76 (1986)。

[11] *See*, *e. g.*, Act for Declaring the Rights and Liberties of the Subject, and Settling the Succession of the Crown (Bill of Rights), 1689, 1 W. & M., ch. 2, § 10 (Eng.)("不应索取过高的保释金,不得施加残酷和非常的惩罚")。第八修正案用"不得"替换了"不应当",但实际上也是一回事。

[12] 60 U. S. (19 How.) 393, 449 (1857) (emphasis added).

[13] *Id.* at 403.

[14] *Id.* at 404, 410—411.

[15] CONG. GLOBE, 39th Cong., 1st Sess. 430 (1866) (quoting *Dred Scott*, 60 U. S. at 404).

[16] *See e. g.*, *id.* at 1072 (remarks of Sen. James Nye, describing Bill of Rights as "the natural and personal rights of the citizen"); *id.* at 1153 (remarks of Rep. M. Russell Thayer)(将正当法律程序条款描述为"合众国宪法旨在保护所

美国《权利法案》公民指南

有公民的条款"之一);*id*. at 1263 (remarks of Rep. John Broomall)(将"言论权""人身保护令状和请愿权"描述为"公民的豁免权");*id*. at 1118, 1294 (remarks of Rep. James Wilson)(将"基本民事权利"归于"合众国公民"以及"权利法案所包含的公民"的权利);*id*. at 1822—33 (remarks of Rep. William Lawrence)(认为"国家宪法中的权利"是"属于每一位公民的权利");*see generally* M. CURTIS, *supra* note 10, at 54, 103.

[17] CONG. GLOBE, 39th Cong., 1st Sess. 1090 (1866)(emphasis added).

[18] *Id*. at 2765—2766.

[19] *See*, *e. g*., *id*. at 505, 1115, 2560, 2768—2769, 2890 (remarks of Sen. Reverdy Johnson, Rep. James Wilson, and Sens. William Morris Stewart, Benjamin Wade, and Edgar Cowan); Ho Ah Kow v. Nunan, 12 F. Cas. 252, 256 (C. C. D. Cal. 1879)(No. 6,546)(Field, Circuit J.); EARL M. MALTZ, CIVIL RIGHTS, THE CONSTITUTION, AND CONGRESS, 1863—1869, at 62—64, 97 (1990); HAROLD M. HYMAN AND WILLIAM M. WIECEK, EQUAL JUSTICE UNDER LAW 411 (1982); ALAN P. GRIMES, DEMOCRACY AND THE AMENDMENT TO THE CONSTITUTION 49 (1978); 2 WILLIAM WINSLOW CROSSKEY, POLITICS AND THE CONSTITUTION IN THE HISTORY OF THE UNITED STATES 1100—1103, 1109—1110 (1953); M. CURTIS, *supra* note 10, at 107; John Harrison, *Reconstructing the Privileges or Immunities Clause*, 101 YALE L. J. 1385 (1992). *See also* CONG. GLOBE, 39th Cong., 1st. Sess. 1757, 2890 (1866)(remarks of Sens. Lyman Trumbull and Edgar Cowan).

[20] 有关强调国家保护公民与公民效忠国家相辅相成的战争宣传的重要性的分析,参见 Daniel A. Farber and John E. Muench, *The Ideological Origins of the Fourteenth Amendment*, 1 CONST. COMMENTARY 235, 266—269, 276—277 (1984)。

[21] THE DECLARATION OF INDEPENDENCE para. 32 (U. S. 1776); 1 JEFFERSON DAVIS, THE RISE AND FALL OF THE CONFEDERATE GOVERNMENT 86 (T. Yoseloff)(1958 1881). 有关内战前的废奴主义改革家和重建时期共和党人宣言中关于荣誉圣殿的有力阐述,参见 Reinstein, *supra* note 6, at 361, 389—390。有关林肯运用《独立宣言》的精彩分析,参见 GARRY WILLS, LINCOLN AT GETTYSBURG (1992)。

[22] *See* 1 J. DAVIS, *supra* note 21, at 99—120. But *see* Akhil REED Amar,

Of Sovereignty and Federalism, 96 YALE L. J. 1425, 1444—1466 (1987).

[23] *See generally* M. CURTIS, *supra* note 10, *passim*; William Winslow Crosskey, *Charles Fairman*, "*Legislative History*," *and the Constitutional Limitations on State Authority*, 22 U. CHI. L. REV. 1 (1954).

[24] 除了早前引用的各类资料外，还可参见 *e. g.*, CONG. GLOBE, 39th Cong., 1st Sess. 2468 (1866) (remarks of Rep. William Kelley) (如果第1款的规定还没有写进宪法，那么现在应该这么做); *id.* at 2539 (remarks of Rep. John Farnsworth) (第1款的特权或豁免权和正当法律程序条款是"重申"和"多余的缀语"); *id.* at 256 app. (remarks of Rep. Jehu Baker) (第1款"更有助于澄清对宪法的错误理解，……而不是积极赋予新的权力"); *id.* at 340 (remarks of Sen. Edgar Cowan) (认为第五修正案的正当法律程序条款限制了各州); *id.* at 1833 (remarks of Rep. William Lawrence) (similar); *id.* at 1151—1152 (remarks of Rep. Russell Thayer) (similar); *id.* at 1294 and 157 app. (remarks of Rep. James Wilson) (similar)。

[25] *See, e. g.*, CHESTER JAMES ANTIEAU, THE ORIGINAL UNDERSTANDING OF THE FOURTEENTH AMENDMENT 62—70 (1981); M. CURTIS, *supra* note 10, at 149—152; E. MALTZ, *supra* note 19, at 116; WILLIAM E. NELSON, THE FOURTEENTH AMENDMENT, 104—109 (1988). *See also* C. ANTIEAU, at 40—42, 55—56.

[26] CONG. GLOBE, 35th Cong., 2d Sess. 982 (1859).

[27] *Id.* at 983—985.

[28] *Id.* at 983.

[29] CONG. GLOBE, 35th Cong., 2d Sess. 983 (1859).

[30] CONG. GLOBE, 39th Cong., 1st Sess. 430 (1866) (quoting Dred Scott, 60 U. S. at 404); *id.* at 1090.

[31] CONG. GLOBE, 39th Cong., 1st Sess. 2542 (1866).

[32] *Id.* at 1088—1094.

[33] *Id.* at 1089—1090.

[34] *Id.* at 1291—1293.

[35] CONG. GLOBE, 39th Cong., 2d Sess. 811 (1867).

[36] CONG. GLOBE, 39th Cong., 1st Sess. 84 app. (1871).

[37] *Id.*

[38] CONG. GLOBE, 38th Cong., 1st Sess. 1202—1203 (1864). 我们在此对柯蒂斯所做的工作深表感激。我们相信,正是柯蒂斯首先将他重要的威尔逊(Wilson)章节公示于众。See M. CURTIS, supra note 10, at 37—38.

霍尔(Hale)对威尔逊和宾汉姆在1866年2月27日的感叹心有灵犀:

这些宪法修正案,从第一条到第十条,……组成了《权利法案》,界定和限制了联邦以及州的立法机关权力。

……我们有足够的力量得出结论,从头至尾,这部《权利法案》的每条规定都被现存的奴隶制所违反了。

CONG. Blobe, 39th Cong., 1st Sess. 1064—1065 (1866).

[39] Id. at 2459. See Reinstein, supra note 6, 361, 389—390(对《独立宣言》和第十四修正案第1款做了漂亮的跟踪分析和历史关联)。

[40] CONG. GLOBE, 39th Cong., 1st Sess. 2765—2766 (1866).

[41] 有一些参议员知道宾汉姆是作者,也知道其立场。比如参议员杜利特尔(James Doolittle)就提醒同事们第1款由"宾汉姆先生"准备。据杜利特尔回忆,宾汉姆也曾经提出,《民权法案》从当前的判例法来看是违宪的,需要一部(以宾汉姆命名的)宪法修正案来赋予其合法性。杜利特尔继续赞扬宾汉姆在议会作了一次"很有震撼人心的演讲",指出只要一部修正案就足以"宣示所有人的民事权利"(Doolittle 的大致回忆)。在这次演讲中,宾汉姆六次提到"权利法案"。CONG. GLOBE, 39th Cong., 1st Sess, 2896 (1866)

[42] See Richard L. Aynes, *On Misreading John Bingham and the Fourteenth Amendment*, 103 YALE L. J. 57, 72 and n.84 (1993) (quoting N. Y. TIMES, Mar. 1, 1866, at 5, and JOHN A. BINGHAM, ONE COUNTRY, ONE CONSTITUTION, AND ONE PEOPLE: SPEECH OF HON. JOHN A. BINGHAM, OF OHIO, IN THE HOUSE OF REPRESENTATIVES, FEB. 28, 1866, IN SUPPORT OF THE PROPOSED AMENDMENT TO ENFORCE THE BILL OF RIGHTS (Washington: Cong. Globe Office, 1866).

[43] See JOSEPH B. JAMES, THE FRAMING OF THE FOURTEENTH AMENDMENT 125 (1956).

[44] See id. at 135—136; see Charles Fairman, *Does the Fourteenth Amendment Incorporate the Bill of Rights?*, 2 STAN L. REV. 5, 68—69 (1949); Crosskey, supra note 23, at 102—103.

[45] ERIC FONER, RECONSTRUCTION 260—261 (1988).

[46] See CONG. GLOBE, 39th Cong. 1st Sess. 1034 (1866).

[47] *Id*. at 1090.

[48] *Id*. at 1072 (1866).

[49] *Id*. at 1629.

[50] *Id*. at 1617, 1838—1839, 1621.

[51] See generally M. CURTIS, *supra* note 10, at 154—170. 费尔曼(Fairman)教授指出,他所指出的1866年至1970年间的很多国会决议实际上与合并原则背道而驰。Fairman, *supra* note 44, at 122—132. 在接纳或者重新接纳各州加入联邦过程中,费尔曼认为,国会似乎没有对各州宪法中与联邦《权利法案》并非完美一致的内容作出评估,就作出同意接纳各州的决定。费尔曼的主要证据是在大陪审团问题上的沉默。费尔曼所指的不一致性,实际上多少参考了各州宪法与联邦《权利法案》的特权和豁免权在表面上的基本一致性。考虑到这种基本一致性以及接纳或者重新接纳各州过程中还有很多更为重要的其他因素,人们自然就没有多少精力对大陪审团相关的事件和导火索进行深入细致的考察了。在这一点上,对费尔曼的回应,参见 E. MALTZ, *supra* note 19, at 116—117; Crosskey, *supra* note 23, at 85—88。

[52] CONG GLOBE, 42d Cong., 2d. Sess. 844 (1872).

[53] United States v. Hall, 26 F. Cas. 79, 82 (C. C. S. D. Ala. 1871).

[54] Letter of January 3, 1871.

[55] PROCEEDINGS IN THE KU KLUX TRIALS AT COLUMBIA, S. C., IN THE UNITED STATES CIRCUIT COURT, NOVEMBER TERM, 1871, at 147 (Columnia: Republican Printing, 1872) [discussing United States v. Mitchell, 26 F. Cas. 1283 (C. C. D. S. C. 1871) (No. 15,790)].

[56] 83 U. S. (16 Wall.) 36 (1873); *see also* Blyew v. United States, 80 U. S. (13 Wall.) 581, 596 (1872) (Bradley, J., dissenting) (制定1866年《民权法案》是为了保护黑人"拥有武器,……履行福音牧师的职责,……保护他们接受教育",同时保护黑人"免遭法律强加给他们而不适用于白人的残酷和无耻的惩罚")。

[57] 83 U. S. (16 Wall.) at 114—118 (Bradley, J., dissenting).

[58] *Id*. at 121—122.

第十章 合并的过程(219—224)

[1] Henry J. Friendly, *The Bill of Rights as a Code of Criminal Procedure*, 53 CAL. L. REV. 929,934 (1965).

[2] William W. Van Alstyne, Foreword to MICHAEL KENT CURTIS, NO STATE SHALL ABRIDGE: THE FOURTEENTH MENDMENT AND THE BILL OF RIGHTS, at ix (1986).

[3] 用这个词是为了说明这些案件都很重要,但不一定都是对的。

[4] 376 U.S. 254 (1964)(言论和出版自由).

[5] 374 U.S. 203 (1963).

[6] 367 U.S.643 (1961)(排除通过不合理搜查和扣押取得的证据); *see also id.* at 661—666 (Black, J., concurring)(部分依赖于不得强迫自证其罪的权利).

[7] 384 U.S. 436 (1966).

[8] 372 U.S. 335 (1963).

[9] 391 U.S. 145 (1968).

[10] 实际上,在经过参议院修改之前,这项修正案在1789年众议院通过时是这样写的:"纪律严明的民兵,由全体人民组成,是自由州安全最好的保障,人民持有和携带武器的权利,不得侵犯……" EDWARD DUMBAULD, THE BILL OF RIGHTS AND WHAT IT MEANS TODAY 214 (1957).

[11] *See supra* Chapter 3.

[12] *See, e.g.*, Burton v. Sills, 248 A.2d 521 (N.J. 1968), *appeal dismissed*, 394 U.S. 812 (1969); Quilici v. Village of Morton Grove, 695 F.2d 261 (7th Cir. 1982), *cert.* Denied, 464 U.S. 863 (1983).

[13] *See supra* Chapter 3.

第十一章 重建中的权利(225—257)

[1] *See supra* Chapter 2; on Callender, *see supra* Chapter 5.

[2] *See* 1 HENRY WILSON, HISTORY OF THE RISE AND FALL OF THE

注释

SLAVE POWER IN AMERICA 578—582（Boston：Houghton and Mifflin, 1872）。

[3] See CONG. GLOBE, 38th Cong., 1st Sess. 2984, 2990（1864）（remarks of Reps. William Kelley and Ebon Ingersoll）; CONG. GLOBE, 38th Cong., 2d Sess. 193, 237（1865）（remarks of Reps. John Kasson and Green Smith）; CONG. GLOBE, 39th Cong., 1st Sess. 41, 157—158, 474—475, 1263（1865—1866）（remarks of Sen. John Sherman, Rep. John Bingham, Sen. Lyman Trumbull, and Rep. John Broomall）; id. at 142 app.（remarks of Sen. Henry Wilson）; see also CHESTER JAMES ANTIEAU, THE ORIGINAL UNDERSTANDING OF THE FOURTEENTH AMENDMENT 24（1981）（quoting 1866 remarks of Rep. Columbus Delano）; Charles Fairman, *Does the Fourteenth Amendment Incorporate the Bill of Rights?*, 2 STAN. L. REV. 5, 22（1949）。塞缪尔·豪尔（Samuel Hoar）在重建时期的国会中常常被提到。

[4] CHARLES EDWARD STOWE AND LYMAN BEECHER STOWE, HARRIET BEECHER STOWE: THE STORY OF HER LIFE 202—203（1911）。

[5] 有关奴隶主势力攻击"外来的煽动分子"的具体方式，参见 Michael Kent Curtis, *The 1859 Crisis over Hinton Helper's Book*, 68 CHI.-KENT L. REV. 1134, 1161（1993）[hereinafter *1859 Crisis*]。

[6] C. ANTIEAU, *supra* note 3, at 24; CONG. GLOBE, 42d Cong., 1st Sess. 84 app.（1871）。

[7] CONG. GLOBE, 39th Cong., 1st Sess. 474—475（1866）; see also JACOBUS TENBROEK, EQUAL UNDER LAW 124—125（Collier, 1965）（1951）（讨论"教授或者学习福音书"以滋养"不朽思想"的权利在废奴主义理论中的核心地位）。

[8] CONG. GLOBE, 39th Cong., 1st Sess. 142 app.（1866）。

[9] CONG. GLOBE, 38th Cong., 2d Sess. 138（1865）; CONG. GLOBE, 38th Cong., 1st Sess. 2990（1864）; see also id. at 2615（1864）（remarks of Rep. Daniel Morris）（讨论对"基督教男女教徒"教人识字的禁锢）; id. at 2979（remarks of Rep. John Farnsworth）（谴责奴隶制政权对"教会"的攻击，以及对发表批评"蓄奴的邪恶与罪孽"的言论所进行的审查）。

[10] 2 PROCEEDINGS OF THE BLACK STATE CONVENTIONS, 1840—1865, at 302（Philip S. Foner and George E. Walker eds., 1980）[hereinafter PROCEEDINGS]。

[11] See Kurt T. Lash, *The Second Adoption of the Free Exercise Clause: Religious Exemptions under the Fourteenth Amendment*, 88 NW. U. L. REV. 1106, 1133 n.125 (1994) [hereinafter Free Exercise].

[12] See KENNETH M. STAMPP, THE PECULIAR INSTITUTION 211 (1956).

[13] See Curtis, *1859 Crisis*, supra note 5, at 1135.

[14] See id. at 1136.

[15] See id. at 1159—1167.

[16] 早期的例子,参见 Michael Kent Curtis, *The Curious History of Attempts to Suppress Antislavery Speech, Press, and Petition in 1835—1837*, 89 NW. U. L. REV. 785, 862—863 (1995) [hereinafter Curious History] (讨论的是19世纪30年代马萨诸塞州废奴主义者所作出的努力,他们援引弗吉尼亚州有关法令,将自由言论和自由出版纳入观点和表达自由的一般性权利之中)。

[17] See Curtis, *1859 Crisis*, supra note 5, at 1157; ABRAHAM LINCOLN: SPEECHES AND WRITINGS 1859—1865, at 128, 149 (Don E. Fehrenbacher ed., 1989).

[18] See Curtis, *1859 Crisis*, supra note 5, at 1156 (quoting 36th CONG GLOBE, 1st Sess. 1857 (1860)).

[19] Id. at 1159 (quoting 36th CONG. GLOBE, 1st Sess. 205 app. (1860); see also id. at 1155 (quoting similar language of Rep. Sidney Edgerton).

[20] See generally 1 ALEXIS DE TOCQUEVILLE, DEMOCRACY IN AMERICA 315 (Vintage ed., 1945); SARA M. EVANS, BORN FOR LIBERTY 67—92 (1989).

[21] See WILLIAM M. WIECEK, THE SOURCES OF ANTISLAVERY CONSTITUTIONALISM IN AMERICA 1760—1848 at 152, 154, 167, 184, 195 (1977) (讨论的是妇女在请愿以及波士顿女性废奴联合会等组织中的言论和影响); Curtis, *Curious History*, supra note 16, at 863 [讨论的是格里姆克(Grimké)姐妹等加入废奴运动并成为杰出代言人的妇女]; S. EVANS, supra note 20, at 67—118 (描述的是妇女日渐凸显的政治影响力); Lea S. VanderVelde, Their Presence in the Gallery (1997) (unpublished manuscript) (讨论的是妇女在重建时期的国会中走到前台发挥的作用)。

[22] See Nina Morais, Note, *Sex Discrimination and the Fourteenth Amendment*:

Lost History, 97 YALE L. J. 1153, 1155—1156 (1988).

[23] See id. at 1156.

[24] 2 HISTORY OF WOMAN SUFFRAGE 78—79 (Elizabeth Cady Stanton, Susan B. Anthony, and Matilda Joslyn Gage eds., AYER Co. reprint, 1985) (1882); see also LINDA K. KERBER, WOMEN OF THE REPUBLIC 112—113 (1980)(讨论的是"在19世纪30年代涌向国会并让人民直面奴隶制问题的妇女废奴请愿书")。

[25] Crandall v. State, 10 Conn. 339, 340—341 (1834).

[26] 有关柯兰多事件的精彩介绍,参见 Howard Jay Graham, *The Early Antislavery Backgrounds of the Fourteenth Amendment*, 1950 WIS. L. REV. at 498—506; HAROLD M. HYMAN AND WILLIAM M. WIECEK, EQUAL JUSTICE UNDER LAW, at 94—95 (1982); W. WIECEK, *supra* note 21, at 162—167。

[27] 有关黑人教堂的重要地位,另见 generally ERIC FONER, RECONSTRUCTION 88—95, 282 (1988)。

[28] See CONG. GLOBE, 39th Cong., 1st Sess. 474 (1866).

[29] See e.g., Report of the Joint Committee on Reconstruction, 39th Cong., 1st Sess. 7, 12, 15 (1866)(对"民事"和"政治"权利作了区分,并将第1款和"民事权利和特权"联系起来); CONG. GLOBE, 39th Cong., Sess. 476, 599, 606, 1117, 1151, 1159, 1162, 1263, 1293, 1757, 1832, 1836, 3035 (1866) (remarks of Sen. Lyman Trumbull Reps. James Wilson, M. Russell Thayer, William Windom, John Broomall, Samuel Shellagarger, and William Lawrence, and Sen. John Henderson)(《民权法案》并不涉及选举权等政治权利); *id.* at 2542, 2766 (remarks of John Bingham and Jacob Howard)(明确表示第1款并不包含参政权利); *id.* at 2462, 2469, 2508, 2530, 2539, 3038 (similar observations froms Reps. James Garfield, William Kelley, George Boutwell, Samuel Randall, and John Farnsworth, and Sen. Richard Yates); JOSEPH B. JAMES, THE FRAMING OF THE FOURTEENTH AMENDMENT 163 (1956)(引用了1866年运动中萨帝厄斯·斯蒂文斯的话,斯蒂文斯承认第1款"并不触及……政治权利"); PHILADELPHIA N. AM. AND U. S. GAZETTE, SEPT. 28, 1866, at 2, *quoted* in C. ANTIEAU, *supra* note 3, at 50—51("在明确本土出生和归化的自然人公民时,这1款并没有明确他们就是选民,因为如果这样做,那么所有的妇女和少数群体都会拥有参政权利,因为他们也和大多数人一样……事实上这款规定并没有赋予有色人种以参政权利,这在很大程

美国《权利法案》公民指南

度上说明了为什么那些支持黑人参政的激进派会反对这项修正案"); *see also* Minor v. Happersett, 88 U.S. (21 Wall.) 162 (1875) (参政权利并不是第 1 款所规定的特权或者豁免权); H.R. Rep. No. 22, 41st Cong., 3d Sess. 1—4 (1871), *reprinted in* THE RECONSTRUCTION AMENDMENT'S DEBATES 466—467 (Alfred Avins ed., 1967) (Victoria Woodhull petition report authored by John Bingham) (similar); MICHAEL KENT CURTIS, NO STATE SHALL ABRIDGE: THE FOURTEENTH AMENDMENT AND THE BILL OF RIGHTS 149 (1986); EARL M. MALTZ, CIVIL RIGHTS, THE CONSTITUTION, AND CONGRESS, 1863—1869, AT 118—120 (1990).

  从文本而不是从历史上来看这个问题,让人想到妇女和孩子们也是一类(或者典型的)公民——他们享有很多像德雷德·斯科特这样的自由黑人根据最高法院判决不能享有的权利——但不是选民。成为公民并不意味着能够参政。19 世纪的人们也经常将"民事权利"与四项组合的"政治权利"(选举权、担任公职的权利、参加陪审团的权利,以及参加民兵的权利)对应提起,这个词也不包含参政的意思。性别有助于让民事/政治权利的分野更加清晰——男人享有"政治权利",但妇女不能——《宪法》第 4 条的礼遇条款也是这么表述的。根据这一条款,一名马萨诸塞州的男性公民在南卡罗来纳州也将享有很多同等的"民事权利"——比如一般外来人无法享有的不动产所有权。但马萨诸塞州的男性公民无法享有南卡罗来纳州的投票权,也不能进入该州立法机关,加入该州陪审团,或者参加该州的民兵。《宪法》第 4 条的礼遇条款并没有延伸到这些政治权利上,参见 Bank of Augusta vs. Earle, 38 U.S. (13 Pet.) 519, 552 (1839) (oral argument of Daniel Webster), 第 1 款的类似表述也没有,所说的是"公民"的"特权"和"豁免权"。See CONG. GLOBE, 39th Cong., 1st Sess. 1836, 3035 (1866) (remarks of Rep. William Lawrence and Sen. John Henderson); id. 40th Cong., 3d Sess. 1003 (1869) (remarks of Sen. Jacob Howard); *Minor*, 88 U.S. at 174; THE RECONSTRUCTION DEBATES, at 466 (Woodhull petition report). 当代的法院将第十四修正案看作平等投票权的源头之一,强调的不是表述中的特权或者豁免权,而是平等保护。See, e.g., Reynolds v. Sims, 377 U.S. 533 (1964). 从文本上看,平等保护条款将所有人——最典型的是没有投票权的外来人——包含进来,使得该条款成为政治权利最不稳定的基础。

  [30] CONG. GLOBE, 39th Cong., 1st Sess. 337 (1866).

  [31] W. E. BURGHARDT DU BOIS, BLACK RECONSTRUCTION IN AMERI-

注释

CA 230 (Russell and Russell, 1962) (1935).

[32] *See* W. DU BOIS, *supra* note 31, at 230—235; E. FONER, *supra* note 27, at 115; *see also* KENNETH M. STAMPP, THE ERA OF RECONSTRUCTION, 1865—1877, at 165 (1965) (讨论田纳西州的黑人首次向州立法机关请愿,要求获得参政权,同时要求国会暂停田纳西州的国会席位,直到他们的诉求得到满足).

[33] J. TENBROEK, *supra* note 7, at 124—125.

[34] *See* Lash, *Free Exercise*, *supra* note 11, at 1134 n. 133 (quoting Virginia Code of 1833, §31).

[35] *See* GERARD V. BRADLEY, CHURCH-STATE RELATIONSHIPS IN AMERICA 98 (1987) (describing the events of July 21, 1789); 1 ANNALS OF CONG. 685; 1 Stat. 50, ch. 8.

[36] *See* G. BRADLEY, *supra* note 35, at 99—104.

[37] *See* STEVEN D. SMITH, FOREORDAINED FAILURE 28 (1995).

[38] IOWA CONST. OF 1846, art. I, §3; IOWA CONST. OF 1857, art. I, §3.

[39] *See* 9 SOURCES AND DOCUMENTS OF UNITED STATES CONSTITUTIONS 380 (William F. Swindler ed., 1979) (reprinting Constitution of the State of Deseret, art. VII, §3); *id.* at 388 (reprinting Utah Draft Constitution of 1860, art. II, §3).

[40] 2 *id.* at 18 (reprinting Constitution of Jefferson Territory, art. I, §3).

[41] THOMAS M. COOLEY, A TREATISE ON THE CONSTITUTIONAL LIMITATIONS WHICH REST UPON THE LEGISLATIVE POWER OF THE STATES OF THE AMERICAN UNION 469 (Boston: Little, Brown, 1868).

[42] T. COOLEY, *supra* note 41, at 469. 库雷认为政府在宗教问题上应当秉持无差别、不分教派的政策,诸如政府支持的斋日、感恩节。但他同时告诫人们必须"小心避免支持一个宗教或者教派而带来的歧视问题"。*Id.* at 471.

[43] *See, e. g.*, CONG. GLOBE, 38th Cong., 1st Sess. 1202 (1864) (remarks of Rep. James Wilson); CONG. GLOBE, 39th Cong., 1st Sess. 156—157, 1072, 1629 (1866) (remarks of Rep. John Bingham, Sen. James Nye, and Rep. Roswell Hart). *See generally* CONG. GLOBE, 36th Cong., 1st Sess. 198 app. (1860) (remarks of Rep. W. E. Simms); CONG. GLOBE, 42d Cong., 1st Sess. 84—85

app., 475（1871）（remarks of Reps. John Bingham and Henry Dawes）; *see also* M. CURTIS, *supra* note 29（quoting similar speeches outside of Congress by Judge Lorenzo Sherwood and Judge Preston Davis）; United State v. Hall, 26 F. Cas. 79, 81（C. C. S. D. Ala. 1871）（No. 15, 282）（Woods, J.）（强调言论、出版、集会和信教自由的权利是第十四修正案所规定的特权和豁免权,但却没有提及国教条款）; WILLIAM D. GUTHRIE LECTURES ON THE FOURTEENTH ARTICLE OF AMENDMENT TO THE CONSTITUTION OF THE UNITED STATES 58—59（Boston: Little, Brown, 1898）（将第一修正案中的五项权利都界定为第十四修正案的特权和豁免权,但省去了禁止建立国教的规定）.

［44］有关类似的说法,参见 Michael W. McConnell, *Free Exercise Revisionism and the Smith Decision*, 57 U. CHI. L. REV. 1109, 1145—1146（1990）。

［45］如果宗教团体放任其成年信徒的自愿牺牲,应当如何处理呢？如果严格按照自治原则,只有当自愿牺牲的人心智不健全,这些宗教性的"自杀"和"协助自杀"行为才可以定罪。否则,政府如何能制止神志清醒的成年人在至高无上的牺牲行动中书面宣告将生命奉献给上帝呢？这种假设也许会让我们偏离或者曲解自治原则,但首先我们应当记住,很多教会的建立,正是无数殉道者以生命为代价,换取他们认为比生命更加珍贵的东西。

［46］*See* Lash, *Free Exercise*, *supra* note 11.

［47］*See supra* text accompanying note 6; CONG. GLOBE, 39th Cong., 1st Sess. 783（remarks of Rep. Hamilton Wood）.

［48］CONG. GLOBE, 39th Cong., 1st Sess. 337, 474, 585, 651, 654, 1073, 1182, 1266, 1621, 1629, 1838, 2765, 3210（1866）（remarks of Sens. Charles Sumner and Lyman Trumbull, Reps. Nathaniel Banks, Josiah Grinnell, and Thomas Eliot, Sens. James Nye and Samuel Pomeroy, Reps. Henry Raymond, Leonard Myers, Roswell Hart, and Sidney Clarke, Sen. Jacob Howard, and Rep. George Julian）; *see also id*. at 2774（remarks of Rep. Thomas Eliot quoting General Fisk）.

有关第十四修正案的更多探讨,可参见 STEPHEN P. HALBROOK, THAT EVERY MAN BE ARMED 106—153（1984）; Robert J. Cottrol and Raymond T. Diamond, *The Second Amendment*: *Toward an Afro-Americanist Reconsideration*, 80 GEO. L. J. 309, 342—349（1991）; Stephen P. Halbrook, *Personal Security*, *Personal Liberty*, *and "The Constitutional Right to Bear Arms"*: *Visions of the Framers of the Fourteenth Amendment*, 5 SETON HALL CONST. L. J. 341（1995）［hereinafter

Fourteenth Amendment]; Sayoko Blodgett-Ford, *The Changing Meaning of the Right to Bear Arms*, 6 SETON HALL CONST. L. J. 101 (1995); *See also* M. CURTIS, *supra* note 29, at 138—141.

[49] 有关这种情形出现的理论分析,参见 J. M. Balkin, *Deconstructive Practice and Legal Theory*, 96 YALE L. J. 743 (1987)。

[50] 要抓住鲁本菲尔德(Rubenfeld)教授精巧构思的要点,我们在这里,以及整个这一章的主张是,建国时期和重建时期对各种权利的构想体现在有着细微差别的"范例(或者说模范)案件"上。*See generally* Jed Rubenfeld, *Reading the Constitution as Spoken*, 104 YALE L. J. 1119,1169—1171(1995)。

[51] E. FONER, *supra* note 27, at 203; *see also* CONG. GLOBE, 39th Cong., 1st Sess. 40 (1866) (remarks of Sen. Henry Wilson) ("在密西西比州的叛乱力量中,从叛军中来的人正横行州内,遍访自由人,解除其武装,肆意杀戮,激起民愤"); *id.* at 914, 941 (remarks of Sens. Henry Wilson and Lyman Trumbull, each quoting Dec. 13, 1865, letter from Colonel Samuel Thomas to Major General O. O. Howard) (几乎当前自由人的所有不满都由前联盟的密西西比民兵的暴虐行径而引发); HARPER'S WEEKLY, Jan. 13, 1866, at 3, col. 2 (密西西比民兵的每一支枪都是从所谓的自由人手中抢来的); *see generally* Halbrook, *Fourteenth Amendment*, *supra* note 48.

[52] 有关重建时期国会让军队发挥作用的更多讨论,参见 E. FONER, *supra* note 27, at 271—277, 307—308, 438; MICHAEL LES BENEDICT, A COMPROMISE OF PRINCIPLE 223—243 (1974); K. STAMPP, *supra* note 32, at 144—147。

[53] *See supra* note 29.

[54] *See supra* note 48.

[55] 14 Stat. 173, 176 (1866).

[56] 4 Stat. 173, 176 (1866). 一般认为"拥有武器"条款是宣示性的,只是用来说明这个问题已经不言自明。HORACE EDGAR FLACK, THE ADOPTION OF THE FOURTEENTH AMENDMENT 17 (1908); CONG. GLOBE, 39th Cong., 1st Sess. 743 (1866) (remarks of Sen. Lyman Trumbull). 所有这一切说明,携带武器的权利——或者还有《权利法案》中的其他所有权利和自由——都包含在《自由人联合会法案》和与之并列的《民权法案》中。

[57] 1 WILLIAM BLACKSTONE, COMMENTARIES *141—144. 柯蒂斯教授很好地说明了布莱克斯通对这部法案措辞的影响。*See* M. CURTIS, *supra* note

29, at 74—76.

[58] See Cottrol and Diamond, *supra* note 48, at 333—338; S. HALBROOK, *supra* note 48, at 96—106.

[59] JOEL TIFFANY, A TREATISE ON THE UNCONSTITUTIONALITY OF A-MERICAN SLAVERY 117—118 (Cleveland: J. Calyer, 1849).

[60] See J. TENBROEK, *supra* note 7, at 72—74, 108—113.

[61] 2 BLACKSTONE'S COMMENTARIES 65 app. (St. George Tucker ed., Philadelphia: Burch and Small, 1803).

[62] See Cottrol and Diamond, *supra* note 48, at 333—349; E. FONER, *supra* note 27, at 119—123, 148; W. DU BOIS, *supra* note 31, at 166—167, 223. See *generally* Halbrook, *Fourteenth Amendment*, *supra* note 48.

[63] 2 PROCEEDINGS, *supra* note 10, at 284, 302.

[64] CONG. GLOBE, 39th Cong., 1st Sess. 474 (1866).

[65] Id.

[66] Id. at 651.

[67] Id. at 1073.

[68] Id. at 1182. 帕姆若伊(Pomeroy)的下一句说得很清楚,他也支持黑人享有政治权利。但他的表述方式似乎倾向于将持枪权利个人化。But *cf. id. at 1183*(在同一句话里讨论了选举权和持枪权,但并没有把持枪权描述为政治权利而不是民事权利)。*See also id.* at 371 (remarks of Sen. Garrett Davis)(双方"都是为了每个人都能随身携带枪支,在自己的家里、城堡里存放枪支以供自卫")。

[69] Id. at 1266. 与此类似,国会议员亨利·道斯(Henry Dawes)1871年宣称美国公民的特权和豁免权包括"持有和携带武器来自卫的权利"。CONG. GLOBE, 42nd Cong., 1st Sess. 475 (1871).

[70] See HORACE E. FLACK, THE ADOPTION OF THE FOURTEENTH A-MENDMENT 42 (1908).

[71] LOYAL GEORGIAN, Feb. 3, 1866, at 3, col. 4, quoted in Halbrook, *Fourteenth Amendment*, *supra* note 48, at 380, n.198. 这篇社论借用了自由人联合会传单中的话。See Ex. Doc. No. 70, House of Representatives, 39th Cong., 1st Sess., at 65 (1866). For discussion, *see* Halbrook, *supra*, at 380—381, 396.

[72] See *supra* Chapter 11, text at note 6.

[73] 4 W. BLACKSTONE, *supra* note 61, at *349. 已有当代学者对布莱克

斯通关于《大宪章》初始含义的历史论断提出质疑——但布莱克斯通在这方面的观点在 18、19 世纪完全居于主流和正统地位。See A. E. DICK HOWARD, THE ROAD FROM RUNNYMEDE 340—341 (1968); ALVAN STEWART, A CONSTITUTION ARGUMENT ON THE SUBJECT OF SLAVERY (1837) *reprinted in* J. TENBROEK, *supra* note 7, at 281—284; Murray's Lessee v. Hoboken Land & Improvement Co., 59 U. S. (18 HOW.) 272, 276 (1856); Strauder v. West Virginia, 100 U. S. 303, 308—309 (1880).

[74] *See, e. g.*, CONG. GLOBE, 35th Cong., 2d Sess. 985 (1859) (remarks of Rep. John Bingham) (承认各州能够拒绝赋予黑人选举权,但不能剥夺其接受陪审团审判的权利); CONG. GLOBE, 39th Cong., 1st Sess. 2765—2766 (1866) (remarks of Sen. Jacob Howard) (similar).

[75] *See* J. TENBROEK, *supra* note 7, at 50, 64—69; M. CURTIS, *supra* note 29, at 106.

[76] SALMON P. CHASE, SPEECH OF SALMON P. CHASE IN THE CASE OF THE COLORED WOMAN, MATILDA 31, 36 (Cincinnati: Pugh and Dodd, 1837). 有关这一案件的精彩分析,参见 H. HYMAN AND W. WIECEK, *supra* note 26, at 106—107。

[77] *See id*. at 97, 107, 158—159; W. WIECEK, *supra* note 21, at 197—199. *See generally* THOMAS D. MORRIS, FREE MEN ALL (1974).

[78] *See* T. MORRIS, *supra* note 77, at 138.

[79] EMANCIPATOR AND REPUBLICAN, Nov. 14, 1850. 宾汉姆也认为 1850 年的这部法案违反了法定诉讼程序和陪审团审判权利。See CONG. GLOBE, 36th Cong., 2d Sess. 83 (1861).

[80] *See* CONG. GLOBE, 39th Cong., 1st Sess. at 1117, 1294, 1832, 156 app. (1866) (remarks of Reps. James Wilson and William Lawrence). *See also id*. at 632 (remarks of Rep. Samuel Moulton). 重建时期国会中关于陪审团审判重要性的典型论述,参见 CONG. GLOBE, 38th Cong. 1st Sess. 114, 1971—1972 (1864) (remarks of Reps. Isaac Newton Arnold and Glenni Scofield); CONG. GLOBE, 38th Cong., 2d Sess. 215 (1865) (remarks of Rep. Chilton White); CONG. GLOBE, 41st Cong. 2d Sess. 515 (1870) (remarks of Sen. Joseph Fowler); CONG. GLOBE, 41st Cong. 3rd Sess. 1245 (1871) (remarks of Rep. William E. Lawrence); CONG. GLOBE 42d Cong., 1st Sess. 475, 84—85 app. (1871) (remarks of Reps. Henry

Dawes and John Bingham); CONG. GLOBE, 42d Cong., 2d Sess. 844 (1872) (remarks of Sen. John Sherman)。

[81] *See* E. FONER, *supra* note 27, at 204, 245; H. HYMAN AND W. WIECEK, *supra* note 26, at 322—324, 425; M. CURTIS, *supra* note 29, at 136—137; Ronald F. Wright, *Why Not Administrative Grand Juries?*, 44 ADMIN. L. REV. 465, 469 n.18 (1992); CONG. GLOBE, 42d Cong., 1st Sess. 158, 820, 220 app. (1871) (remarks of Sens. John Sherman and Allen Thurman)。

[82] *Cf.* CONG. GLOBE, 42d Cong., 1st Sess. 220 app. (1871) (remarks of Democratic Sen. Allen Thurman)(认为南方白人陪审团的否决权问题在对三K党的审判中无法解决,"除非你打算将这些罪犯送到大不列颠接受审判";这样的策略将是"对宪法的直接违背")。*See* CONG. GLOBE, 38th Cong., 2d Sess. 289 (1865) (remarks of Rep. William Kelley)。

[83] Act of March 1, 1875, ch. 114, 18 Stat. 335 (codified as amended at 18 U.S.C. §243 (1988))。

[84] 对比 *id.* ("合众国或者各州的任何法庭不得因为种族、肤色或者过去的劳役状况……取消任何公民参加大小陪审团的资格")和 U. S. CONST. amend. XV(合众国公民的选举权不得因种族、肤色或过去的劳役状况而被合众国或任何一州否认或剥夺。)。

有关这一法令的立法过程及其与第五修正案关系的讨论,参见 Vikram David Amar, *Jury Service as Political Participation Akin to Voting*, 80 CORNELL L. REV. 203, 238—241(1995)。

[85] 这并不是说陪审员只负责投票。他们也要进行思考,作出判断(就像选民在普通的选举中一样)。*See* Douglas Gary Lichtman, *The Dliberative Lottery: A Thought Experiment in Jury Reform*, 34 Am. Crim. L. REV. 133, 145, 153 n. 76 (1996)。

除了单纯从文本上指出第十四修正案中的投票权包括在陪审团(以及立法机构)中的投票权之外,还有三条意见也很重要。首先,如果说第十四修正案保护所有的民事权利(尽管它没有这么说),就可以说第十五修正案保护所有的政治权利,其中投票权是象征意义上的。其次,即使第十五修正案事实上没有对黑人担任陪审员作出规定,但也对各州的选民进行了重新界定,很多州的法律和宪法本身也把选民和陪审员作为一回事处理。最后,第十五修正案提出了一个类似于反言的意见。各州自我否定,不再宣称黑人缺乏担任选民的能力——如果黑人有权为候选人投票,难道陪审团就不能吗?任何排斥黑人参加陪审团的观点都很难说通。其他大量深入分析和历史文献,参见 Vikram David Amar, *Jury Service as Political Participation Akin to Voting*, 80 Cornell L. REV. 203, (1995)。

[86] *See supra* Chapter 5, text at note 30.

第十二章 自由的新生(259—268)

[1] *See generally* Kenneth R. Bowling, "*A Tub to the Whale*": *The Founding Fathers and Adoption of the Federal Bill of Rights*, 8 J. EARLY REPUBLIC 223 (1988); Paul Finkelman, *James Madison and the Bill of Rights: A Reluctant Paternity*, 1990 SUP. CT. REV. 301.

[2] *Letter from James Madison to Richard Peters* (August 19, 1789), in 12 THE PAPERS OF JAMES MADISON 346 (R. Rutland et al. eds., 1979)。

[3] Dred Scott v. Sandford, 60 U.S. (19 How.) 393, 450 (1857)("一部国会法案仅仅因为一名美国公民本人到合众国的某个州或者将其财产带到合众国的某个州,就剥夺他的自由或者财产,……这很难说得上符合正当法律程序")。

[4] Robert J. Reinstein, *Completing the Constitution: The Declaration of Independence, Bill of Rights and Fourteenth Amendment*, 66 TEMPLE L. REV. 361, 365 n.25 (1993)。

[5] *See* William J. Brennan, Jr., *Why Have a Bill of Rights?*, 26 VAL. U. L. REV. 1, 7 (1991); John Paul Stevens, *The Bill of Rights: A Century of Progress*, 59 U. CHI. L. REV. 13, 19—21 (1992); Geoffrey R. Stone, Foreword, *The Bill of Rights in the Welfare State: A Bicentennial Symposium*, 59 U. CHI. L. REV. 5, 6 (1992). *See also* Mary Ann Glendon and Raul F. Yanes, *Structural Free Exercise*, 90 MICH. L. REV. 477, 479 (1991) (religion); Daniel Shaviro, *The Confrontation Clause Today in Light of its Common Law Background*, 26 VAL. U. L. REV. 337, 338 (1991) (confrontation clause)。

[6] 尽管法院为了这条意见,假意将言论和出版条款的原则适用于帕特森诉科罗拉多州一案中[Patterson v. Colorado, 205 U.S. 454, 462 (1907)],回过头看,我们很清楚地发现,法院在吉特罗诉纽约州一案[Gitlow v. New York, 268 U.S. 652, 666 (1925)]中,才坚持将第一修正案合并到各州。

[7] *See* Fiske v. Kansas, 274 U. S. 380 (1927); Stromberg v. California, 283 U. S. 359 (1931); Near v. Minnesota, 283 U. S. 697 (1931); Cantwell v. Connecticut, 310 U. S. 296 (1940).

[8] *See generally* HARRY KALVEN, JR., A WORTHY TRADITION: FREEDOM OF SPEECH IN AMERICA (1988).

[9] *See* Lamont v. Postmaster General, 381 U. S. 301, 306 (1965).

[10] *See* Texas v. Johnson, 491 U. S. 397 (1989); United States v. Eichman, 496 U. S. 310, 315 (1990).

[11] *See, e. g.*, Henry J. Friendly, *The Bill of Rights as a Code of Criminal Procedure*, 53 CAL. L. REV. 929, 937 n.42 (1965); Ker v. California, 374 U. S. 23, 45—46 (1963) (Harlan, J., concurring in the result); Duncan v. Louisiana, 391 U. S. 145, 182 n.21 (1968) (Harlan, J., dissenting).

[12] *See* Edmond Cahn, *The Firstness of the First Amendment*, 65 YALE L. J. 464, 468—470 (1956).

[13] *See generally* Thurgood Marshall, *Reflections on the Bicentennial of the United States Constitution*, 101 HARV. L. REV. 1 (1987).

[14] *See* 4 DEBATES ON THE ADOPTION OF THE FEDERAL CONVENTION 316 (Jonathan Elliot ed., AYER Co. reprint ed., 1987) (1836). 这一引用主要的部分出现在:TIMOTHY FARRAR, MANUAL OF THE CONSTITUTION OF THE UNITED STATES OF AMERICA, § 439, at 394 (Boston: Little, Brown, 1867)。

词汇表

上诉的（Appellate）：属于或者关于对较低级法院判决提出的上诉的；或有关上诉的；上诉。（上诉，指当事人对法院所作的还没有发生法律效力的一审判决、裁定或评审决定，在法定期限内，依法声明不服，提请上一级法院重新审判的活动。——译者补充）

剥夺公民权利（Attainder）：被剥夺民事权利和民事行为能力。

两院制的（Bicameral）：设立两个立法机构（在美国联邦政府，即为参议院和众议院）。

剥夺公民权利法案（Bill of Attaineder）：一项特别的不经审判可以判处死罪的立法法案，主要针对犯有叛国罪或者重罪（felony）的严重犯罪。

黑人法典（Black Codes）：美国南北战争后很快

在前联盟各州实施的法律,主要是限制被解放的黑奴的自由,并维持白人的优越地位,由此最大可能在美国南方保护南北战争前的生活方式。

人头税(Capitation;poll tax):在一定管辖范围内按人征收的税种。美国《宪法》第二十四修正案禁止联邦和各州政府将缴纳人头税作为参加选举的条件。(这是因为在美国部分地区,人头税曾被用来当投票资格,主要目的是排除非裔美国人、美洲原住民及非英国后裔白人的投票权。——译者补充)

诉因;诉讼理由(Cause of action):引起一项或更多诉讼的一系列有效事实;使一方当事人在法庭上从另一方当事人获得补救措施的实际情形。(也可以说是原告起诉的根据。具体指原告寻求司法救济所依据的事实,如侵权行为和损害后果等,有时也可指根据这些事实所提起的诉讼的一部分。——译者补充)

有因回避请求;附理由的回避请求(Challenge for cause):在挑选陪审团过程中,一方根据特定理由提出的回避申请,比如陪审团候选人存在偏见或者歧视,就可能失去资格。(在申请陪审团回避时必须说明理由,诉讼双方均可提出,是否回避,由法官裁决。一般包括对整个陪审团的回避请求和对个别陪审员的回避请求。——译者补充)

强制；胁迫（Coercion，形容词为 coercive）：通过施加压力或者威胁强制做某事。

礼遇条款（Comity Clause）：美国《宪法》（第 4 条第 2 款第 1 项）给予一州公民以其他各州公民享有的所有特权和豁免权的条款。

普通法（Common law）：起源和发展于英格兰的法律体系，以法院对个案的判决为基础，而不是根据成文条例或者宪法制定。

补偿性损害赔偿金（Compensatory damages）：数量上足以补偿受害方的赔偿金。（指用于补偿实际的和精神的损失、伤害的一切损害赔偿金，但不包括惩罚性赔偿金和名义损害赔偿金。——译者补充）

确认判决（Declaratory judgement）：确立当事各方权利和其他法律关系但未规定可予强制执行等救济措施的具有约束力的判决。

最低限度（De minimis）：微不足道的，最小量的。因为如此无关紧要以至于法院在判决时可能忽略不计。

诉求不充分抗辩；法律抗辩（Demurrer）：一种抗辩，即尽管所称的冤屈事实是真实的,但并不足以支撑其获得救济或者让被告作出答辩。

直接判决(Directed verdict):取代陪审团角色、亲自负责查明事实的审判法官作出的判决。法官这么做的原因是他认为证据非常显而易见,足以作出合理的判决,或者因为证据不足以构成初步证明。

不容否认(Estoppal):禁止任何一方主张与其此前的言行相反的请求或权利的原则。

单方面的;依单方申请的;(Ex Parte,拉丁语):根据一方面情况和只为一方面利益,没有考虑或者根据不利一方的意见和处境而作出的言行。

追溯既往的(Ex post facto,拉丁语):事后的、溯及既往的。(1787年制定的美国《宪法》第1条第9款明确禁止国会通过追溯既往的法律。许多州的宪法也有类似规定。"法不溯及既往"是一项基本的法治原则。有两层基本含义:一是不能用今天的规定去约束昨天的行为;二是作为"法不溯及既往"原则的补充,许多国家同时还认为,如果今天的法律比昨天的法律对昨天的行为更有利,仍然可以将今天的法律适用于昨天的行为,即所谓"有利追溯"或"从旧兼从轻"原则。——译者补充)

联邦制,联邦主义(Federalism):国家和地区政府在联邦政府体系内的权力关系和权力分配。联邦制的突出特点是权力分配至少在两级政府之间进行,国家整体性与地方的多样性并存。

联邦问题(Federal question):涉及对美国《宪法》,以及国会法案、条约的理解与适用的法律问题。对联邦问题的司法管辖权属于联邦法院。

选择法院(forum shopping):一方当事人选择某一特定司法管辖区或者法院进行诉讼,以获得最有利的裁判。

概括裁断(General verdict):指陪审团作出的概括地宣布原告胜诉或被告胜诉,或者刑事被告人有罪或无罪的裁断,但不涉及对具体事实问题的裁断。

大陪审团(Grand jury):通常由23个人组成的实体,被选入该陪审团后,至少要在法院持续呆上一个月——有时候长达一年——通过单方面程序决定是否发出大陪审团起诉书。如果大陪审团认为证据足以对犯罪嫌疑人进行审判,即在检察官的申请公诉书上签署,同意以相关罪名起诉犯罪嫌疑人。

人身保护令(Habeas corpus):用于将相关人员带到法庭的令状,最常见的是为了确保对当事人的囚禁或拘留不是非法的。

强制征用(Impressment)：武装力量此前得以扩展的一种手段,当时是通过所谓征用队从大街上抓人并强制其参加军队或海军。

出版许可(Imprimatur,拉丁语)：出版书籍所必需的执照。英格兰曾经对此作过要求,今天只有极少数实行出版审查的国家实行这一制度。

就同一问题(In pari materia,拉丁语)：解释法律的一项原则,如果相关条款所涉及的是同一问题,就应当一并进行解释,以便解决关于同一主题的不同条款之间的冲突问题。

根据事实本身(Ipso facto,拉丁语)：根据确切情形。

陪审团的拒绝(Jury nullification)：陪审团了解情况并深思熟虑后故意拒绝接受证据或者拒绝适用法律,原因是陪审团希望对某些超出案件本身的社会问题传达某一信息,或者根据法律规定所得出的结果有违陪审团的正义感、道德感或公正感。

自由意志主义(Libertarianism)：绝对和不受限制的自由原则,尤其是关于思想和行为。

违法乱纪(Malfeasance)：错误或非法的行为;尤指公务人员作出的不当或不端行为。

本质上；固有的(地)；单独的(地)(Per se,拉丁语)：单独、孤立,不涉及其他事实。

小陪审团(Petit jury)：通常由12个人组成,在特定案件中召集和选任成立的陪审团。

初步的、表面的(Prima facie,拉丁语)：形容词,描述的是一条证据在相反证据提出之前,能够确立相关法律事实或者支持相关意见、判决。

先行制止(Prior restraint)：政府在言论或者出版物公开之前所作的限制。除非相关言论确属淫秽、可憎,并对社会产生了明显、现实的危险,否则先行制止就违反了美国《宪法》第一修正案。(美国《宪法》第一条修正案规定不得剥夺公民的言论自由。先行制止的办法冒极大的违宪风险,因此政府必须证明其必要性。——译者补充)

惩罚性赔偿(Punitive damages)：在实际损失之外附加的赔偿,如果陪审团认定被告以放任、恶意、欺诈的方式实施行为而致原告受损,可以在实际损害赔偿金之上额外增加惩罚性赔偿金。

特别裁断(Special verdict)：指陪审团对提交的事实进行书面认定,但将法律适用问题留给法官。(特别裁断不确定案件的

哪一方胜诉,而是将此问题留给法官,法官通过对所认定的事实适用法律来作出判决。——译者补充)

星室法庭(Star Chamber):英国历史上曾经存在的一种法院,受英国国王任意操纵,在民事和刑事案件中拥有广泛的管辖权。这种法院的运行程序不见天日、任意妄为而且极其残酷,包括强迫自证其罪、刑讯逼供、撇开陪审团,为人们深恶痛绝,如今早已取缔。(星室法庭成立于 1487 年,因位于西敏寺一个屋顶有星形装饰的大厅而得名。它与英国枢密院、英国高等法院等构成英国史上最重要的专制机器,当时是专门惩治不效忠国王,甚至阴谋叛乱的贵族。成员由枢密院官员、主教和高级法官组成,成为英国专制制度的象征。英国资产阶级革命爆发后,1641 年 7 月 5 日,国会通过决议撤销了这一机构。——译者补充)

选举权(Suffrage):参加投票选举的权利。

侵权行为(Tort):民事过错行为,受害方可以由此请求救济,通常采取损害赔偿金形式;或者指在特定交易中违反同一法律关系中的法定义务。

维兰(Villein):封建农奴中的一个阶层,除了与其农奴主有人身依附关系之外,在与其他任何人的关系中,享有自由人的法律地位。

著作权合同登记号　图字:01-2014-1005
图书在版编目(CIP)数据

美国《权利法案》公民指南/(美)阿希尔·阿玛尔,(美)莱斯·亚当斯著;崔博译.—北京:北京大学出版社,2016.11
ISBN 978-7-301-27464-4

Ⅰ.①美… Ⅱ.①阿… ②莱… ③崔… Ⅲ.①宪法—研究—美国　Ⅳ.①D971.21

中国版本图书馆CIP数据核字(2016)第199272号

The Bill of Rights Primer, by Akhil Reed Amar and Les Adams.
Copyright © 2013 by Akhil Reed Amar and Les Adams.
Simplified Chinese Edition Copyright © 2016 by Peking University Press.
Published by arrangement with the original publisher, Skyhorse Publishing Inc.

书　　　名	美国《权利法案》公民指南 Meiguo《Quanli Fa'an》Gongmin Zhinan
著作责任者	〔美〕阿希尔·阿玛尔　〔美〕莱斯·亚当斯　著 崔　博　译
责任编辑	白丽丽
标准书号	ISBN 978-7-301-27464-4
出版发行	北京大学出版社
地　　　址	北京市海淀区成府路205号　100871
网　　　址	http://www.pup.cn
电子信箱	law@pup.pku.edu.cn
新浪微博	@北京大学出版社　@北大出版社法律图书
电　　　话	邮购部62752015　发行部62750672　编辑部62752027
印刷者	北京中科印刷有限公司
经销者	新华书店
	880毫米×1230毫米　A5　9.5印张　172千字 2016年11月第1版　2016年11月第1次印刷
定　　　价	39.00元

未经许可,不得以任何方式复制或抄袭本书之部分或全部内容。
版权所有,侵权必究
举报电话:010-62752024　电子信箱:fd@pup.pku.edu.cn
图书如有印装质量问题,请与出版部联系,电话:010-62756370